ブライアン・タマナハ Brian Z. Tamanaha　樋口和彦　大河原眞美 = 共訳

Failing law schools

アメリカ・ロースクールの凋落

花伝社

ブライアン・M・マエシロ、
「アンクル・ボー」に捧げる

Copyright© 2012 by The University of Chicago.
All rights reserved.
Japanese translation rights arranged with The University of Chicago Press, Chicago, Illinois,
U.S.A. through Japan UNI Agency, Inc., Tokyo

目　次

はじめに …… 5

謝辞 …… 11

序　章　ロースクールの危機（1997年ころ）…… 13

第1部　自主統制への衝動

第1章　アメリカ司法省、アメリカ法曹協会を訴える …… 25
　査察はどのように生かされたのか …… 27
　教授の報酬をターゲットに …… 29
　リーガル・クリニック教員の反乱 …… 31
　高くついた認証評価 …… 33

第2章　なぜロースクールは3年なのか …… 36
　超一流ロースクールが基準をつくる …… 37
　異なった専門職の学術モデルの統一化 …… 42

第3章　教員がアメリカ法曹協会認証基準の変更に戦いを挑む …… 45
　社会的貢献にも従事する無私無欲の法学教授 …… 47
　リーガル・クリニック教員の既得権を守るための戦い …… 49
　今のリベラル派と昔のエリートとの予想外の酷似 …… 53
　規制取り込みの再挑戦 …… 54

第2部　ロースクール教授について

第4章　講義の負担を減らすが、給料は上げる …… 59

　　講義担当数の削減 …… 60
　　記録的に少ない授業担当時間数のさらなる削減 …… 63
　　授業担当時間削減の問題ある結果 …… 65
　　給料の上昇 …… 67
　　ロースクール教員の高い給料 …… 70
　　ロースクール教員の給料のための授業料の支払い …… 75

第5章　研究の追求のコストと結果 …… 77

　　ロースクール教授はなによりも研究者 …… 78
　　法学研究成果に誰が支払うのか、またどれだけの量に対してなのか …… 85

第6章　教授が増え、予算も増える …… 87

　　ロースクールの拡大 …… 87
　　拡大の経済的結末 …… 88
　　拡大により身動きがとれない …… 93

第3部　USニュースの格付け

第7章　ランク付けの威力と弊害 …… 97

　　ロースクールの厄年 …… 97
　　USニュースのロースクール支配 …… 105

第8章　法律学界における有害な進展 …… 113

揺れる定時制プログラム …… 114
どこそこもはびこる転学現象 …… 117
奨学金制度の拡充と方向転換、その影響 …… 126
エリート体質の強化 …… 129

第4部　壊れた経済モデル

第9章　授業料高騰と借金の増大 …… 137

授業料上昇とインフレの比較 …… 138
上昇する借金の負担の実像 …… 140
二つの返済類型：トップ企業法務職とその他 …… 143
弁護士の職を得られない卒業生の割合の高さ …… 145
収入基準返済プログラムの否定的側面 …… 150
いかがわしい経済的結果を生むロースクール　154

第10章　授業料急上昇のわけ …… 157

ロースクールと大学の授業料の値決め …… 160
需要と価格 …… 162
エリートロースクールの責任 …… 164

第11章　ロースクールのコストパフォーマンス …… 167

法律学位の経済的報酬の計算 …… 169
法律学位はペイするかの確率計算 …… 172
ロースクール志望者の選択妨害 …… 176

第 12 章　学生への警告 …… *178*

　　当てにならない公表給与額 …… *179*
　　ロースクール生の債務と仕事の展望 …… *188*
　　ロースクール志望者のなすべき計算 …… *190*
　　ロースクール志望者が考慮すべきこと …… *192*

第 13 章　ロースクールへの警告 …… *195*

第 14 章　前進への道 …… *203*

　　法律市場における構造的変化 …… *204*
　　基本的問題 …… *208*
　　分化した法教育システム …… *209*
　　アメリカ法曹協会抜きの改善法 …… *213*
　　連邦ローン受給資格要件 …… *214*
　　ロースクールごとの連邦ローン総額制限 …… *215*
　　市場に強制される変革 …… *218*
　　未来への希望 …… *219*

エピローグ（結びの言葉）　最後に …… *225*

原注 …… *228*

訳者あとがき（樋口和彦）…… *259*

はじめに

　今日のロースクールは繁栄しているとの印象がある。ロースクールの多くが最先端技術の堂々とした諸設備を有し、その財源は大学内の他の学部からは羨望の的だ。ロースクールの教授は大学人の中で最も多くの給料をもらい、輝かしいばかりの信用を有し、教育機関や法曹界の指導的な役割を担っているだけではなく、公的な知識人として、顧問として、州や国のしかるべき地位に就くべき人物として、引っ張りだこである。21世紀の最初の10年は多くのロースクールにとって黄金時代であった。
　しかし、ロースクールは多くの観点から凋落の一途である。
　10校に近いロースクールの2011年における年間授業料は5万ドルを超えている。そしてさらに10校以上がそのあとに続いている。これに生活費を加えれば、ロースクールで学位を取るのにそのコストは20万ドルに達する。90％近くのロースクールの学生が法律を学ぶのに借金をし、その平均額は10万ドルに達する。多くの卒業生がここ数十年の極端な法律家需要不足のために法律家としての職を得ることができない。ロースクールは、このような法律家需給市場の逆境には目をくれることなく、2009年及び2010年に入学者数を増やした。その3年後にさらに多くの卒業生を就職困難な社会に放り出すことになるのである。
　2011年になると、広く行われていたロースクールによる事実の歪曲や疑わしい諸活動が次から次と明るみに出て、ロースクールの信用が傷つくことになった。全米のロースクールは極めて高い就職率と、10万ドル台

の新卒の給料を、実際とは大きな隔たりがあるにもかかわらず宣伝している。ロースクールは、奨学金を餌に学生募集をしているが、その奨学金が最初の1年だけで2年目以降は継続が困難であることを学生に十分に知らせていないので、批判されている。また、名門ロースクールの2校は、アメリカ法曹協会に、虚偽のLSAT［ロースクール適性試験］結果とGPA［学業平均点］を報告したことを認めている。

　全米にあるロースクールは、長きに渡り法曹界の良心を自認してきた誇り高く権威のある機関であるが、実際には外聞の悪いことをやってきたのである。このような行為の説明を求められると、ロースクールは単に規則に従っただけだと反論する。学生自身が自ら大きな借金を作る原因となるまずい決定をしたのだから、学生に責任があるとも言うのである。ロースクールは例外なく、実際以上に膨らませた就職数については、USニュースの格付けが悪いと言う。まるで、一つの雑誌が彼らの行動に責任があるかのように。一流のロースクールは、自分たちも程度の違いがあっても同じ事をしてきたのに、これを都合よく無視して評判が極めて悪いロースクールと距離を置く。ロースクールは他人の倫理的責任を指摘しながら、自分たちはそのような責任を取ることがなかったのである。

　本書では、ロースクールがどのようにしてこのような悲しむべき事態に至ったのか、そしてそのことが現在及び将来にどのような影響を持つのかを明らかにする。これらの問題の根っこは、今日のロースクールが、その結果に思いを致らせずに名声と収入を追い求めたその方法にある。経済学部や英文学部の貧しい隣人に比べてロースクールが享受している豊かな資産は、このような収入追求からもたらされたのである。

　しかし、ロースクールの経済モデルは壊れている。今日の法教育のコストは、多くの卒業生にとって、その得られる経済的利益を相当大きく超えてしまっている。高給の企業法務に就職した少しばかりの勝ち組がいる一方、多くの者には、努力に応じた成果もなく、何十年にも渡って苦しむことになる山のような借金を背負ってしまうという結末が待っているのである。不安に駆られる職探しシーズンのロースクール学生は「宝くじ」に当たった同級生のことを羨ましそうに話す。正に就職市場は宝くじになって

しまった。

　これまでも、ロースクールの学生の間で就職面での勝ち組と負け組はあった。今日の違いは、過去30年間の授業料のすさまじい高騰と、これによってもたらされる学生の借金が、負け組にとって、過去の世代ではありえない厳しいペナルティとなっていることだ。以前は、低収入の法律職に就いたロースクール学生も、最初は法律職に就けなかった学生も、更には、最初から法律職に就くつもりはなく、法律学位を他の分野で利用しようと計画した学生も、経済的にはなんとかやれた。しかし、10万ドルが普通という今日の借金状態では、経済条件はずっとひどい。2010年のロースクール卒業生の初任給の中央値は6万3000ドルだ。これでは、そのような大きな額の債務を返済していくことはできないのである。

　国中で、相当大きな割合のロースクール卒業生が経済的に苦しんでいるのだから、法教育の制度が崩壊しつつあると言える。更に、何十校ものロースクールは、大量の卒業生が経済的困難に直面しているという意味で、失敗している。これらのロースクールは、毎年毎年、その学校の敷居を跨いでいった学生の中から、経済的犠牲者を出し、これを積み上げていっているのである。もし通常の経済的警告が機能するなら、多くの卒業生の利益に貢献できないようなロースクールは、入学者がいなくなり、生き残りはできないであろう。しかしながら、誤解を招く情報にそそのかされて入学を決めるという、あわれな判断をする学生によって、ロースクールは破綻を免れており、他方で連邦政府は、このような愚行を援助するための資金提供を余儀なくされているのである。

　法学教育のコストと経財的見返りのアンバランスを明らかにし、正常に戻す方法を探ること、これが本書の目的である。さまざまな要因が、この問題の多い経済的状況に複雑に絡み合って影響している。ロースクールの規制、法学教授の労働環境、ロースクールにかかる競争というプレッシャー、ロースクール志望者が得られる情報の限界、そして、ロースクールが連邦政府のローンを通して資金を得るやり方が、ここでの重大なテーマとなる。

　序章は、約10年以上も前、セント・ジョーンズ大学ロースクールにて、私が暫定法務科研究科長を務めていた、当時のロースクールを取り巻く諸

状況を簡単に説明して始める。法学教授たちの特殊な職場を外部の人に分かってもらうことは難しい。そこで私が法学教授について書くことによって、実際の動きを生き生きと伝えることができよう。第1部で、自分たちの利益を増進するために、どのように法学教育者が繰り返し規制の仕組みを利用してきたかを明らかにする。第2部では、法学教授が何をやって、どれだけの収入を得るか、そして、弁護士や裁判官が、どうして法学教授は実務に疎く、法律家養成をちゃんとやっていないと嘆くのかを説明する。第3部では、なぜロースクールがUSニュースの格付けに牛耳られているか、及び、そのことがロースクールの発展にいかに否定的に作用しているかを明らかにする。そして第4部で、法教育における授業料、借金及び経済的見返りに狙いを定めて、ロースクールの財政と経営上の特徴的な問題点を明らかにし、この状況の改善策を提案する。

　本書はよくある法解釈の本ではない。私は、詳細な事実と数字を組み込んだ話に、時折り手引きとなる例証を入れた説明、未知のことについて根拠ある推測による確実な情報、これらを組み合わせている。こうして、現在の傾向を基盤として、ロースクールと法曹界という業界の近い未来についてのいくつかの予想を提供する。

　本書で書くことは同僚である法学教育者を怒らせることになろう。私たちは、これまで繰り返し、自分たちの報酬の増加を見込んで、不必要な3年教育の要求や特別条項の作成などをして、自分たちの利益を認証基準（訳者注：25頁参照）に組み入れてきた。本書で、その方法を明らかにする。私たちロースクールの教授は、他の学科の教授たちより少ない授業しか受け持たないのに、他の学科より多くの給料をもらい、他の多くの弁護士よりも高収入を得る。しかし、それでも弁護士に比べると収入が少ないと文句を言う。私は、その実態と原因を明らかにするために、学問研究に費やされる資金の額を問題にしたい。さらに、リーガル・クリニックの教員が職を守るために認証基準を利用しようとする取り組みを批判し、リーガル・クリニックのプログラムの経済的効率性に疑問を投げかけよう。卒業生の法律家としての就職率が非常に低いロースクールを特定し、極めて信頼性の低い給与額を公表するロースクールも特定するつもりだ。私は、ロース

クール志望者が入学に慎重になるべきロースクールのいくつかの問題ある特徴を明確にする。ロースクールが授業料を値上げし入学者数を増加することによって、可能な限りの資金を取り入れ、他方でそのリスクを、まずは学生に、次に納税者に負担させていることを論じたい。そうして、実行されればロースクールの事態を劇的に改善できるはずの、認証基準と連邦ローン制度の変革を提案する。

本書はロースクール経営の基本的な経済的側面を問題にするが、教育的側面には深く立ち入らない。私たちをこの状況に導いたのは、収入と名声への追求だ。私が書くことのいくつかは、応募者の減少と落伍したり転出したりする学生の増加による入学1年後の学生数の減少がもたらすロースクールの経済的危機について警告を発することを意図している。不安定な状況にあるロースクールが経営形態を変えないでいれば、経費を賄う十分な収入を得られず、文字通り破綻するだろう。

私には、ロースクールは強制されずに、自分自身で改革を実行するとは思えない。現状では、状況は極めて居心地良く、私たちの利益はしっかりと守られているからだ。そういうわけで、本書の目的の一つは、法学教育者を超えて、ロースクール志望者、その親、外部の規制権者と下院議員にまで、われわれの問題の深さを晒し、どう対応すればよいかについてのより良き決定を促進するための情報を提供することにある。連邦ローン制度は、良かれと思ってなされたことであるが、多くの学生に惨憺たる結果をもたらす。私が詳細に述べる検討事項を総合すれば、数千人ものロースクール志望者にとっては、現状の授業料ではロースクールは行かないに越したことはないということになるかもしれない。

ロースクールはもはや潤落社会となりつつある。ロースクールは一方では授業料を桁外れに高くし、他方で必要性基準による奨学金制度を大きく削り取っている（訳者注：成績優秀者への奨学金が増え、財政的援助を必要とする学生への奨学金が減らされること。この点は第8章で説明される）。こうして、法律専門家への道に大きな経済的障害が築かれている。増大しつつある中産階級及び無産階級の人々は、恐ろしいほどの高価な値札によって、法律職を追求することをあきらめざるを得なくなろう。将来にお

ける我が国の司法制度の様相と正当性は今危険に晒されている。

謝辞

　2006年5月、私は、ブロググループ「異議あり［Balkinization］」に、「ロースクールで起きている奇妙な公正論争」と題して法学教育の経済的歪みについて初めて投稿した。この投稿で論じたのは、高騰し続ける授業料、あまたの卒業生にとって大いに疑わしい経済的な見返り、そして、「最も低収入になりそうな学生が最も高収入になりそうな学生の教育資金援助」をすることになる、成績基準奨学金を通じて作り出した怪しげな経済上の仕組みである。続く数年で、私は同ブログに、法律学界における色々な問題を20回以上投稿した。各種のテーマを取り上げたが、とりわけ、ロースクールのカリキュラムを学際領域にまで発展させることによるコストの問題を取り上げ、ロースクールの学生が抱える増加一途の借金に懸念を表明し、この業界で広く行われているミスリーディングな就職統計の実態を暴露した。2011年6月の投稿では、私は初めて、法学教育者が現状に対してもっと責任があることを説いて、率直に、「お仲間の法学教授たちよ、我が業界の犠牲者に気づいてくれ」と書いた。フェルナンド・ロドリゲスが、私に、研究論文を書く時の控えめな書き方を脱して、これらの問題について、もっと率直かつ強力な書き方をするよう促してくれたことに感謝したい。本書は、投稿時の精神を持って、同じ課題について詳述したものである。

　ジェフリー・ブラックウッドの大きな援助がなければ、本書が時宜を得て完成を見ることはなかっただろう。ジェフ、いつも力を貸してくれてありがとう。全原稿に詳細な批判的評価をしてくれたジョーン・M・コンリー、ビル・ヘンダーソン、デボラ・ジョーンズ・メリットにも感謝したい。彼らのコメントが大なり小なりこの本をいいものにしてくれた。教員研究会で何章かについて意見交換してくれたワシントンロースクールの同僚たちにも感謝の意を表する。私は特にピーター・ジョイとロバート・クーエンに感謝したい。長年の臨床教育の指導者であるボブとピーターはいくつかの点で私と意見を異することがあるが、それでも間違いなく助けになってくれた。私の勤務校の法科研究科長であり、アメリカ法曹協会の法教育・

法曹入会部局の次期部局長であるケント・サイベルドは、私のアメリカ法曹協会批判や私が書くであろうロースクールに関する恥ずべき問題（私の勤務校の恥ずべき行為を含めて）の叙述にも拘わらず、断固としてこの企画を支持してくれた。ケント、この企画で真実を書き続けるよう励ましてくれてありがとう。草稿段階にコメントをくれたポール・カーギス、デイビド・マクゴーエン、そしてジェフ・ソーバーンにも感謝する。本書に必須の法律実務界と法律学界での統計資料を収集して素晴らしい仕事をしてくれたマット・レイチャーに感謝する。本の表紙にいくつかのデザイン案を用意してくれたジョリッツ・タマナハに感謝する。膨大な資料から背景となる資料を取り出すのを手助けしてくれたC.モリーニュークスに感謝する。原稿の編集で卓越した仕事をしてくれたイボネ・ジプターに感謝する。本書に対する熱心な支持と第1原稿への有用なコメントをしてくれた編集者ジョーン・トライネスキーに感謝する。

　ジョーン・Q・バレットには特別な謝意を表したい。我々は一緒に新人研究者としての道を歩み始め、一緒に苦労しながら絆を強めた。何年も前のことであるが、重大な時に、ジョーンは、私にやっておかなければならないことをするよう励ましてくれた。今回も同様であった。私が躊躇しているときも、執筆を始めると、それを励ましてくれた。最後に、すべてのことでホノラタに感謝する。本書をブライアン・M・マエシロに捧げる。私たちは11歳の時に柔道の対戦相手として知り合った（どちらが勝ったかについては互いに記憶が違っているのだが）。私たちは沖縄で生涯の親友となり、高校生の時は一緒に出歩き、夏を過ごし、世界を旅した。ボー、良き時代をありがとう。

序章

ロースクールの危機（1997年ころ）

　私がエレベーターを降りると、教授室の外で騒々しい祝賀が待ち受けていた。1997年12月の上旬のことだった。その騒ぎに吸い込まれるように私は歩いて行った。2人の先輩同僚が、私が着いた時にもう1人加わって、ウィスキーの入ったプラスチックのコップを片手に乾杯をして笑った。法務研究科長が辞めた、と誰かが言った。彼の辞職の通知は教員のメールボックスに入っていたのだ。

　それは大学の学長ドナルド・ハーリントンがロースクール研究科長ルディ・ハスルの学年末に辞任する旨の書面を受理したという簡単な通知であった。そこには、ハーリントン学長は、ハスルの当ロースクールへの貢献に感謝の意を表し、直ぐに新法務研究科長探しに取り掛かるとの記載があった。そのような発表にお定まりの社交辞令がないことから、ハスルが解雇されたものであること、体のいい厄介払いであったということがわかる。

　私は、席に着くや、ハーリントン学長に次のように書いた。

　　初めてお便りを出す非礼をお許しください。私は終身在職権のない教授で、セント・ジョーンズ校に2年半在職しています……。
　　私はハスル法務研究科長の辞任の妥当性を問題としているわけではありません。確かに、教授陣の指導者としては、彼は適さないものになっていました。それにもかかわらず、ロースクールにおける最も深

刻な問題は、教授陣の恐ろしいほどの実績の少なさなのです。ハスル法務研究科長を追い出す運動を指導した何人かは、最も実績のない人達であった、というのが私の見解です。この運動の成功によって、彼らが大学のために厳しく働かされることはもうないと考えるのではないか、それを私は懸念しましたし、今も懸念しているのです……。
　ハスル法務研究科長の退任は、教授陣が実績の改善に向けた努力をする必要がなくなったことを意味しないという強いメッセージを、学長から教授陣に発することが非常に重要です。そのような内容について、明確で、曖昧でないメッセージを直ぐに出すことを要望します。
　ハスル法務研究科長の辞任を発表する学長の通知文の最後の段落には、このような必須事項が書かれていません。

　そのような過激な言葉をタイプしているとき、私が言及した教授たちは廊下で祝賀のたけなわであった。私は親しい同僚に、これからしようとしていることを止めてくれることを期待して、メモの原稿を見せた。しかし彼はこのメモは学長に送るべきだと言ったのだ。
　翌日、私は学長室に呼ばれた。
　ハーリントン神父（ヴィンセンシオ会の神父）は開けっぴろげの笑顔で私を迎え入れ、ロースクールで何が起きているのかを説明するよう求めた。私は、われわれは破滅的な坂を転げ落ちている、と言った。私の勤務校はUSニュース（訳者注：「USニュース」という雑誌が全国のロースクールの格付けをし、これを発表している。第7章参照）の格付けで昨年に比較してランクが一つ下がった（怒った同窓会の寄付者がいつも学長に言っているように）。遅ればせであったが、ハスル法務研究科長は改善を試み、教授陣にもっと仕事をするようせっついていた。多くの教授たちがほとんど校舎内にいない、ただ授業にだけやって来て、そしてそのあと直ぐにいなくなる、という状況だった。彼らが構内にいるときでも、自室のドアは締められていることが多かった。それは学生に対し「入室禁止」と言っているようなものだ。多くの教授たちは研究成果があるとしても、ほんのわずかでしかなく、多くは数年間論文を書いていない。何人かは本業とは別

に法律実務に就いており、それが忙しいために、正規教授職が副業のようになっている。正式なものではないにせよ、相当数が退職しているのも同然である。1人は飲酒問題を抱えているようだ。他の人も何をしているか分かったものではない。45人の教授陣のうち、おそらく10人程度が教育と研究で高い成果を収めているにすぎない。学生の士気は低く、格付け低下によって集団的うつ状態になっている。格付けがCランクからDランクに落ちたことは、（訳者注：USニュースの格付けは、当初、5段階に分けられていた。本書ではこれをA～Eランクで表記する。なおAランクは1～50位、Bランクは51～100位、Cランクは101～150位、Dランクは151～201位、Eランクは201位以下となる。現在はこの区分は正式には用いられていないが、広く通用している）即座に応募者の質と量の低下となって現れ、それが翌年のLSATの中央値の2点低下という結果になってしまった。学生の質の低下のスパイラルが目の前に現れた。2人の知事、数名の現役州最高裁判事等、高い業績を収めた多くの卒業生を輩出してきたニューヨークにおける誇り高きロースクール、セント・ジョーンズ校は、元に戻るには数十年かかるかもしれない。

　私はハーリントン神父に、ハスルの後継者にそのまま終身在職教授を雇うことは間違いだと、強い口調で言った。法務研究科長は多くの教授たちの意思に反しては続けられない。それが彼を退陣に至らせたものだ。今必要なのは、これまでの問題を片付け、業績のレベルを上げ、次の法務研究科長に成功の可能性を用意することのできる、暫定的法務研究科長だ。

　3か月後、私は暫定法務研究科長になった。

　セント・ジョーンズ校は機能不全の泥沼にはまってしまっているのだから、劇的な手段が求められていた。その状況はロースクール全般を代表するものではないが、そこで起きたことは、法学教授が享受する説明責任の欠如（説明責任を厳しく求められないこと）とその行き過ぎの結果を明らかにし、ロースクール内での重要な力学を露わにすることになるから、ここで再現する価値はあろう。セント・ジョーンズ校は今では当時の面影はなく、大きく改革され、活動的な法務研究科長と才能のある働き者の多数の教授陣によって生まれ変わったのだから、この物語について語っても良

いだろう。

その年の3月の教授会議で、ハスル法務研究科長は、私が学長から暫定法務研究科長に任命されたことを発表した（このときまでしっかりと秘密にされていた）。私が演台に歩いていくと、私を迎える沈黙が室内に漂った。誰も、最近採用された、終身職でない教授が法務研究科長になろうとは想像さえしていなかった。私はスピーチを始め、「ハーリントン神父は私に法務研究科長になるよう求めました。なぜならば、私こそが、この変革の時期を切り抜けることができる人物だと判断したからです。私たちが今、しようとしていることは痛みと困難を伴います。そして、全員がもっと一所懸命働くことが求められます。そう、私たち全員がです」と述べた。私のスピーチは「交渉の余地のない」三つの点を挙げた。

　第1に、私たち全員は働かなければなりません。これはフルタイムの仕事です。私たちは、学校への責任に直接関係する業務に関し最低でも週40時間働く義務があります。
　第2に、私たちは学生に尽くすためにここにいるということです。彼らが私たちの給料を払っているのです。私たちの義務は教室で学生を教えることだけではなく、彼らの質問に答え、必要な援助をし、助言者として尽くし、推薦状を書き、その他もろもろのことをすることです。この責任を果たすため、私たちは実際にここに、校舎内にいなければなりません。そして、学生たちを迎え入れねばなりません。私たちの部屋のドアは学生に開け放たれていなければなりません。
　第3に、ここは学問の場です。その本質からして、私たちは皆、教師であり学者なのです。私たちの仕事は、知識を伝授し、人々に考えることを教えます……しかしそれは、私たちがその要求を満たすための違う方法について議論できないということではありません。私たちはそれぞれが異なる分野で力を発揮するのですから。

法務研究科長が、教授に、研究室でもっと時間を過ごすこと、週40時間働くこと、学生にもっと尽くすこと、教師と研究者の二つの役割をこな

すことをレクチャーするのは、滑稽に見えるに違いない。それほどに事態が悪化していたということだ。

　セント・ジョーンズ校が15年前に直面していた問題は特殊なことではない。多くのロースクールの研究棟の廊下を歩けば、不在であることを隠すようにドアが閉められていることに気付く。金曜日の研究棟の廊下はことさら静かだ。私たちがしなければならない唯一のことは授業のために学校に来ることだ。法学教授でよかったと思う事柄のリストのトップは、学校にいるかいないか、いつ学校に出るかを決める自由（予定された授業を除いて）があるということだ。私たちは、したいことをしたいときにし、法務研究科長を含め誰も何をすべきかを命じることはない。自宅での研究の方が能率が上がると言って、ほとんど学校にいない教授もいる。日常の騒々しい通勤を避ける者もいる（私の知っている何人かの教授は別の都市に住み、電車や飛行機で通勤する）。法律事務所に出かけて、勤務弁護士と法律業務を執り行う者も数人いる。どのような理由であれ、教授に同僚や学生が接触できるように現場にいてもらうことは骨の折れる仕事だ。大多数がほとんどの時間いないという状況で、知的コミュニティを作ることは、いやどんなものであれコミュニティを作ることは難しい。

　これら法学教授の仕事は、典型的には9か月間を基本とするフルタイムの仕事だ。法学教授の多くは1年28週の間に平均週6時間（1学期毎に）を教える。私たちは1授業毎に数時間かけて準備をする（これで週に8〜10時間増える）。多分、週2時間程度は学生とのミーティングと推薦状書きに、それから学期ごとに1、2週間をつらい成績評価に費やし、その他に委員会活動がいくつかある。何人かの教授は、他大学や会合で講演をし、あるいは法曹界での委員会活動をする。これらの時間を合計して9か月で割れば、相当量の有給時間が残る。授業、委員会活動、その他の仕事関係の活動に取られない時間は週に10〜15時間になる。これだけの時間が研究活動に使える。それでも論文を多く書かない教授がいるのだ（出来たばかりのロースクールを除いて）。

　これに対する嘆きは数十年も聞こえていた。60年前、カリフォルニア大学のバークレイ校の法務研究科長で、有名な学者であるウィリアム・プ

ロッサーは、次のような認識を示した。

> いかに評判の高いロースクールでも、そのような人を教授陣の数に入れていないところはない……悲劇は（終身在職制度のため）これに関してなしうることが限られているということだ……全米を見渡すと嘆かわしいひどいロースクールが一杯ある。そこでは、ずっと前の法務研究科長が採用した輩が、来る年も来る年も居座っている。研究力がお粗末で役にたたず、取るに足らないので他校から引き抜かれることがありえず、居心地がよいので本人から移ることもありえず、そして、70歳になるまで安泰なのである。途中で死ぬ輩もほとんどいない、そして、絶対にやめるようなことはないのである[1]。

厳しい言葉だが、真実である。ある面で、プロッサー教授の嘆かわしい描写以降、事態は実際に更に悪くなっている。年齢差別禁止条項が終身在職教授に無期限在職許可証を与えたからである。

法務研究科長は仮病を使う教授たち——決して高齢教授だけを指しているわけではない（そして、多くの高齢教授は依然として研究成果をドンドン上げていることは強調しなければならない）——から多くの研究業績を生み出させる権限をほとんど持っていない。あまりにも業績がひどければ終身在職権があっても、少なくとも理論上は解雇できる。しかし、実際にはそのようなことが起きたことはない。終身在職権を取り消そうとするいかなる試みも教授陣内で論争となろう。必ずや、ターゲットとされた教授は終身在職権条項の正当化できない違反として訴訟を起こすであろう（過去に研究の生産性の低さを理由に解雇された者はいないと正しい指摘をして）。そして、大学は給与を減らすことで和解するだろう。ある程度の割合で怠け者は存在し（どの職種でもいるように）、働かないことで余分な費用負担がのしかかっている。その全員が改善のしようもないほど悪いわけではない[2]。予想できることだが、ある調査は、多くの法学教授は終身在職権を得た後に論文数が少なくなるということを明らかにした。多くの教授陣の中で、少数の教授が不釣り合いに生産性が高く、残りは、安定し

た研究成果を示す者から全く成果のない者まで散らばっている。

　法務研究科長は制裁として、実績の少ない者から昇給を取り上げることはできる。それでも、教授は定期的に生活費の上昇分を獲得し、それは給与額を上げ続ける。それと実績による昇給との差が取るに足らないことが、怠け者の教授には否定的動機づけとなってしまう（実績が上がらないのに生活費上昇分を上乗せされることを訝しむ人がいるかもしれないが、多くの教授たちが不幸だと法務研究科長の地位が危うくなることを思い出してほしい。給与問題以上に人を動揺させるものはないのだ）。

　法務研究科長たちは、働くよう鞭を打つのに小さな棒——本当に小枝程度のもの——しか使えない。その結果、より多くの論文を書かせるためにご褒美を充てがうことに頼らざるを得ない。論文の執筆を促すため、有給研究休暇や夏季研究補助金といった積極的な刺激策をやってみることができる。しかし、これは、やるべきことをやらない人にもっと多くの資金を費やすという弱点を持つ。ずっと一所懸命仕事をしてきた教授にとっては、わずかな努力しかしてこなかった者がどうして余計に利益を得るのか納得できない。そこで法務研究科長は公正さを維持し不平を抑えるために、しっかりと働く者に追加の報酬を与えなければならなくなる。

　ロースクールは、多くの大学と同様に、定年年齢の、どっしりと腰を下した教授を退職するよう説得するのに、気前のいい買い取り代金に頼ってきた。終身在職権は財産権のようなものだ。教授はこれを放棄するのに対価を要求できるし、現に要求している[3]。これは高額退職金の学者版だ。買い取りは高額な費用が掛かるが、一般に考えられているほど、退職を勧奨するのは上手くいかない。2年間の全額支給と6年間の健康医療サービスが、1998年にセント・ジョーンズ校の出した提案だった。しかし、最初は1人としてこの提案を受諾する法学教授はいなかった。結局、最低限のことをしていれば仕事はそれほど負担にならず、収入は良く、しかも教授という地位は名誉を伴うから、2年間の給与完全支給は、半年に15時間ないし20時間しか働かなくてよい閑職を投げ捨てさせるには不十分だった。それに、買い取りは定年年齢に近くはないが研究業績の少ない教授の問題を解決できない。

論文を書かない教授からもっと多くの成果を絞り出すには追加の授業担当を求めるのが効果的だ。多くのロースクールの標準的仕事量は、年間4講座であり、それは1学期当たり平均週6時間、年間（もっと正確に言えば、28週間）12授業時間となる。もし論文を書かない教授に5つ目の講座を求めれば、余分な費用をかけずにもう1クラス増やすことができる。4人の教授が各自1講座を増やせば、それは正規教授1人分に相当する。セント・ジョーンズ校の教授陣は、私たちが「代替的貢献制度」と呼ぶ、この方法を採用した。学問研究に取り組むことを好まない教授は、その代わりに余計に1講座教えることを選ぶことができた。

　しかし、言うは易く行うは難しだ。法学教授は慣習となっていた、これまでの重くない授業担当時間の負担を増やすように言われて、不快に思うのである。新たに講座を増やすことは、最初の年はその準備に多くの時間を要する。最悪なのは、「非研究者」との烙印を押されて他の教授より多く授業を持たねばならないということに対する個人的な苛立ちである。法務研究科長としてみれば、余分に講義を押し付けて反発を招くより、怠け者の教授のコストに目を瞑るという、別のやり方に頼りたいところだ[4]。

　暫定法務研究科長となって1年半後、私は退任した。この間、7人の教授が買い取りに応じた。3人は別の条件で去り、5人は追加講座を受け持った。次の春には本校はUSニュース内で1ランク分上昇して、現在に至っている。相当多くの退職者が出て、本校は変わった。研究業績の多い教授陣のいるロースクールとなった。

　もし、これでことがうまく運んだと聞こえるとすれば、それは違う。話にはまだ先がある。私の法務研究科長期間は全員にとって悲惨な時期だった。色々な手段を取った。たとえば、教授の給与（私のも含めて）を凍結し、研究調査の旅費を切り詰め、新規採用者を除いて夏季研究費補助を廃止し、教授の財布からお金を取り上げた。こうして浮かした分を、学生の奨学金の増加と授業料値上げの1年間凍結に使った。代替的貢献制度を「任意」で受け入れてもらったが、その実際は選択権はないというものだった。説明責任を果たすために、誰もが仕事に関係する活動に使った時間をはっきり分かるように書き込んでもらった（驚くべきことではないが、また必

ずしも信用できるかは分からないが、どの教授も最低でも 40 時間を記載し、ほとんどの人はもっと長い時間を記載した）。このような措置が明らかに不快の念を引き起こし、私と同僚たちとの関係に変化が生じた。何年もたっているのに、1 年間の給与凍結が長期にわたってもたらす金銭的影響について、折に触れて私に話す同僚もいる。別の同僚教授は、何年もの間、廊下やエレベーターですれ違う時、あいさつも声掛けもしなくなった。

　法務研究科長の地位に残っていたければ、どんな法務研究科長もそんな真似はしないであろう。アメリカ法曹協会基準の公式解釈によれば、教授陣は法務研究科長に対して相当の権力を持っている。その公式解釈は、「教授陣から相当多くの反対者が出れば、法務研究科長として任命されることや、次期に再任用されることはない」としている[5]。ロースクールの内部運営方法を理解するには、このことを覚えておかねばならない。

　私は、教授陣内の奇妙な力学を読者に理解してもらうには一番いい方法だと思って、10 年くらい前の、暫定法務研究科長として経験した短いアドベンチャーを取り巻いていた状況を話すことでロースクールに関する本書を書き始めた。国内のロースクールの多くの教授たちは良心的に熱心に仕事をしていることは強調しておきたい。とはいえ、私がセント・ジョーンズ校の教授陣との関連で描いた多くの要因はどのロースクールにも存在する。この話によって私が指摘したい重要な点は、ある特定のロースクールを既に述べたような状況にしてしまう、職場環境に関する何かがあるということだ。他のどのような職場でも、例に出したような人はずっと前に首にされているはずだ。そうでなければ、経営が破綻する。しかし、経済的にはセント・ジョーンズ校もその教授もうまくやっていた（格付けが落ちたにも拘わらず）。職場を規律する多くの基準や誘因は法学教授陣には通用しない。問題の核心は、ロースクールは教授たちの「ために」ある、ということなのだ。このことは、教授陣が経営しているということを意味しない。個々人の教授はほとんど組織的な力を持っていない（同僚と一緒になって私的な力を持つことはできるが）。組織の政策によって強い発言権を持つことはあるが、教授陣が集団的にロースクールや大学との関係を管理することはない。ロースクール教授陣の本当の力は、ロースクール全

体に普及している「教授陣特権」と呼ばれる、不明朗で明確に言及されることはないが、しかし確かに存在しているものに根差している。

　誰も法学教授に何をすべきか指図しない。教授は学生より上で、職員に奉られている。法学教授は、ロースクール内における主要な人材であり、ときには学外でも卓越した存在だ。ロースクールがしっかり機能するためには、個々の教授が、自己の利益を犠牲にしてでも、自発的で、責任感にあふれ、良心的で、公益を優先していることが求められる。別の言葉で言えば、法学教授は他の人々よりも高い品性を備えなければならないということだ。しかし実際には、悲しいかな、私たちは他の人々と同様に、過ちを犯しやすく、自己優先的なのだ。

第1部

自主統制への衝動

第1章
アメリカ司法省、アメリカ法曹協会を訴える

　1995年、米司法省は、「法学教育者がアメリカ法曹協会のロースクール認証制度を牛耳っている」として[1]、アメリカ法曹協会に対し、独占禁止違反で民事訴訟を起こした。これは、「法の支配」の拠点であると自負している法律家たちの国家的な組織であるアメリカ法曹協会にとって不名誉なことであった。アメリカ市民を守るという名目の下に、アメリカ法曹協会の「法学教育と法曹協会登録」の章では、アメリカ教育省の承認を得て、ロースクールが知識力や技術力でも優れた、倫理観のある法曹を輩出することを保証するために、ロースクールに対して認証基準を導入して実施している。アメリカの50州のうち45州では、各州の最高裁判所の命令により、アメリカ法曹協会が認証したロースクールの卒業を、州の法曹会加入の必要条件（訳者注：アメリカの法曹資格は国家ではなく州単位で付与される資格である。このため、司法試験は各州で実施されており、受験資格等も州ごとに異なる）としている[2]。よって、アメリカ法曹協会の認証は、ロースクール生にとってもロースクールにとっても極めて重要である。認証を得ようとするロースクールは、その厳しい条件を満たさなければならないし、認証後も7年おきに、現地視察も含む認証委員会の厳格な評価を受けることになる。

　司法省は、認証制度［the accreditation process］が法学教育者によって自らの給与の増額と担当講義の負担減に転換されていると批判した。認証基準の一つは、講義担当を半期8時間を上限としている（訳者注：半期

は、9月から12月か、1月下旬から5月中旬のいずれかである。8時間はこれらの期間、およそ15週を週8時間教える。1科目は週2〜3時間の授業なので、週3科目担当することになる）[3]。いくつかの条項で、教授陣に相当額の報酬を確保することに力を入れている。また、基準の一つは、ロースクールの専任教員に「休職や研究休暇に適切な機会」を与えることを求めている[4]。これは、休職や休暇時の給与について何も言及していないにもかかわらず、「実際は、有給の研究休暇、夏期休暇中の給与（訳者注：アメリカでは、通常、実験を伴わない文系の大学教員には夏期休暇中の給与は支払わない）、その他の研究関連の報酬などを要求しているものとして利用されてきた」[5]。同レベルのロースクールと比較して報酬が低いロースクールは、説明を求められることさえあった[6]。このようにして、ロースクールの教授は、経済的利点が生じる施策を享受し、また授業料負担が増大しないことを保障されている。

　多くの認証基準の要件は、ロースクールに多大な経済的コストを強いた。ロースクールは、適切な設備、十分な蔵書数や、終身在職権を持つ常勤教授を基準にして算定される教授対学生比率の低さ（非常勤や任期付きの教授はこの集計には含まない）を整備するよう求められていた[7]。真の学術研究機関の名声を維持するために、(学問ではない) 司法試験対策講座（授業料収入の多い司法試験対策講習の開講に繋がる）を単位認定で開講することをロースクールは禁止されていた。また、認証されていないロースクールの学生が、認証されている学校へ転入することに不利益を課して、認証基準を慎重に守っていた。認証ロースクールに、認証を受けていないロースクールからの転入生の単位を認定することを禁止していたのだ。さらに、認証されていないロースクールの卒業生は、認証されているロースクールのプログラム（法学修士［LLM］と法学博士［SJD］）に入学できない。認証基準は、外国のロースクールの卒業生については入学を認めているのにもかかわらず、国内の認証されていないロースクールの卒業生の入学を禁止しているのである。

　このような様々な方策により、アメリカ法曹協会は、低コスト運営型のロースクールを事実上締め出している。低コスト運営型のロースクールで

は、研究より教育に力を入れ、終身雇用でなく報酬を低めに設定した、人数も少な目の専任教員を中心にして、その他の多数の教員は裁判官や弁護士を非常勤講師として採用している。施設や蔵書数は基本的なレベルに抑え、学生には実務の技術と司法試験合格に必要な基本的な知識を教えている。司法省による独占禁止法違反調査の発端は、低コスト運営型の格安授業料を設定しているマサチューセッツロースクール・アンドーヴァー校がアメリカ法曹協会の認証評価で、否とされたことだった。

査察はどのように生かされたのか

　認証制度の査察について取り決められたことが悪用されている。審査を受けているロースクールの教員が自分のロースクールについて自己評価を作成し、その自己評価を査察団に提供しているのだ。自己評価を作成する教員は、評価に教員側からの待遇等の懸念事項を盛り込んでおく。アメリカ法曹協会の現地視察団は5人から7人のメンバーで構成されており、通常は全員がロースクールの教員である。3日間の視察でロースクールの関係部局の教員と面談をする。この視察過程で視察団に吹き込んである待遇等の懸念事項が報告書に反映される。

　それぞれの認証評価の報告は、法務研究科長（訳者注：英語では、ロースクールや大学院の長も学部長も区別しないで dean と言うが、日本では、区別して、ロースクールにあたる法科大学院の長を「法学部長」と言わずに「法務研究科長」と言うのが一般的である）とその大学の学長に送られた。査察団に入っている法学教員は、大学とロースクールの関係ではロースクールに、法務研究科長と法学教員の関係では法学教員に肩入れする傾向があった。大学の学長にとって、査察団の法学教員は、ロースクールの利益を擁護する存在——大学からより多くの財源を獲得し、ロースクールの自治権を確立する存在——であろう[8]。法務研究科長から見ると、査察団の法学教員は、ロースクール教員の報酬、研究支援、終身在職権教員（訳者注：アメリカ社会の雇用形態は、一般的に終身雇用ではないので、終身在職権のポストは特殊で魅力的なものと捉えられている）の増員、その他教員寄りの条件を強く要求してくれるのである。

認証評価が実施していることは、法学教員が全米のロースクールを駆けずり回って、同僚の教員の便宜を図っているだけである。ボストン大学ロースクールの法務研究科長であったロナルド・カスが独占禁止法違反に関連して、「認証評価は、ロースクールが大学から財源を獲得して、ロースクールの内部の教員達が法務研究科長から資金を得るのを手助けするために策定された方策であった」と意見を述べていた[9]（カス法務研究科長も、報じられているところによれば、1996-97年度に47万9387ドルに諸手当2万3173ドルを加えた所得があり、申し分ない報酬を得ていたのである）[10]。

　法務研究科長は、認証評価制度がロースクールのために大学に加える圧力を有り難く思う一方、認証評価に関わるさまざまな要求に対して閉口するようになった。認証評価方法の変更を掲げて1994年にアメリカ法務研究科長協会［The American Law Deans Association］が設立された。法務研究科長らは次のように認証評価制度に異を唱えた。「アメリカ法曹協会の認証とアメリカロースクール協会［AALS］入会を含むロースクールの認証方法は、ロースクールにとって、不当に押しつけがましく、重荷となり、法学教育の実際のクオリティに無関係になってきている……、認証評価は、図書館の空間や教員給与の等級などの法教育のインプットのみに焦点をあてるようになってきた……、認証評価制度は、個々のロースクールの資質や理念に関係なく、同一の評価方法をすべてのロースクールに適用する傾向が増加しているようである」[11]とある。この行き過ぎを反映して、1994年に「ロースクールの50校が、その多くは超一流校を含んでいるが、法律プログラムに不適切な財源をあてがったとして（認証委員会の）呼び出しを受けた」のである[12]。

　アメリカ法曹協会は、独占禁止法違反でその違法な慣行を停止することに合意して、同意判決（訳者注：日本の独占禁止法の同意審決に相当。両者の合意により、事実審理なしで出される法的拘束力を有する裁判所の決定）を受け入れた。これにより、アメリカ法曹協会は、認証評価に関して、教員報酬の情報を収集したり、その情報を共有することはなく、また、認証評価に際して報酬に言及することはできない。また、営利型のロースクールを締め出したり、認証されていないロースクールの在学生や卒業生の転

入や入学を禁止してはならない。認証評価委員会や基準評価委員会では、ロースクールの教員が構成員の50％を超えてはならない。よって、現地視察の査察団には、ロースクール以外の大学の管理職教員や裁判官や弁護士や一般市民も含まれることになる。アメリカ法曹協会は、独占禁止法監視担当官の定期的検査を受けなければならない。同意判決は10年間有効である。この10年間に、アメリカ法曹協会は、司法省関係者との面接や情報の求めに応じなければならない。

　これは、アメリカ法曹協会が結んだ極めて屈辱的な合意事項であった。しかし、アメリカ法曹協会長のジョージ・E・ブッシュネルは、後悔のそぶりも見せず、「我々は、独占禁止法違反疑惑を断固として否定する。そして、我々がしてきたことは正しいと確信している」と断言したのであった[13]。この合意書の弁明に、法曹協会長は、不抗争（訳者注：罪状認否手続きにおいて有罪とは認めないが検察官の主張を争わないとするもので、当該事件においては有罪答弁と同じ効力を持つ。刑事裁判で手続を短期に終わらせ、かつ、司法取引で量刑を軽くしながら、民事裁判で争う余地を残そうというもの）の答弁をしたすべての被告人の申立ての言い回しをまねて嘲笑った。無実を証明するには膨大な訴訟費用がかかるから、嫌疑を争わなかったと言ったのである（痛烈で絶妙な皮肉：極めて卓越した法律実務家の協会が、訴訟費用が高すぎるから不法行為を認めなければならないとは！）。ブッシュネルは、アメリカ法曹協会の無罪を主張する一方、その根源にある事実上の疑惑について否定しなかった。それどころか、これらの認証評価の行為は独占禁止法に違反していないと主張したのである[14]。

教授の報酬をターゲットに

　テキサス大学ロースクール教授のミラード・ルードは、元アメリカ法曹協会法学教育顧問で後にアメリカロースクール協会の事務局長となった人物であるが、独占禁止法違反という不当な攻撃に激怒し、教員の報酬に絞って、「ロースクールの報酬体系は、招聘して雇用を続ける教授の質に直結することは議論の余地がない。教員に対する報酬が一番大きいロースクールが高い評価を受けた法学教育をしているのは、単なる偶然にすぎないと

いうのだろうか」と反論した[15]。

　この見解は、その業界に関わっている人の誤った考え方そのものである。ルードの一流ロースクールの教授は高い報酬を取っているという発言は、確かに正しい。しかし、これは、認証評価の主旨と関係のないことである。認証評価は、有能な法律家を輩出する健全な法学教育を確実に保障するための手段として正当化されているのである。これには、有能な法学教員を惹きつけるのに十分な程度の報酬を設定することが必要である。しかしながら、教員の報酬を他の教員に匹敵する程度に設定しようとすることは、教授間の報酬を単純に釣り合わせることにすぎない。教員の給与が適切かどうかの判断をするには、法学教員としてポストを得ようとする候補者の供給状況を見る必要がある。これらの認証評価が真っ盛りの1980年代と1990年代前半は、ポスト獲得の競争が激化していた。

　教員報酬に関する認証評価制度の公的見解は、この明白な点に耳を傾けずに、「ロースクール教員の報酬が、特に正教授や准教授の報酬が、全国平均や同じ地域の認証を受けているロースクールと比較して低い場合は、有能な教員を惹きつけ維持するのに十分と言えないであろう」と述べている[16]。この見解によれば、平均の中央値以下の教員、つまり法学教員の半数は、適切な報酬が支払われていないことになるだろう。もう一つの公式見解は、「アメリカ法曹協会が認証したロースクールの中で最下位に順位付けされているロースクールの報酬体系は、競争力がなく認証基準に違反しているとみなせる」ということである[17]。最下位校というのは必ず存在するので、この見解は、表面の解釈だけでも馬鹿げている。この二つの見解を併せると、上へ上へと目指すスパイラルが生じる。即ち、平均値より低いロースクール、特に最下位校は、認証を受ける度に上位を目指し、その結果、次の認証に備えて平均値と最下位値を上げるということになる。これは法学教員にとっては何とも魅力的な状況だ。

　米司法省の訴訟に遡ること2年前、ナショナル・ロー・ジャーナル[National Law Journal]は、ロースクール教員の報酬の上昇についての記事を掲載した。「この5年間、全米のほとんどのロースクールの報酬のスケールは上昇し、中には50％以上、さまざまな恩典に加えて20万ドル以

上の報酬が珍しくないという程度まで上昇したロースクールもある」[18]。「例えば、1988－89年度（訳者注：アメリカの大学は、9月に始まり翌年5月に終わるため、2年に跨る表記になっている）に、セトン・ホール大学ロースクールは、正教授に、7万1900ドルの報酬を払っていたが、1992－93年度の平均は10万7283ドルであった……。フォーダム大学ロースクールでは、1988－89年度の正教授の平均報酬は、8万9700ドルだったが、1992－93年度までに、数値は、12万5250ドルまでに上昇した」。これらの報酬は、上限が2万ドルの夏期研究助成金と基本給の金額の20～38％が加算されて支払われる諸手当で補われていると記事は付け加えていた。この報酬上昇の財源確保のために、私立のロースクールの授業料は、1988年から1992年の間に毎年平均10％上昇し、州立のロースクールでも、年平均の上昇は11.7％であった[19]。

この記事は、報酬の急激な上昇に繋がったいくつかの要因を特定している。その要因とは、1970年代の上昇しなかった報酬体系に対する埋合せ、有能な教授を引き抜くための魅力ある報酬レベルの設定、研究成果を精力的に挙げる教授に対する昇給による恩恵である。この記事は、「何人かの法務研究科長が言うには、上昇のもう一つの要因は、何人かの法務研究科長によると、アメリカ法曹協会が、認証評価を通して、ロースクールに教員の報酬を上げるように圧力をかけたことである」と説明している[20]。覚えておいてもらいたいのだが、この記事は、米司法省の提訴の2年前に書かれていた。この慣行は、公然の秘密であった。

リーガル・クリニック教員の反乱

米司法省の訴訟事件への意外な展開が、本書の後で解説するロースクール内の教員間の亀裂を露呈させてしまった。司法省は、独占禁止法違反事件の訴訟での要求に応じて、同意判決についての意見をロースクール教員に求めた。認証評価に対する辛辣な非難は、ロースクール教員のサブグループであるリーガル・クリニック（訳者注：ロースクールに設置された臨床法学教育で、学生は、弁護士教員の指導の下で実際の事実を担当して実務力を養成する）の教員から出された。リーガル・クリニックの教員は、同

意判決に反対した。その理由は、同意判決が十分な問題解決にならず、結局、法学教員が自分の利益のために認証評価制度をコントロールし続けるというものである。

リーガル・クリニックの教員で構成されているリーガル・クリニック教育協会［Clinical Legal Education Association］（当時、400名の会員）は、「認証評価は、研究者や法務研究科長が主導権をとって実施しているので、弁護士の実務のために適切な準備を学生に確実に保障する役割が遂行されていない」と主張した[21]。リーガル・クリニック教育協会は、査察団の大学管理職の地位にある委員が、「研究業績の増産の奨励を最優先事項の目標に設定して評価する傾向があり」、実務の技術を磨くプログラムの重要性を評価しないことを憂慮している。リーガル・クリニック教育協会によると、さらに重要なことに、同意判決は以下のことがなしえないのである。

> 学生や将来の依頼人のニーズを犠牲にしてロースクール教員の研究力を高める現行の基準や実践について、それを変更することや、この基準に挑むようなことをしていない。例えば、従来の基準では法律学教員に終身在職権を与えることを命じているが、弁護士実務の実践教育に関わっているリーガル・クリニックの多くの教員にはこういった雇用の保障を提供していない。また、認証基準は、ロースクールに法律学教員が管理運営に関与することを認めるよう求めているが、リーガル・クリニックの教員が管理運営に関わることを求めているという解釈はされていないのである。このような二重基準の取扱いは、学生や将来の依頼人が求めることより、研究や研究者が必要とするその他のことを優先させている現状を維持するためのものである。

このような見解は、同意判決に対して反対意見を提出した他のリーガル・クリニックの教員も繰返し述べている。その中に、ノースウェスタン大学ロースクールのジョン・エルソン教授もいた。エルソン教授は、リーガル・クリニックの教員の中で指導的役割を担う人物で、認証評価委員会の委員を長年務めている。彼は辛辣な言葉で、法学教員は、認証評価を占有し、「法

学教員が考える法学教育の「質」を強化する認証評価制度を必然的に維持しようと努力している」と断言している。これらは、研究成果の輩出をロースクールの最優先事項とする考え方であり、実務のための学生指導を、やむを得ず負うにすぎない負担にまで格下げして、法学教員のより崇高で知的な天職が学生指導によって妨げられてはならないという考え方である[22]。

　これらの主張について二つの論点が浮き出て来る。リーガル・クリニック教育協会は、ロースクールは、学術研究に没頭するが教育に怠慢な「研究」教授に支配されており、有能な法律実務家を育てる教育を行っていないと暗に言っているのだ。一方、司法省は、ロースクールが実務家養成において不合格とまでは主張していなかった。二番目の際立った点は、リーガル・クリニック教育協会側の認証評価を、リーガル・クリニック担当者の地位と雇用向上といった関係者の条件向上のために利用するという見え見えの操作工作であった。同教育協会は、ロースクールが有能な法律実務家の養成を考えるならば、リーガル・クリニック担当者も、終身在職権と大学の管理運営において対等の発言権を与えられるべきと主張している。

　リーガル・クリニック担当者の不満の表出は、ロースクールの多くの教員の水面下にある亀裂を顕在化させることになった。それは、ロースクールは研究機関なのか、あるいは弁護士養成機関なのかについての根本的な対立に行き着くものである。後で見て行くが、この意見の対立は、ロースクールにとって永遠のテーマである。

　司法省は、リーガル・クリニック教員の地位向上についての嘆願を、ロースクール政策は認証評価と無関係であるとして拒否した。研究職の教授は、自分達の勤務条件を高めるために認証評価をうらやむくらい巧みに利用していた。また、リーガル・クリニック担当の教授は独占禁止法違反訴訟を、同じ条件の確保のために利用しようとしていた。両者の教授陣は、公益のためという名目でそれぞれの主張を提示していたのである。

高くついた認証評価

　アメリカ法曹協会にとって不名誉な追伸を書くが、同意判決の適用を受けている10年間の終了間際、同協会は裁判所の命令に対する6件の違反

で、アメリカ法曹協会は司法省によって法廷に引き戻された。これらの違反は、アメリカ法曹協会が、ロースクール法務研究科長や教授を、基準審査委員会構成員の半分以下にすることを行わず、数年間に亘って視察団にロースクール以外の大学関係者を含めなかったことである。違反した要求項目は、法学教育者が認証評価を占有するのを防ぐために作成された改革であった。ロイス・ランバース裁判官は、「アメリカ法曹協会は、最終的な判断の明白な定めに何度も違反している」と述べ、アメリカ法曹協会に、弁護士費用と違反を明らかにする際に反トラスト局が被った裁判費用18万5000ドルの支払いを命じた[23]。

　教員を優遇するために認証評価を露骨に利用するということは過去のものであるが、優遇政策が引き続いて残している遺産とも言うべき文化が法学界に定着してしまっている。その文化とは、真のロースクールは、研究大学院でなければならないということである[24]。コーネル大学ロースクール前法務研究科長のロジャー・クラムトンは、アメリカ法曹協会の認証評価の決定について（1986年に）異議を唱えた。クラムトンは、この決定は、「地域の法律実務のための人材育成に捧げてきた健全なロースクールの継続的な承認を遅らせる」と言い、また、「視察報告は、研究の本質やクオリティが理論面や挑戦力において不十分であり、夏期休暇の報酬やその他の研究支援の提供が不十分であると批判した」と言っている[25]。このような研究重視の姿勢は、法学教育を支配し続けている。（認証されていないロースクールを除く）あらゆるレベルのロースクールは、今日でも教員の研究に膨大な資金を割り当てている。それが、正当派のロースクールである、という定着した基準だからだ。

　認証獲得のため学費が大幅値上げになってしまうのである。アトランタのジョン・マーシャル・ロースクール（訳者注：シカゴにあるJohn Marshall Law Schoolと区別するためにAtlanta's John Marshall Law Schoolと呼ばれることが多い）の例を取ってみよう。ジョン・マーシャル・ロースクールは、労働者階級の学生を対象に認証されていないロースクールとして1933年から開学している。1987年から、ジョージア州最高裁は、法曹として認証される要件として、アメリカ法曹協会が認証したロー

スクールの卒業を義務づけた。これは、ジョン・マーシャル・ロースクールに認証評価を得させようと強制する政策であった。1998年の視察報告は、同校に対するアメリカ法曹協会の認証に反対する勧告を行った[26]。理由の一つは、「1週間8時間の講義担当数が多すぎる」であった。このロースクールは、利潤追求の企業に買収され、同協会の基準を満たすために多くの改革を行い、2009年には、ついにアメリカ法曹協会の完全な認証をついに得た。そして、2010年には授業料は、3万2250ドルになった。ジョン・マーシャルロースクールでは、平均で12万3025ドルの借金を背負って卒業していく。この借金の金額は、全米で最高額の部類である。卒業生の多くは、弁護士としての職につけなかった。認証されていようがいまいが、ジョン・マーシャル・ロースクールは、アトランタ地域のロースクールの序列で最下位のままである。このため、卒業生は、就職の機会が限られている。今では、学生は、認証に伴う割増料金を払わなければならない。割増料金は、認証されたロースクールの運営に資金がかかるからではなく、認証されたロースクールの市場における授業料が、認証を受けていないロースクールより少なくとも1万ドル高いからである[27]。

第2章
なぜロースクールは3年なのか

　「ロースクールの最初の年は、学生を死ぬほど怖がらせる。2年目は、死ぬほど勉強させる。3年目は、死ぬほど退屈させる」とロースクールについてよく言われており、3年次を廃止してはどうかという要望は毎年繰り返し出ている。スタンフォード大学ロースクールの法務研究科長のラリー・クレイマーは、2010年に行った演説で、「ロースクールについての周知のことであるが、我々がやっていることは3年もいらない。せいぜい2年、1年半で十分かもしれない」と言った[1]。ノースウェスタン大学ロースクール、サウスウェスタン大学ロースクール、デイトン大学ロースクールは、3年制ロースクールであったが、3年間の法務博士プログラム（訳者注：Juris Doctor、略称はJD。法律専門職学位であり、各州司法試験受験資格でもある）を最近2年間で提供を始めた。これらは、正真正銘の2年制課程ではなく、3年制課程（授業料も3年分払う）を2年間に押しこんだだけである。ワシントン＆リー大学ロースクールの場合は、3年次のケース・スタディ（判例研究）のすべてを臨床教育に変えたが、授業料は従来通りの満額を徴収している。

　1971年にポール・キャリントン教授を中心に著名な法学教育者が作成したキャリントン報告書［Carrington Report］は、この問題について真剣に取り組んでいる。報告書には、「3年次に何を教えようかとずっと悩んできたロースクールの教員は、「そもそも3年次は必要なのか」という根本的な問題に対する解答を考える必要がある」と指摘して、3年次は不

必要で撤廃すべきと結んでいる[2]。学生は、2年間で法実務に必要なことのほとんどを習得できる。キャリントン報告書は、学部の授業を3年履修した者を対象に2年制の法務博士プログラムを提案している。即ち、法務博士は、現行の7年間（4年の学部教育と3年のロースクール教育）ではなく、5年間の教育（3年の学部教育と2年のロースクール教育）で取得できる。法実務の専門を深めたい学生や復学を希望する弁護士の場合は、希望する分野で1年間の集中学習を加えることが出来る。キャリントン報告では、この提案は、現行制度より良いと訴えている。なぜならば、7年間の教育にかかる経費は、経済的に恵まれない家庭出身者から弁護士を目指すことを困難にし、その結果、貧困者のかかえる問題が理解できる弁護士の数を減少させてしまうからである[3]。

　法学教育者の多くが2年間で十分と考えているなら、なぜ、ロースクールは3年制なのか？

　3年次は、実態とほとんどまったくかけ離れた理由で存在している。20世紀の初頭、一流ロースクールは、3年制を断固として固定化するために、アメリカ法曹協会とアメリカロースクール協会を利用したのである。

超一流ロースクールが基準をつくる

　19世紀の終わりは、司法界と法学界にとって問題が多い数十年間であった。法曹に対する市民の信頼は低く、弁護士には、倫理観に欠けて法実務を行う悪徳弁護士というイメージがつきまとっていた。ロースクールは、「1870年の28校1600人の学生から、1890年までに54校6000人の学生数に急増し、19世紀の終わりまでに100校1万3000人の学生」となり、急速に増加していた[4]。夜間のロースクールは、講義はすべて弁護士が教え、授業料も安く、都会のスラム化した地域に出現し、新しく移民してきた東欧系、イタリア系、ユダヤ系からの卒業生を大量に輩出していた。アメリカ法曹協会を牛耳っている超エリートの法曹人は、この新移民の法律家が、既に低下している法曹の評判をさらに傷つけるのでないかと危惧した。

　一方、大学付属のロースクールは、学生を集めるのに苦戦していた。法律の学位は、どの州でも法曹界への入会の条件となっていなかったから

である（法実務家になる伝統的な方法は、法律事務所に見習いとして勤めることであった）。このような中で、法曹界と一流大学のロースクールは、経済面と専門性の利益の一致を共有し、法学教育に高い基準を課したのだ。この二者の連携を確固たるものにしたのは、アメリカの法曹支配者階級の心の奥底にある人種・民族差別主義と移民排斥主義であった。ウィスコンシン大学ロースクールの法務研究科長は、「夜間ロースクールの学生の名簿は外国の名前ばかりである。移民と移民の息子が……名誉のあかしとして弁護士の肩書を切望する。その結果が、まともな教育を受けていない、ただ司法試験合格のための知識の詰め込みだけをやっている移民の若者であふれている。全員が上昇指向の価値観には魅了されているが、法曹の倫理観については理解できていない」と、法曹界の支配者階級が繰り返して言っていた懸念について声を大にして言ったのである[5]。

　法学教育は規格化されていない時代があった。法学の領域では、1～3年の課程でいろいろなプログラムや学位が授与されていた。法学士［LLB：ラテン語の Legum Baccalaureus で Bachelor of Laws］、法学修士［LLM：ラテン語の Legum Magister または、英語で Master of Laws］、ローマ法博士［DCL：Doctor of Civil Law］などである。これらの多くの課程では、入学のための前提として大学教育を求めていず、高校教育も必要としていないロースクールが多かった。20世紀になるまでは、圧倒的に大多数のロースクールは2年制課程であった[6]。ハーバード大学ロースクールは、1878年に3年制課程に移行し（実際に通学して受講することを義務付けるのは18か月だけだった）、次の10年間にコロンビア大学ロースクール、ペンシルバニア大学ロースクールなど一握りのロースクールがこれに続いた。これらのロースクールの3年制の成功により、他のロースクールも3年次を加えるようになった。明らかに、さらなる1年の授業料収入という魅力的な要素があった。しかし、2年制課程は、既にしっかりと定着していたのである。

　アメリカ法曹協会にロースクールを担当する委員会の設置の必要性を痛感していた法学教育関係者の要請により、1893年に法学教育の部門が加えられた。法学教育部の多数を占めることになった大学関係者は、法学教

育が法曹協会において依然として末端の扱いであることに失望した。大学関係者は、1900年のアメリカ法曹協会の年次大会にロースクールの代表者を招き、二つ目の協会であるアメリカロースクール協会を設立した。アメリカ法曹協会とアメリカロースクール協会は、最初は密接に結びついていた。アメリカロースクール協会とアメリカ法曹協会法学教育部門の指導的立場を持ちまわっている知名度の高い法学者により、13年間は合同で年次大会を開催していた（アメリカ法曹協会が、年次大会を、大学関係者にとって煩雑な学期ただなかである10月に開催するようになるまで）[7]。

1900年のアメリカロースクール協会の設立時の憲章の条項に、アメリカロースクール協会加入校は入学資格に高校卒業もしくはそれと同等であることを要件とすることが規定されている。さらに、憲章の条項では、「学位に至る課程の学修には、平均週あたり最低10時間の講義を年10週で2年間が必要であり、1905年以降の当協会のメンバー校には3年制課程が求められる」とロースクールに3年制課程を課している。当時、2年制が主流であったが、2年制のロースクールは、3年制への移行のために5年間の猶予期間を与えられ、アメリカロースクール協会の入会をすぐに許可された。

創立大会で、参加者の1人がフロアから協会の基準について反対意見を出した。反対意見の根拠は、現在でも共感を呼ぶものである。

> 私は、今回は、3年制課程か2年制課程のどちらがより望ましいかについての議論に踏み込みたいとは思わない。ただ、この議論について教育関係者の間で意見に相当食い違いがあることは言っておきたい。経験豊かな多くの教育関係者の意見では、2年間はロースクールで過ごし1年間は事務所というのが、学生にとって最もよい教育である……私は、寄付や有能な教員や多くの財力のある学生に恵まれている一流校が、3年制が望ましいと考えていて、そういった素晴らしいロースクールの存在に反論しているわけではない。しかし、すべてのロースクールが3年制課程にすべきとか、仮に学生が2年制課程を望んだとしても2年制では学生は資格を得られないというのは、全く違った

問題である[8]。

　大会では、基準に対する賛成意見が他の弁護士から多く出され、反対意見は効果を及ぼさなかった。
　ハーバード大学ロースクールの先導で3年制課程を積極的に進めたロースクールは、自校を、学生に法律原理（あるいは法律科学、そのように呼ばれていた）において幅広い教育を提供する「学術研究」施設であると自意識過剰にみなしていた。ここでいう教育とは、学者然とした教授の長々しい講義を通して繰返し教え込まれるものである。ハーバード大学ロースクールの法務研究科長は、「法学が科学でないとしたら、大学は、せいぜいそういう科学でない法学を教えるのをやめることでもって、大学の尊厳の拠り所とするしかないだろう」と言った[9]。コロンビア大学ロースクールの法務研究科長も同様に「法学を科学とみなすことによってのみ、大学で教えることを正当化出来る」と言った[10]。実に、大学の付属のロースクールは、この問題について神経をとがらしていた。なぜならば、法学は、せいぜい法律事務所の弁護士実務と並行して働きながら学べる程度の仕事として広く捉えられていた時代だからである。
　その当時、多くのロースクールは、学生に法実務を教え込むことが自分たちの役目だと考えていた。この見解の擁護者は、法実務養成とは、法律原理より実務に必要な基本的なことを教育することであり、経験豊かな弁護士や裁判官による2年制課程での講義に法律事務所での業務を補ったものだけで、学生に対して十分に指導できると主張していた。授業料が安くて、修業年数が短くて、やることが限定されているといったことは、学生が必要としていたもので、決してそれ以上はいらないのである。2年制か3年制かの分断は、経済的なものだけでなく地理的なものもあった。その当時は、南部では、一流校も含めて2年制課程であった。1905年に現行のメンバー校の猶予期間が終わると、アメリカロースクール協会は、強硬な態度に出た。3年制課程への移行を完了していなかったロースクールを協会から追放したのである（テネシー大学ロースクールは、猶予期間の延長を懇願したが、協会から追い出されてしまった）。

2年制か3年制の選択を強制する必要性はなかったのである。両方を併存させることは出来たのだ。カーネギー財団が委託した1921年の調査で、報告書の執筆にあたったアルフレッド・リードは、法学というのは、目的が分岐している専門であり、法学教育も分化させて対応すべきと論じていた。地元のロースクールには、法律がどういうものかに焦点をあてて学生を教育する、実務に対応したカリキュラムがある[11]。一方、全国レベルのロースクールでは、弁護士になる人材だけでなく、アメリカ社会の指導者になる人材の養成も担っていた。「関心の第一は、あるがままの法学にあるのではなく、そうありうるべき法学にある……法学の究極の目標が現実の法と区別されていることを理解し、立法における役割を担うことの責務を認識し、法学をあるがままに活用するだけでなく正義の実現に向けて有効な手段に転換していく野心で活力がみなぎった人材を、実務に送り込み、議会に送り込み、法廷に送り込むことである」と書いている[12]。リードは、「2年制も3年制も別々の社会目的を持っているから」、統一化した基準を要求するのは誤りであると論じている[13]。現代人の耳には、リードのことばは、エリート意識丸出しのように響いてしまう。しかし、リードは、弁護士のような法実務の業務を手の届く価格の法学教育課程を残すことによって、貧困層や新たに移民してきた層に、弁護士になるという道を残すことを主張しているのである。
　法曹界や法学界の指導者達は、ただちにリードの提案を拒絶した[14]。法学は、高い基準が一律に要求される、一つに統一された専門領域だと論じた。リードの報告書が公表された直後、アメリカ法曹協会は、下記の条項を含む最初のロースクールの認証評価の基準を公付した。

(a) 入学の条件に大学における最低2年の学修が求められている。
(b) 学生は、実質的にすべての時間を学業に注ぐなら、3年制課程を学修することを求められている。学業に注ぐ時間が部分的である場合は、それに応じて長い期間をかけることが求められている。
(c) 学生が、充実した図書館を利用することができるようにする。
(d) 教員は、十分な人数で、学生全員に緊密な指導体制が保てるよう、

大学院にまとまった時間を提供することが求められている[15]。

　法学教育についてアメリカロースクール協会とアメリカ法曹学会法学教育部門が協働し、これらの基準が出来上がった。実質的には、両協会の作成者は、同じ人物が入っており重複していた。両協会の作業は、ロースクールのあるべき学術モデルをロースクールに強制したのである[16]。
　この基準の作成は、大学附属のロースクールの大勝利であった。この時まで、研究主体のロースクールの多くは、1900年のアメリカロースクール協会の基準と3年制編成課程の成功のはずみを受けて、既に3年制に移行していた。しかし、独占的地位を占めるに至っていなかった。大多数の州が、アメリカ法曹協会認証のロースクール卒業資格をその州の法曹入会条件とするには20〜30年を要するであろうが、この基準の制定で、法学界の現在の姿（3年制）への移行が固まってきた。
　基準についての1921年の会議で、シカゴの弁護士のエドワード・リーは、「今日、論争がここで最高潮をもたらしたことは、全国レベルの一流ロースクールの入念な目的設定の結果である。その目的とは、協会に属する一流校が、協会に入っていない教育機関の法学教育を否定して、協会に入っていない教育機関を軽蔑の対象とすることである」と、要約して語った[17]。明らかに労働者階級に対応している都市部の定時制の法学教育機関が攻撃の対象である。リーは、新基準は「その多くが外国出身である大都市の大衆から、彼らの言語や習慣に通じた弁護士が不足するようにして、裁判や法的扶助を受ける権利を」奪うことになる、と反対した[18]。会議における別の批判的意見は、新基準は、特権に恵まれていない下位層が、アメリカ社会における伝統的な上昇志向を目指すことをより困難にする「復古的」提案である、と言った[19]。

異なった専門職の学術モデルの統一化

　ロースクールは、このようにして現行の姿になった。常勤教員が指導するロースクールで学ぶ3年制課程。この時3年制を支持して出された正当化の議論は、このような重大な決定にしては、論拠が弱かった。基準を提

案したアメリカ法曹協会の報告書の中で提供された唯一の説明は、法学教育は、法律原理の知識を産み出し、学生の中にコモン・ローに馴染むようにしなければならない、ということであった。「法律原理を消化していく作業は順序立てて、時間をかけてすべきである」、というのである[20]。また、この説明は、専門職としてのプライドをかきたてた。アメリカ医学界は、医師になるために4年制の基準を提案していたところ、法学が医学より複雑であることは明白である、よって、法学は3年以上は必要である、というのである。これらが3年制に対する議論の全体であった。

　今日、法学者が3年目を廃止すべきどうかの議論をする時、このような歴史的背景をほとんど意識せずに古くさい議論が繰り返されている。ジョージ・ワシントン大学ロースクールのダン・ソロブ教授は、3年制を聞きなれた論調で以下のように擁護した。

> 　法学教育の目的は、ロースクールを卒業した時にプロとして法実務を始めることができるために、実務の技術を教えることだと考える人がいるが、私は、賛成できない。
> 　我々は、将来、権力を掌握する人材、例えば、弁護士、裁判官、政治家、政策立案者などを養成している。いくつかの基幹科目を履修して法実務の世界にすっ飛んでいくのでなく、それ以上のものから構成されている法学教育を与えることは、社会全体にとって重要である。多くの者にとって、ロースクールは、法について、正義について、法はどうあるべきか、司法制度の中で何が機能して何が機能しないのかについて、大局的に考えるための一生のうち一回あるかないかの機会である。また、法の歴史、法哲学、法と文学、法と社会、法と経済学などを学ぶ機会なのである。私は、こういった勉学は、学生をよりよい弁護士に——懸命で、創造力が溢れ、幅広く才能のある弁護士に——育てていくと信じている。我々が弁護士を養成するとき、我々は社会を方向付けていく人材を育成しているのである。法学教育は、単なる職業専門学校の教育ではなく、確固たる教養教育の延長であることは必須事項であると考える[21]。

しかし、リードが90年前に指摘したが、すべての弁護士が社会を形作る指導者になるわけではない。ほとんどの弁護士は、勤勉、配慮、強い責任感が求められる日常的業務に従事している。それでは、なぜ、すべての学生に、経済的窮乏を強いてまで知性向上のために3年を強制する必要があるのだろうか。2年生課程を卒業した者でも、弁護士になる機会が与えられれば、社会において重要な指導的役割を担うようになっていくのである。ハーバード大学ロースクールのロスコ・パウンド法務研究科長、ベンジャミン・カルドゾ連邦最高裁判事、ロバート・ジャクソン判事などの20世紀の司法界の著名人は、3年制のロースクールに通ってなかった。

　すべてのロースクールに3年次基準を維持したいと考える者は、多くの人に理解できるような、3年次の内容の良さを論じているのではない。全員に3年次を求めるという専門職の統一化モデルから論じている。一流のロースクールは、3年制課程を提供できる自由があるが、ロースクールの全てに3年次を強制する必要はない。法律専門職の人は、法律家がする仕事の内容や報酬においても決して統一化されていない。

　進歩的平等主義者は、第1章で取り上げた（3年次という）余分なものがないロースクールと、本章で取り上げた2年制課程のロースクールは、中流階級と貧困層の掃き溜めになってしまうと言って抗議するだろう。これは、まさにその通りである。2年制課程のロースクールの存続が認められたとしても、富裕層の子弟は、まず、こういったロースクールには行かない。しかし、「掃き溜め」よりもっと言い当てている表現は「弁護士になることに手が届く」であろう。現状は、「公然の秘密である嘆かわしい問題は、『弁護士になってもなかなか払いきれない借金の山の負担』」なのだが[22]。中流や貧困階級の真の敵は、ロースクールに行くのを思いとどまらせ、ロースクールに行った者には過重の借金を課すお金のかかる3年制課程というロースクールの制度である。

第3章

教員がアメリカ法曹協会認証基準の変更に戦いを挑む

2011年春、全米の法学教員がアメリカ法曹協会の認証基準の変更案に対して抗議行動を起こした。70人（以上）の法学教員は、「終身在職権制度に加えて、法務研究科長や、従来型の教員、リーガル・クリニックの教員、リーガル・ライティングの教員、司書などの地位の安定について法学界のこれまでの関与をなくす、アメリカ法曹協会基準206条、405条、603条の変更にきっぱりと反対する」という決議を可決した[1]。アメリカロースクール協会は、変更についての反対を10頁に亘って詳述した書簡を送った。アメリカ法学教員学会は、5頁の反対の文書を出した。リーガル・クリニック教員協会は、11頁の書簡を提出。法学教員も個々に提出し、法学関連学術学会も何十もの反対を表明する書簡を提出した[2]。法学界の多くは、提案された変更案に憤慨しており、変更が制定されるならば、それによってひき起こされる法学教育の低下の恐ろしい展望を語ったのであった。

法学教員をこれほどまで憤慨させたものは、変更案があえて、終身在職権という大学の聖域に踏み込んだからである。終身在職権はすばらしいものだ。終身在職権を獲得した教員は、実質的に何の心配もなく生涯その仕事がある（大学がつぶれてしまうという希な場合もあるが）。アメリカ社会では、ほとんどのアメリカ人は終身雇用制度の恩恵を被っていない。終身雇用は、学問の自由には不可欠として正当化されている。論争を巻き起こす発表をするためにも終身在職権は必要であり、まさに学問の生命線で

ある（終身在職権を支持する意見に、長期間保証した安定した職場と引き換えに報酬を下げることができるという案もある）。

アメリカ法曹協会の基準の変更案は、終身雇用を廃止したわけではなかった。正しくは、ロースクールは、終身雇用でない条件で正規雇用の教員を採用することができるとすることである。以前は、基準では、主要科目の教員は終身雇用地位のある教員で構成されなければならないとされていた。今回の変更案は、「終身雇用地位保証は、要求されているものではないが、有能な教員を採用したり引き止めておくことにおいて効果的な方法である」として、この終身雇用の解釈を緩めた[3]。法学教員の大部分が終身雇用である必要がないということを少しだけでも示唆することは、大学教員に忌み嫌われることであった——それ以降、嵐が起きてしまったのである。

この文言は、現状の実際ほど急進的なものではない。大学一般では、終身雇用が公的な基準であっても、終身が絶対といった時代は過ぎ去っていたのである。今日では、大学の教育職の65％が終身雇用ではない。多くの授業は、契約した大学院生や非常勤講師や助手が教えている[4]。ロースクールもこの傾向にあるが、それほど多くなく、アメリカ法曹協会の基準で守られていた。それでも、かなりの数の講義を、非常勤講師、客員教授、リーガル・ライティングの教員、リーガル・クリニックの教員、特別研究員、実務家教員、その他の様々な肩書きの教員が担当している。

終身雇用は、大学にとって経費がかかるし硬直化した制度である。それは、まるで離婚の可能性がほとんどない、教授との生涯にわたる結婚のようなものである（出て行ってもらう時に然るべき金銭を積めば別であるが）。基準が変更されても、ロースクールが質の高い教員の獲得のための条件として終身雇用を提供し続けることに疑う余地はない。しかし、ロースクールにおける終身雇用の比率は下がっていくことは間違いない。

苦渋に満ちた変更案反対意見からはわかりにくいが、この提案は、学問の自由や法学教育の質に対する正面からの攻撃ではなかった。基準の変更を提唱している人は、終身雇用の削減が大学関係者の表現の自由に否定的な影響を与えうることはわかっていたので、ロースクールが学問の自由の

ために契約面の保護を整えることを要求する文言も含んでいた。基準に対して変更を提案した動機は、法学教育のコストの上昇を抑える努力の結果であった。

社会的貢献にも従事する無私無欲の法学教授

アメリカロースクール協会会長のマイケル・オリヴァスは、反対表明の書簡の中で、ロースクールが終身在職地位にある「社会貢献歴をもつ常勤教員」を配置しておくことは、有能な弁護士養成において不可欠であると下記のように強調していたが、当の本人にはそのような資質は一つも備わっていないようである。

> アメリカの法学教育の質の高い教育は、専ら、ロースクールの教育や研究、社会的貢献に専念する、キャリアのある常勤教員の仕事に基づいている。常勤教員は、研究領域の専門家であるべきであり、さらに前進するために研究に従事し続けるべきである。法が基本的に公共のための専門的職業ということを考えると、ロースクールの教員は、学生のために、全ての弁護士に奨励される無私無欲の手本となるために、そして、ロースクールが法学、法律家、法制度、司法制度の改善のために貢献するという任務の遂行のために、社会的貢献に関わるべきである。常勤教員の研究と社会的貢献の経歴は、講義担当などの教育を補充するようなレベルのものではない。常勤教員の研究も社会的貢献も、そもそも教育の根幹を築くものであり、知識の受け売りばかりの教員では出来ない信頼性を教育に与えている[5]。

オリヴァスは、「社会貢献歴」「常勤教員」「研究」ということばを繰り返して、アメリカロースクール協会が断固として守っている二つの点について述べている。一つ目は、非常勤講師は、多くの講義科目を担当すべきでない。二つ目は、研究者でない常勤教員がロースクールの教員の多数を占めてはならない。経験豊かな弁護士と元裁判官で構成されているようなロースクールは、質の高い弁護士を養成することはできない。なぜならば、

実務家は、研究に対する専門職としての専念や法律学の専門知識に欠けており、これらは真の大学研究者のみが兼ね備えているものだからだ、というのだ。

オリヴァスは、終身在職権の擁護にあたって、研究主体のロースクールが1世紀以上に亘って掻き立てていた「我々は弁護士養成以上のことをしている」という路線を持ち出してきた。この論拠では、法学は研究者が教えるものなので、終身雇用地位は当然に整えられるべきものである。なぜならば、研究者には学問の自由が必要だからである。もう一つのお気に入りの「社会的貢献」の主張を持ち出して、オリヴァスは、法学教授を、先述の段落で3度も繰り返した「社会的貢献」と関連付けたのである。

これは、うさんくさい主張である。確かに、何人かの教授は、無償で裁判所や弁護士会関連の委員会活動をし、また、無償で事件を引き受けたりなどもしているが、ほとんどの教授は、こういうことはしない。法学教授は、講義、執筆、学内業務の委員会活動、学生指導をする。法律業務をかなりする教員は、普通は、相当な報酬をとっている。法学教授がロースクールの学生に対して無私無欲のモデルを提供する重要な仕事をしているというオリヴァスの意見は、法学教員が自分達のやっていることで十分な報酬をとっているのでは、説得力に欠ける（これについては、次の章で詳しく述べる）。法学教授が、知の追求のために金儲けをあきらめ、若者を育てるといった時代は、遠い昔のことである。ほとんどの法学教授は、学生とは最小限にしか接しない。だから、講義以外に学生のモデルとなるようなことはほとんど何もしていないことになる。

オリヴァスは、うなぎのぼりの授業料に懸念を表明してはいるが、「学費は重要なことで、どれくらいの学費が法学教育の質に見合っているかについての本格的で率直な議論は必要である。しかし、これだけが議論すべきことではない」と反論した[6]。オリヴァスは、アメリカ法曹協会に極めて重要なことは有能な法律家を養成する質の高い法学教育であると釘をさした。さらに、オリヴァスは、変更案は、費用削減のために教員経費を削減するロースクール間で、労働条件等が最低水準に向う底辺への競争を促進すると不安を煽った[7]。

これらの議論は、20世紀初頭に、アメリカロースクール協会とアメリカ法曹協会が推し進めた3年制の法学教育の正当性の最初の議論を彷彿させる。その時の基準は、労働者階級を対象とした実務中心の定時制のロースクールを排除する意図があった。当時は、議論に見るべきものもあった。なぜならば、当時のロースクールの質は玉石混交であったからだ。しかし、今日では、その議論は当を得ない。厳格な認証評価が、ロースクールの質の維持のために依然として有効に機能している。底辺への競争の話は、人騒がせなことである。

　変更案が認めていることは、ロースクール間の柔軟性と多様性である。研究に力点をおきたいロースクールは、研究力のある教員をこれまで通り手厚く遇してやればよい。法学教育を低コストで提供したいロースクールは、非常勤講師や終身在職権のない実務経験のある常勤教員に重点的に依存して、教員に講義担当数を増やして（研究義務は控えめに）やればよい。これが、アルフレッド・リードが最初に提案したことと合致している。即ち、法律専門家が多様であるという現実を理解して、法学教育機関の多様性を認めるということである。

　全国の法学界は、法学教育の統一化を主張し続けている。有能な弁護士の養成は終身在職権の教授陣が主体となっているロースクールにかかっているという確固たる信念である。しかし、「どれくらいのお金をかけるべきなのか」「弁護士になるのに経済的障壁があることが社会にどのような結果をもたらすのか」といった疑問にはほとんど答えられていないのである。

リーガル・クリニック教員の既得権を守るための戦い

　論争を呼んだもう一つの変更点は、リーガル・クリニックの教員の職の保証を奪うことであった。変更案で、削除しようとしていたのは次の箇所である。「ロースクールは、常勤のリーガル・クリニックの教員について、『終身雇用地位とほぼ同等の安定した職』を提供することができる。報酬を伴わない特典は、他の常勤教員とほぼ同等である」[8]。さらに、変更案では、リーガル・クリニックの教員に与えられている権利である「更

新可の5年以上の契約」の公式見解を廃止しようとしていた[9]。これらの削除の提案は、リーガル・クリニックの教員やロースクールの他の同情的な教員から烈しい抗議を引き起こした。

　そもそも、この削除対象の文言を、アメリカ法曹協会の基準と公的見解に最初に入れること自体、10年間に亘るリーガル・クリニックの教員の熾烈な戦いの末であった[10]。その時ですら、正真正銘の終身在職権の獲得を求めていた同教員にとって、満足とはほど遠い文言であった。よって、今回の文言を削除するという変更案は、ロースクールにおけるリーガル・クリニック教員の地位向上のためにやっと獲得した部分的地位向上の一掃を提起しているので、それだけ許し難いものであった。

　リーガル・クリニック教員協会では、削除案に反対声明を出し、その中で、ロースクールの研究職の教授に対する、リーガル・クリニック教員の恨み節の非難を以下のように繰り返した。「ロースクールの組織の主体を担っているのは、研究を中心とした教授であるが、これは実務に対応していない。また、研究職教授のほとんどは弁護士としての経験もない」[11]。研究職の教授は、リーガル・クリニックの教員より不当に優遇されているので、変更案は、この不公正さをさらに悪化させると主張している。

　これは、真実である。そして嘆かわしいことである。リーガル・クリニックの教員は、多くのロースクールで二流市民の扱いである。この点では、弁護士にとって不可欠な技法であるリーガル・ライティングを指導する教員の地位はさらに低く、三流市民である。しかし、リーガル・ライティングの教員は、アメリカ法曹協会の基準に自分達の地位の保護を目指してロビー活動するほどの組織力がなかった。リーガル・クリニックの教員は、研究職の教員より給与が少なく、リーガル・ライティングの教員は、さらに低い。そして、ロースクールの研究科委員会で（訳者注：日本の教育委員会にあたる）リーガル・クリニックもリーガル・ライティングの教員も、採用等の重要議題について投票権が与えられていないことが多い。不公平そのものである。法学教授という業界やロースクール内の管理運営は、このように発展してきたのである。

　どんなに説得力のある議論であっても、公平さや共感は、アメリカ法曹

協会の「認証」基準にリーガル・クリニックの教員の特別措置を講じる理由とはならない。リーガル・クリニック教員に特別措置を与えないとロースクールでは有能な弁護士が養成されないということを明らかにできた時に初めて、このような特別措置が基準に盛り込まれることになるだろう。これまでも望みが持てそうな事例はなかった。リーガル・クリニックの教員は次のように言う。「研究職の教員の大多数が終身在職権の有資格者であるならば、リーガル・クリニック教員もそれと同等の安定した地位を得て然るべきである。ロースクールの管理運営に関するあらゆる権利であるリーガル・クリニック教員以外のロースクール教員の大多数が、雇用主によって自由に解雇される条件や短期契約にある時のみ、リーガル・クリニックの教員も、このような処遇をロースクールに委ねてもよい」[12]。これは、平等の処遇への要求である。アメリカ法曹協会基準検討委員会の副会長のマーガレット・バリーは、リーガル・クリニックの教員の主張に理解を示し、「ロースクールの多様な教授間の不平等を解消しようとする主張」と、これを支持した[13]。しかし、バリーは、なぜ教員間の不平等が認証評価に影響を与えるのかについて説明しなかった。

　リーガル・クリニックの教授が長期の雇用保障があるか否かは、教員の士気やロースクールに対する忠誠心に影響を与えるとしても、実務教育における学生の指導を変えるものではない。長期の職務保障がなく働いているリーガル・クリニックの教員の多くは、——ざっと見ても40％——有能な弁護士の養成をしっかりとやっているようである。ロースクールにおける二流市民の地位にもかかわらず、クリニックの仕事の能力のある人材を十分に引き付ける程度の報酬があり、労働条件もよいのである（拘束時間も決して多くなく、上からの圧力も少なく、妥当な取扱件数）。

　リーガル・クリニックのカリキュラムは、法律専門科目のカリキュラムに比べて費用がかかるので、教員全員に終身在職権を与えるということはありえないことだった。法律専門科目の教員の場合は、多くのロースクールがそうであるが、80人から100人程度の大講義をする（多くの教員は、少人数のゼミも担当しているが）。しかし、リーガル・クリニックの場合は、それぞれの学生を丁寧にみて指導しなければならない。そのため、教員対

学生比率は、ずっと少なく、理想的には10人以下である。リーガル・クリニックの教員の対等の処遇をするロースクール（全米のリーガル・クリニックの教授の3分の1は終身在職権があるか終身在職獲得のコースにある）では、著者の勤務先であるワシントン大学ロースクールもそうであるが、費用が少なくてすむ「派遣弁護士」「特別リーガル・クリニック教員」「客員教授」を採用して全体の経費を節約して、リーガル・クリニック教員の終身在職権を維持している。これは、リーガル・クリニック教員間の格差を生み出すことになっている。

　さらに、リーガル・クリニックの教員に終身在職権を拡大することは、リーガル・クリニックの本来的な機能に反する効果を生み出してしまう。終身在職権は、クリニックの教員に研究に従事させることになるからである。研究業績は、伝統的に終身在職権の必須条件である。そうすると、いくつかの点で奇妙なことになってしまう。リーガル・クリニックの本質は、実務を背景として弁護士を育成することである。リーガル・クリニックの教員も、この業務に直結した採用基準に基づいて、主としてリーガル・クリニックについてのかなりの実務経験が求められ、雇われている。リーガル・クリニックの教員も、もちろん、研究者でもあるが、法律学専門教員のような研究によって採用されたわけではない。法律学専門教員の場合は、研究力が決定的な採用基準である。リーガル・クリニックの教員は、ロースクールにおける研究の重視を執拗に批判しているが、今度は、終身在職権を得ようと自分で研究することを切望しているのである。終身在職権のために質の高い研究成果をあげるために、本来その目的で採用されているクリニックを減らして研究時間を作らなければならなくなる。その結果、学外者に取扱い件数を担当してもらわないと機能しなくなるので、リーガル・クリニックの運営の経費が増加することになる。

　リーガル・クリニックの次の二つの事項は、二律背反となる。それは、(1)ロースクールの中でリーガル・クリニックの授業を拡大すること、(2)終身在職権もしくは少なくとも長期的職務保障の獲得、である。リーガル・クリニックの教員は、地位の変更である(2)は、弁護士育成の(1)を遂行するための必要条件である、と主張する。リーガル・クリニックの授

業数は、ここ数十年間で急上昇している。リーガル・クリニック教育学会の会員数は900名となっていることに現れている。これは、1995年時の会員数から倍増している。しかし、もしロースクールに終身在職権や実質的に更新可の5年契約を、すべての新規のリーガル・クリニックの採用枠に設けることになったら、臨床教育特有の柔軟性に欠く指導体制や経費の増大から、リーガル・クリニックの発展は望めないであろう。

　この二律背反を避ける一つの方法は、クリニックの終身在職権の拡大と法律学専門教員の終身在職権の縮小で埋め合わせることである。しかし、ロースクールはこの方法を取らなかった。それとは反対に、法学専門教員の数は増え、リーガル・クリニックのプログラムも増加した。その理由については、この後で解説する。

　リーガル・クリニックのプログラムが多くのロースクールで不十分であったり、存在すらしていなかった25年前には、リーガル・クリニックの運動を大々的に推し進めることは、無理からぬことであり必要でもあった。しかし、リーガル・クリニックの実習では、かなりの改善が見られるのだ。ロースクールに支出抑制の圧力がかかる中で、リーガル・クリニックの教員も、大学院のその他の教員も、リーガル・クリニックの経済的な意味合いについて考えなければならない。そして、自分達が求める労働条件と、ロースクールの学生に低コストで最高の教育を与えるために必要なことを分けて考える必要がある。

今のリベラル派と昔のエリートとの予想外の酷似

　学問の自由は、研究者にとって非常に重要であり、終身在職権は、研究者の学問の自由を守る。リーガル・クリニックのカリキュラムは、最近、州議会やロースクールのリーガル・クリニックが提訴した事件に憤慨している有力な企業から圧力を受け、クリニックの自立性が脅やかされている[14]。これらは、リーガル・クリニックとリーガル・ライティングの教員も含む教員全体の終身在職権と長期契約を支える真っ当な根拠である。

　だが学問の自由には代償が伴う。ロースクール教員の終身在職権への侵害に抵抗し、リーガル・クリニック教員の職務保障を声高に訴える情熱と、

ロースクールの運営の資金を出している学費の天文学的な増加についての沈黙とは、全く対照的である。

　今日のリベラルな法学教授は、20世紀初頭にエリート支配のアメリカ法曹協会を、貧困層が法曹界に入るのに制限を加える形で法学教育の費用を上昇させたとして、間違いなく非難するであろう。法曹界への経済的な障壁は、再び、法学教育を管理している基準をめぐる論争の中心課題となっている。しかし、今回は、リベラルな教授達は、質の高い法学教育と同業者に対する公平性という名目で高コストの地位を確保している人達なのである。今も昔も、議論は公共の利益のためという言葉を使う。両者には、一つだけ違いがあり、それは、昔のエリート法曹人は、自分たちが社会的弱者の法曹界へのアクセスに（エリートが正当な理由と考えることのために）制限を加えているとの認識はあったが、今のリベラル派は、このことがもたらす結末を見ないようにと目隠しをしているのである。

規制取り込みの再挑戦

　アメリカロースクール協会の年次大会は、毎年ロースクールの教員が集まる最大の会合である。2012年1月に開催された年次大会のテーマは、「学問の自由と学問の責務」であった。今起こっているロースクールが抱える重大な課題の中で、年次大会は、終身在職権の維持の必要性を中心課題として選んだ。年次大会の声明では、下記のことによってもたらされた重大な脅威について警鐘を鳴らした。「ロースクールの認証評価委員会は、終身在職権や職務の安定といった地位をロースクールにもはや求めないことを考えている。こういったアメリカ法曹協会の流れと、アメリカロースクール協会におけるロースクールの本質的価値について我々の高まる関心とを一致させることは困難である。終身在職権についての議論には、継続雇用は教員が勤務校のために働くよい動機づけとなり、健全な学内運営には終身在職権が必要である」[15]とあった。我々教員から出されたこのような議論は、教員のための終身在職権についての場当たり的な主張であって、言葉では、労働条件より学問の自由について言ってはいるが、実態は、学問の自由の議論ではなくなっている。

ロースクールの教員は、将来の雇用条件のための戦いが始まっていることを敏感に感じとり、すさまじい防衛に出ていた。ロースクール教員とアメリカロースクール協会からのほとんど全員の抗議でもって、アメリカ法曹協会の認証基準の変更に歯止めをかけた。アメリカ法曹協会の認証基準再検討委員会の方向性は、180度の転換となり、終身在職権のない教授を採用する自由度を認めることを含みロースクールに課していた規制を緩める一連の提案や、終身在職権のない教授を採用する自由度を認めることから、法学教員の職場の安定の保障を高めることへと変わってしまった。

　認証基準再検討委員会の委員の任期切れの後に新しく委員に就任した人に、リース・ハンセン教授がいた[16]。ハンセンは、変更案に反対していたアメリカロースクール協会の前会長を務めていた。協会の会長という資格において、ハンセンは、基準再検討委員会が提出した変更案に強い反対を表明していた[17]。もう1人の新任の委員のスーザン・ケイ教授は、アメリカ・リーガル・クリニック教育協会の元会長で、リーガル・クリニックの教員のための終身在職権やそれと同等の地位の安定を強く主張していた。外側から再検討委員会と戦うのではなく、今では、ハンセンとケイは、基準を書く委員会の委員を務めるという極めて影響力のある地位にある。

　これは、ロースクールを規制してきたアメリカ法曹協会の委員会が、ロースクールとその教員の利益を最大優先している組織の指導者達に占められているという、長い伝統の最新の事例である。繰り返しになるが、規制を受けていた者が規制の規則を書くのである。

第2部

ロースクール教授について

第4章
講義の負担を減らすが、給料は上げる

　ロースクールの教授は、自分達がどのくらいの数の講義をしているのか、そして、どのくらいの給料をもらっているのかについて、いつも特別な注意を払っていた。1910年のアメリカロースクール協会の会議の出席者は、ロースクール協会が「それぞれの州の最高裁判所の裁判官に支払われる給料と対応させるために、ロースクールの教員の給料を調整しようとするべきか」どうかについて議論していた[1]。1920年のアメリカロースクール協会の報告書では、ロースクールの教授は（弁護士として一般の大学教授より多くのお金を稼ぐことができるため）一般の大学教授よりも高い規模の賃金が支払われなくてはならない」と強く要求していた。また、講義の数は、「週8時間よりも増やすべきではなく、6時間が適した講義数の範囲である」と提言した[2]。1923年、同協会の理事会は、「協会の会員校の常勤の教授の講義担当数と平均給与についての情報を毎年編集し、会員校の教員が自由に利用できるようにすること」を決定した[3]。1937年に同協会の特別委員会は、ロースクールが健全な教育方針のために、同協会の基準を満たしているか否かを判断する際に「講義担当数、終身在職権、給与水準」について「細心の配慮をすべき」と言って奨励した[4]。これらの行動、第1章で言及した独占禁止法違反問題が、法学教育の質を保証するために必要なものとして正当化された。
　授業担当数と給与についてのロースクール教授による精力的な擁護は、給料が上がる一方で授業量は減るという長期的な風潮を生み出した。過去

30年間に講義数と給与のそれぞれの傾向が加速したかのようである。講義数や給与で改善する認証評価に結びついたプッシュプル式という認証評価は、下半分にいるロースクールを押し上げるのに役立った一方で、学者を引き抜くというトップのロースクール間の過当競争は、上位校に著名な教員を集める上で役にたった。研究や評判を高めるための原動力だった。

講義担当数の削減

　1920年代初めまでに、「より良い」ロースクールは、講義担当負担数を週6時間（訳者注：大学教員は、前期（半期）と後期（半期）に授業を担当するので、半期週6時間担当ということは、半期が二つの1年で換算すると12時間担当することになる）とする基準を設定した[5]。1934年のロースクールの調査によると、標準的な常勤のロースクールの教授は、週8時間（年16時間）教えていた[6]。この基本的な講義数は数十年間続いた。1941年のアメリカ法曹協会認定校の調査では、ロースクールを三つの区分に分けた。最初の区分は、規模が大きくて財源が豊かなロースクールの教授の講義数は週平均6.71時間授業で、二番目は、財源も少なく教員数も少ないロースクールの場合は週7.65時間で、三番目の区分は、限られた財源しかない最も小規模のロースクールでは、週8.66時間だった[7]。1961年のアメリカロースクール協会の包括的な報告書では、ロースクールの教授の平均的な講義担当数は、一般的に週7.54時間であった[8]。同報告書では、ロースクールをアメリカ法曹協会のように分類せず、全体の中で週あたりの「最小の講義負担数の平均」は5.96時間であり、「最大の講義負担数の平均」は8.84時間であるとつけ加えている[9]。ロースクールの法務研究科長は、週あたり平均で3.84時間講義を担当し、一方、副法務研究科長は平均5.03時間であった[10]。

　これらの情報源から判断すると、現代の法学界の時代では、財源の裕福な「全国型」のロースクールの教授は、1年間におよそ週12時間教え（訳者注：前期週6時間、後期週6時間で1年間としての合計が12時間）、平均は1年間に週15時間、担当講義が最も多い教授でも年間週16時間のようである。小規模のロースクールの教授は、苛酷な数の講義を担当し、

1学期間に異なる三つの講義で9単位を教えている教授もいる[11]。

アメリカロースクール協会は、講義担当数が、1学期に週8時間を超えると、教授に十分な研究時間を保障できないと絶えず主張していた[12]。1961年の報告書は、講義担当の最大数は週8時間（同一科目の講義を担当する場合は10時間）で、アメリカロースクール協会の会員校になるための必須条件であると提言している[13]。研究環境を整えるために、ロースクールは教授に担当講義を一部免除して研究を遂行させるように提案している。このような対応は、当時、協会校の半数以下しか取り組んでいなかった。報告書では、研究のために有給の研究休暇を認めるよう強く勧めている[14]。111校のロースクールのうち69校が、研究休暇を認めておらず、35校は7年ごとの研究休暇を与え、これより多い研究休暇を認めたのは、たった2校だけだったのだ[15]。これらの提案は、のちにアメリカ法曹協会の認証基準の中に書き加えられた[16]。教員の研究を手厚く支援して、「（ⅰ）教授が講義を行う1年における週数、（ⅱ）教授の講座における履修者数、（ⅲ）それぞれの教授の1コースあたりの負担数、といった制限を加えることにより、ロースクールは研究のために教員に時間を保障する」ということを、公式の見解としている[17]。

20世紀のほとんどの間、週6時間の講義は理想とされていた。1949年のコロンビア大学の教授によって作成されたテネシー州のロースクールの報告では、バンダービルト大学ロースクールの教員陣の研究生産力の高さを評価した。「最大講義担当数が週あたり6〜7時間により、これらの研究活動を可能にし、同時に、担当講義も新鮮で精力旺盛なものに保つことが可能になる」と説明している[18]。しかし、今世紀の後半には、1987年のメリ・ケイ・ケイン教授の「私の勤務校のカリフォルニア大学ヘイスティングス校では、講義担当をもっと多く負担している（1年につき12単位［前期・後期の各週6時間］）」という発言の中で表されているように、これはもはや理想的なものとして見なされなくなった[19]。

1975年から2000年の間で、週6時間（年12単位）がすべてのロースクールの教員にとって平均的な時間数になると、ロースクールの理想的な時間数に対する共通認識は、それより低い時間数となった。この意識の変化は、

一つには、研究成果を強く求められるようになったことによる。教授が以前よりも論文や本を多く書くことを求められると、時間数が少なくても実質的に担当時間が多いように感じるのである（しかし、20世紀前半のジョン・ヘンリー・ウィグモア、サミュエル・ウィリストン、ジョセフ・ヘンリー・ビール、プロッサーといった法学界の巨匠達は、エリート校のロースクールで週に6時間のノルマの下で、素晴らしい研究業績をドンドン出す学者であった、ということを心に留めておいてもらいたい）[20]。また、週6時間の講義が「多い」という感覚をもつのは、他のロースクールにいる同僚達の自分より少ない授業担当時間を知って羨ましいと思ってしまうからである。

　今日の全米のロースクールの教員の授業量について公的記録はないが、様々な情報源から典型的なものが引き出せる。1997年に行われた、1986年から1991年の間に雇用されたロースクールの教員についての調査によると、年平均11.71時間、中央値も最大値も12時間である[21]。調査されたロースクールの教員の11％が10時間よりも少ない授業量で、26％が11時間よりも少ない授業量だった。調査作成者が指摘しているが、これらの数値は、リーガル・クリニックの教授も含めている。リーガル・クリニックの教員は担当授業時間が法学専門教授より多い[22]。このため、法学専門教授のみに特定すれば、担当授業時間は少ないはずである。調査作成者は、明確で詳細な情報は与えていないが、「一流ロースクールの教員は二流校以下のロースクールの教員より授業担当時間が著しく少ない。これは、ロースクール間の授業担当時間の幅を説明する際の重要な変数である」と明言している[23]。

　1997年の調査以降、授業担当時間は減少し続けた。2005年に行われた非公式の調査によると、上位25校のロースクール（USニュースの格付け）のほぼすべてにわたって、授業担当は3科目で、それは年10時間［各期週5時間］かそれ以下の授業担当時間である[24]。この調査では、一流ロースクールで広く提供されている有給研究休暇や研究による講義数削減などを組み込んでいないので、実際の法学教授の平均担当授業数より多すぎる数値のようである。

ロースクールの教員の授業担当時間についての最新の具体的なデータは、アメリカ法曹協会が編集した2006年のロースクールのマル秘報告を法学教授が分析したものである。このデータによると、格付けの高いロースクールの教授は他のロースクールの教授より担当時間が少ないばかりではなく、すべてのロースクールの教授の授業担当数は歴史的に低い数値となっている。「例えば、上位10番までのロースクールでは、平均的な1年間の授業量は7.94時間なのだが、USニュースの格付けで、C～Dランクにあるロースクールでは、11.13時間であり、40％も高い」のである[25]。

記録的に少ない授業担当時間数のさらなる削減

　歴史的観点から授業担当時間数を考察してみる。現代の一流ロースクールの法学教授は、20世紀の100年間の法学教授の授業担当数の平均数の半分を少しだけ超えた授業時間しか教えていない。現代の通年で8時間［各期週4時間］と20世紀の通年15時間［各期週7.5時間］だった。現代のエリート教授達は、昔の世代の教授達よりも、教室で顔を見せている時間は4分の1から3分の1の少ない。大学行政の業務で多忙な法務研究科長の1960年頃の削減された授業担当時間と、今の研究科長でないエリート教授の授業量とほぼ同程度である。ある集団では、今のロースクールの教授たちの担当時間数は、20世紀の教授たちと比べると、平均して3時間から4時間少ない。これは、通年換算で講義数が丸々一つ減ったことでなる。授業時間数は、ロースクール法務研究科委員会の専決事項であるので、教授達は、授業数削減に賛成票を投じ、自由裁量の時間を手にいれるのであった。

　ロースクールの教員は、研究の生産性を高めるといって、ロースクール全体の授業担当削減を正当化している。研究のために担当時間数を徐々に減らしていくことは、とどまるそぶりを見せない。一流校でないロースクールの多くは、現在通年で12時間（半期2科目）であるが、通年9時間（一流校の時間数）まで削減できるという選択肢を与えている。即ち、1科目減らして、論文を1本書くことである[26]。この選択肢がロースクールにとって賢明な方針なのか、また、1本の論文が1科目の講義と同等と認めてよ

いのかどうか、という点はわきに置いておく。それよりむしろ、もっと全体的に、このことがどういうことを意味するのかについて考えてみたい。もし、こういう削減が一つの傾向になり、この記録的に少ない担当授業時間が維持されるのであれば、一流校の教授達は、さらなる削減を受けることになるであろう。2006年の調査で、ロースクールの常勤教員の授業担当時間数が年6.7時間という低い値にあることがわかった。年6.7時間というのは、半期1科目、年あたりで2科目を少し上回る程度である[27]。数人の教授がこの楽な授業担当をしていると、他のロースクール等から引抜かれようとしている研究者も、自分の条件として同様の少ない授業担当数を要求するようになる。そして、この新規採用の教授が楽な授業担当条件を獲得すると、他の教授達も、同様のことを要求し、それが出来ないのなら自分は他大学に移ると脅す。他大学に移ろうと引き抜きの交渉中の教授は、その大学から授業担当数等のよい条件が提供されることはよく知られている。そういった教授は、今いる大学に留まるための条件として、法務研究科長から引抜き校と同様の授業担当数等の条件（同様の給与増も）を引き出すのである。授業担当数は、このようにして削減されてきたのである[28]。最初は数人の教授から始まり、それから他の教授に広がっていったのであった。

　個々の教授とロースクールが、教える時間を減らしてそれを研究の時間にあてようとするのは、驚くべきことではない。同様のことは、大学全体で見られることであり、ロースクール以外でも終身在職権の資格のある教授は以前より教える時間が減っている[29]。学問の世界は、法貨のようにまかり通る研究でもって獲得される「名声の市場」と呼ばれてきた。大学は、一流の研究者を採用して一流の研究をしてもらうことによって、研究機関としての名声をあげるのである[30]。このことにより、「活発な研究者市場——全国レベルの市場——ができあがっている。全国的な名声を求める大学や研究機関が、一流の研究者の獲得で競い合うのである」[31]。その結果、研究者である教授も大学も研究のために時間を作り、双方の利害が一致している。なぜならば、研究業績が双方の名声を高めるからである。ハーバード大学総長のデレク・ボクは、「超一流の研究者をハーバード大学に招く時、

交渉の切り札は、常に、授業時間を減らすことであり、決して研究時間を下げることではない」と苦笑いしながら語った[32]。超一流でない研究者も、他大学からお呼びがかからない教授も、ロースクール内や大学内で平等の処遇を求めるよう圧力をかけて、研究重視の方針の恩恵を被っている[33]。

　ナショナル・ロー・ジャーナルという法律専門誌に、1997年に「スター教授の奪い合い」という題の記事が掲載された。そこでは、「法学教育は、スポーツ選手のような自由契約の時代に入っている。全米のトップロースクールが、大金を積んでスターのような研究者の獲得レースに関与している」と書かれている[34]。それほど有名でない大学から有名校へ、授業負担時間の多い大学から少ない大学へと、研究者の移動は日常のことである[35]。昔と今の違いは、今の教授は、引き抜きで、授業負担時間削減と報酬アップを目の前にぶら下げられ、有名校を行ったり来たりしていることである（教員の報酬に関するこの影響については、この後で取り上げる）[36]。

授業担当時間削減の問題ある結果

　ロースクールの研究と教育の力学は、大学全般で起きていることと変わりはないが、ロースクールの状況は、ロースクール内とロースクール間という二つの点で問題をより深刻化している。ロースクール内では、終身在職権のある教員の少ない授業担当数を、終身在職権のない教員や非常勤講師や大学院生に安い報酬で担当させて埋め合わせをしている。終身在職権のない教員や非常勤講師や院生は、合計すると全授業科目の65％を教えている。アメリカ法曹協会の終身在職権の教員に関する基準では、ロースクールが、終身在職権のある教員が授業をどんどん持たなくなっていくという大学一般の流れを防ぐことに重きをおいているので、ロースクールは、終身在職権のある教員の枠を増やすというお金のかかる方向で、削減した授業担当数の埋め合わせをしなければならない[37]。

　これは、単に費用がかかるよりもひどい。研究を増やすには役にたたない方法だ。ロースクールの全教員の授業担当数は12単位という範囲にまで減少したが、すべての教員が、研究の成果を爆発的に上げるために余分にできた時間を利用したわけではなかった。全教員を対象とした授業科目

の削減より、ねらいを定めた授業科目の削減の方が、最も低コストで研究の生産性を高めるだろう。研究の生産力についての確実な予測は、今ある研究の生産力なのである[38]。どんどん研究成果を上げていく研究者に時間を与えれば、それだけ研究成果が上がる。なぜならば、研究論文を書くことは、彼らが時間を使っていつもやっていることだからだ。ほとんど書かない研究者に時間を与えても、研究と関係がないことに時間を費やすのである。いつもそうやって時間を使っているからである。1998年の実証研究では、5～10年その職に就いている（研究生産性が最も高い時期にあたる）ほぼ500人ものロースクールの教員を対象に行ったが、「授業科目担当数は驚くほど研究の生産性と対応していない」ということが明らかになった[39]。1年で10～13の単位の授業担当の範囲内において、担当した授業単位時間数と「公刊された論文の数、上位20位の学会誌に掲載される可能性や出版する著書の可能性について何の重要な関連性」が見られなかった[40]。

　研究を大量生産する学者にとって年12時間の授業は「つらい」。しかし、それほどあくせくと研究成果をあげない学者にとっては、快適な授業担当時間である（多くのロースクールにおいて、2年ごとにしっかりした論文を一つ発表するという急がないペースが標準である）、そして、論文や本をめったに書かない学者にとって、それは戸惑うほどにやさしい授業担当時間である。ほぼすべてのロースクールに、少なくとも2、3人は、ほとんど書かない教授がいる。ロースクールも——法務研究科長も——授業時間数の削減を研究生産性の高い教授に限定するとか、（削減された授業時間数が存在しているので）研究生産性の低い教授に授業担当時間を増加させるとかして、この非効率性を取り除くための確固たる意思表示をほとんど見せていない。これらの要因の結果として、実際問題として、全国的にロースクールの教員の授業時間数の削減は、教授によって研究成果の増加や自由時間の増加になっている。さまざまな方法で使われる時間——法実務の専念から、詩集や小説の執筆、単に余暇を楽しんだりする時間まである[41]。

　二番目の問題点は、高校卒業後の教育という領域は、職業学校、地域短期大学（訳者注：その地域に住んでいる住民を対象とした二年制の州立の

大学である。職業学校的色彩の強いものから四年制大学への編入も可能となるものまである。学費が安く、学業レベルも控えめで、働きながら学ぶことも可能である)、教養大学、研究大学といったように、ロースクールよりも分化されているという事実に関係している。地域短期大学は、全国レベルの大学の名声を競う大学業界で競争はしていない。地域短期大学では、教員に必要最低限以上の研究を支援していないので、研究支援にお金がかからない。地域短期大学における常勤の教授の授業量の中央値は、1学期につき15授業単位時間（5科目）、もしくは1年で10科目である[42]。それとは対照的に、すべての認証されたロースクールは、研究のために十分な時間が確保できる授業担当時間を採用している。実際のところ、すべての認証されたロースクールは、研究大学のように作られている。アメリカロースクール協会によって促進されアメリカ法曹協会によって強化され統一化された学問の規範に従って、地域短期大学と同等のロースクールとして発展していったかもしれないロースクールがつぶされてしまい、認証されていない領域に追いやられた。このことにより、弁護士になりたい人々のために低コストで教育を受ける選択肢が減少したのである。

給料の上昇

　20世紀の間中、ロースクールの教員たちは薄給について不満を表明していた[43]。「ロースクールの給与報酬——法学教育への脅威」という題は、アメリカ法曹協会の法学教育部門の部門長であるホーマー・クロティーが書いた1953年の論文のタイトルであった。そこで、クロティーは、ロースクール教員の報酬を上げるよう強く訴えていた[44]。ロースクールの教員は、弁護士業務に就けば多くの収入を得ることができるのだから、一般の大学教授よりも多いということだけでは十分ではない、と訴えていた[45]。クロティーの主張は、ロースクールの教員繰り返し言い続けている持論である。法学界に関する1961年のアメリカロースクール協会の報告書では、ロースクールの中で、「たった」68校しか一般の大学教授よりも高い給料を支払っていず、38校ではそうではないという由々しき実態があると述べていた[46]。「もしこの状態が続くとしたら、将来のロースクール教員

の力量は深刻な危険にさらされるだろう。なぜならば、弁護士として平均的な成功をおさめる方が、全米のロースクールの中で最も報酬の高い教授職よりずっと高い報酬を得ることができるからである」と書いている[47]。また、デューク大学教授のジョージ・クリスティも、「ロースクールの教員は薄給」という1987年の論文の中で、デューク大学教授のジョージ・クリスティは、法律事務所の若手のパートナーの方が、大学の年長の教授より多く稼いでいることを挙げて、ロースクール教員が唱え続けている薄給という主張を繰り返すのであった。「私が会った優秀なロースクール教員のほとんど全員は、弁護士としても十分に成功をおさめることができるだろう」とある[48]。法学教育についての1990年の報告書は、ロースクール教員の報酬の中央値は、1974年以来「2倍以上」になっていることは認めてはいるが、「それでも報酬の中央値は、多くの主要な弁護士事務所の新人のパートナーの報酬よりも、ずっと少ない」と読者に釘を刺している[49]。

　20世紀の初頭では、名門ロースクールの法学教員の収入は高かったものの、ほとんどのロースクールの教員の収入は大したものではなかった。20世紀の半ばを過ぎると、法学教員の給与が全体的に改善されてきた。1920年の法学教授の最も高い給与は1万ドルであった――2011年時点のインフレーションに適合した金額では、11万2450ドルとなる[50]。その当時、相当数のロースクールが常勤教授に6000ドル支払っていた（インフレーションに適合させると6万7500ドルである）、その他のロースクールではそれよりも少なかった。当時の心配の種は、給料が少なすぎると、教授が収入を補うために副業の法律業務に過度の時間を費やしてしまうのではないかということだった。クロティーが物議を醸す論文を書いた頃、最も給料の高い教授は1万5000ドルもらっていた。それは、今日の14万ドルに相当する。全米のロースクール教員の給料の中央値は低く、6350ドルだった（インフレーションに適合させると5万3900ドルである）[51]。ところが、1965年から給与はどんどん上がり、常勤教授の平均的な給料は1万6749ドルになった（今日の12万100ドルである）。そして最も給与の高い教授は3万ドルだった（21万5200ドル）[52]。1987年に

クリスティが教授の給料について不満を述べた時の、常勤教授の最高額は、11万ドル以上で、それは今日の22万5700ドルに相当するのである。給料の中央値は6万ドルだった（インフレーションに適合させると12万3100ドルである）。

ロースクール教授の給与は、どの段階でも、医学部教授に次いで（臨床関連の報酬や外部研究資金により給与が補充されている）、一般の大学教授よりも多く、それも相当多いことが珍しくなかった。1985-86年度、ロースクールの常勤教授は、英語の常勤教授の平均的給料の141％をもらっていた。2009-10年度までの、10年ごとのどの段階でも、相当大きな割増給与を守り続けていた。2009-10年度では、ロースクール教授は英語の教授の159％の報酬をもらっていた[53]。最近の調査では、ロースクール教授の年収は、平均で、工学教授よりも2万2000ドル、経営学教授よりも2万6000ドル多かった。工学や経営学は、大学組織で、二番目に給料が高いカテゴリーである。そして英語の教授よりも5万2000ドル多かったのである[54]。

それにもかかわらず、ロースクールの教員は、自分達の収入が成功を収めている弁護士たちの収入よりもまだ低いと不平不満に思っていた。この給与比較はよいとこどりの比較である。同じ土俵にあがっていて、ロースクールの教員が弁護士よりも収入が少ないと言うのであれば、当然の懸念すべきことかもしれないが、そうではない[55]。確かに、法律事務所でパートナーになって3年目の弁護士は、ずっと年長の多くのロースクールの教授よりも収入が多い。しかし、ロースクール教授は、学識経験者としての輝くばかりの信用を得ているのも事実である。そして、多くは、報酬の高い企業法務の仕事で十分に通用する[56]。だからと言って、経済的に成功している弁護士の報酬と単純に比較するのは、誤りなのだ。弁護士が十分な金を稼ぐのに必要な仕事の内容は、実は、ロースクールの教授がやりたいと思う仕事ではないからである。大学で働くために企業法務の仕事からそそくさと逃げ出してきたロースクール教授が多いことからもわかるであろう。企業法務を専門とする法律事務所のパートナーは、年2000時間以上、弁護士料を請求する仕事をする。日常的に、週6〜7日、合計60時間の

残業をして働いていて、休暇も限られている。時給換算で比較したら、パートナーの弁護士よりもロースクール教授のほうがはるかに高級取りである。

企業法務や富裕層の不法行為訴訟は、弁護士だからと言って全員が出来る業務ではない。クリスティの法学教授と弁護士を同列におく議論は脇におこう。研究者として成功することと、弁護士として経済的に成功することとは同じではない。さらに、最近では法学博士号をもった教員がロースクールに入ってきており、また、ロースクールの多くの教員に実務経験がほとんどないことを考えると（法務博士でない場合もある）、ロースクール教員の大多数が法律実務で生き残れるとはとても考えられない。結局のところ、ロースクール教授は、他の大学教授と同じような研究者であり、多くは法律実務の厳しさや退屈さから逃れられたことを密かに喜んでいるのである。私たちロースクール教授が享受する割増賃金に経済原理があるとすれば、それはロースクール教授が弁護士のように多く収入を得ることができるだろうということではなく、ロースクールの学生が他の学生よりも高い報酬を期待して高い学費を払っているということである。

ロースクール教員の高い給料

さらに重要なことは、ロースクールの教員は、もうだいぶ前から、弁護士に比べると、トントン拍子にうまくいっていることだ。クリスティがロースクール教員の給料について不満を言っていた1980年代には、もう既に上向き始めていた[57]。1993年の論文「ロースクールの教員はもう貧乏人ではない」では、直近の5年間において、ロースクール教員の給料は急増していて、50％かそれ以上増加したロースクールもある、と書いてある[58]。それ以来ロースクール教員の給料は上がり続けており、1998年から2008年の間はさらに45％増加した、と報告している調査もあるが、その数値も実際の増加を相当少な目に把握している[59]。

老教授クリスティのロースクール教授の給料は高位の裁判官より少ないという不平不満によって、かえって形勢が一変してしまった。ジョン・ロバーツ連邦最高裁長官は、連邦裁判所の裁判官の給料を上げるために、議会への嘆願の中で、裁判官の給料は、今では、超一流校のロースクール教

授より少なくなっていることを指摘した。連邦地域の裁判官は 16 万 5200 ドル稼ぐが、33 万ドル稼ぐ一流ロースクールの上位の教授や 43 万ドル稼ぐ学部長と比較した（ロバーツの情報源は超一流ロースクールの部外秘の調査である）[60]。公開されている記録からも、ロバーツの情報が正しいことを証明している。2009 年、ニューヨークロースクール（エリート学校ではない）の法務研究科長であるリチャード・マタサーは、基本給 51 万 9000 ドルを得ており、そして、同校の高額給料上位 4 人の教授は、低い人の 30 万 8000 ドルから高い人の 37 万 6000 ドルまでの範囲にある[61]。ミネソタ大学は、全米トップレベルの州立大学であるが、2007 年の上位 2 名の高額給料のロースクール教授は、それぞれ 35 万 6000 ドルと 34 万 4500 ドルもらっていた[62]。テキサスロースクールのラリー・セイジャー法務研究科長は、「我々の経験から、本学に招きたいと考えている教授は、年 40 万ドル以上もらっている」と上位校のロースクールの一括提案の報酬を明らかにした[63]。

　高給であっても、大学の教員は、お金をめぐって騒動を起こすのである。2010 年テキサスの大学において、19 人の教授が 30 万ドル以上の給与をもらい（最高の給与は 35 万 1000 ドル）、そして 35 人の教授は、20 万ドルから 30 万ドルもらっていた——テキサス大学の常勤教授の給与の中央値は、約 28 万ドルだった[64]。2006 年から 2011 年の間、20 人の教員に、7 万 5000 ドルから 35 万ドルの範囲で一回限りの特別手当を支給した[65]。どうみても、テキサス大学の教員の給与は申し分ないものであった。それにもかかわらず、教員の数人は、新しく採用された教員や他大学から引き抜きの話が来ている教員が、サガー法務研究科長からより良い待遇条件を提示され、これを受けたことに怒りを隠せなかった。サガー法務研究科長は、この騒動で責任を問われ、研究科長職を解雇された[66]。ロースクール内の公平さをめぐって根深い争いが起きる。その結果、ロースクールの全教員の給与水準が上昇する。こういうことは、ロースクールが、給与水準の高いロースクールと教授の引抜きで競うときに起こるのである（サガーの法務研究科長としての在任中、テキサス大学の州民対象の授業料は、1 万 8208 ドルから 2 万 8669 ドルまで増加した）。

テキサス大学ロースクールの教授がこの水準まで給与を支払われるということは、ロースクールの業界の特性から、上位5つのロースクールの常勤教授の多くが30万ドルから40万ドルの給料になるだろうし、さらにもっともらう教授もいるだろう。ロバーツ連邦最高裁長官は、超一流校のロースクールの教授は連邦裁判所の裁判官の給与の2倍をもらっている、という印象を持っていた。最も給料の高い教授の場合だと、おそらく3倍近くであろう。
　ロースクールの教授の大多数はこのような高額の報酬を得ていないと、もちろん言っておかなくてはならない。しかし、全国の常勤教授の多くが連邦裁判所の裁判官と同じくらい、もしくはそれ以上もらっていると、最近行われたいくつかの給料調査では示している[67]。アメリカ法学教員学会［Society of American Law Teachers（SALT）］の調査によると、2008年度［2008年8月から2009年5月まで］の常勤教授の給料の平均的な中央値は、14万7000ドルだった（手当は含まれていない）[68]。この平均給与額は3か月の夏休みの期間を除いた9か月の給料をもとにしている。よってロースクールの教員の実質的な給料を二つの点で少なく報告している。第一点は、それは夏に支払われる研究助成金を含んでいないことである。研究助成金は、どんなに少なく見積もっても、1万ドルで、多くの学校ではもっと多い金額が、常勤教授の給与に加えて支払われる。
　第二点として、一流で給料の高いロースクールのほんの数校しか自校の報酬の数値を報告していないので、この平均数値は下方に歪曲されている。2008年のアメリカ法学教員学会の調査の数値には、それより前にアメリカ法曹協会が集めた1994年から1995年における報酬の高いロースクール上位40校のうちで、7校しか入れていない[69]。報告をした給料が高い7校中での上位4校——ミシガン大学ロースクール（25万4500ドル）、ハーバード大学ロースクール（25万2450ドル）、ミネソタ大学ロースクール（22万ドル）、そしてエモリー大学ロースクール（21万2004ドル）である。これらのロースクールは、教授の引抜きでしのぎを削っているので、他の同水準で未算入の15校前後のロースクールの常勤教授給与中央値が20万ドルを超えると考えるのは、ごく自然である。そしてこれらの数値には、

配偶者や子弟のために支給される住宅手当や学費手当のような、一流ロースクールが提供する追加の手当が含まれていない。2008年にニューヨーク・タイムズが、ニューヨークロースクール財団はコロンビア大学から引き抜いたロースクールの教授のために、420万ドルの高給コンドミニアムを賃貸したと報じて、ロースクールの教員の高収入と高待遇の慣行が垣間見られた[70]。テキサス大学ロースクールもまた財団を通して、返済免除条件付きローンの形式で、何人かの教員に3桁の数字の金額（訳者注：10万ドル単位を意味する）を一回限りの報酬として与えている。前に述べたように、サガー法務研究科長は、50万ドルもらっていた[71]。

　過去数十年間におけるロースクールの夏の研究助成金の急増は、ロースクールの教員に対する資金の流入が増加したことを示している。アメリカの大学の教員は、年39週で支払われる。授業は26週から28週まで及ぶ。そして担当授業時間数は各週6時間かそれより少ない。研究を充実させるために、この少ない拘束時間ですでに十分に時間的に埋め合わせがされている。にもかかわらず、ロースクールは、現在、夏の間研究することで追加の資金を提供しているのである。

　これらの研究支援には、金目当ての「書くから金払え」的なものがつきまとっている。例えば、あるロースクールでは、研究支援金の基本として8000ドル出し、論文がB〜Cランクのロースクールのロージャーナル（USニュースにおける上位15校のロースクールの枠外のロースクールのジャーナルである）に掲載されると6000ドルの特別手当を出し、Aランクのロースクールのロージャーナルに掲載されると1万ドルの特別手当を出す[72]。全米上位20校に入るロースクールのロージャーナルへ論文1本が掲載されたり、あるいは、内容が異なる2本の論文を最高ランクの専門誌かそれに次ぐもの、あるいは論文審査のある専門誌に出せば、特別手当が1万5000ドルとなる。もっと一般的に行われるやり方は、前払いで半分出し、残り半分は論文が出てからというものだ。一流ロースクールでは、夏の研究助成金は10万ドルにも及ぶ（テキサスロースクールの28人の教授は6万ドル以上の研究助成金を受け取った）[73]。ロースクールは、競争相手に対抗するため、活動的な執筆者に報いるため、そしてさもなけれ

ば執筆しないであろう人々を刺激するために、給与を増加させる方法として、これを正当化する。論文を書く研究者側の本質的な意欲が欠けているなら、このような方法で刺激された研究が良質で価値あるものなのかどうか、心配する人もいるに違いない。

　過去の世代におけるロースクールの教員の給料は、過去の裁判官だけでなく、過去の弁護士の大部分の収入を圧倒してきた。アメリカ労働統計局によると、2008年は「すべての給料を受けている弁護士の年収の中央値は、11万590ドルだった。弁護士の真ん中あたりの半分は7万4980ドルから16万3320ドル稼いだ」のだった[74]。入手できる情報から推測すると、全米のロースクールの常勤教授の大部分は（夏の研究助成金を含めると）、弁護士の給料の上位4分の1に入るようだ。一流ロースクールの同窓生と比較しても、ロースクールの常勤教授は、給料が高い。フォーブスの調査によると、ハーバード大学ロースクールの卒業生の中堅キャリアの給料の中央値（16年間を通して）は20万3000ドルであり、イェール大学ロースクールの卒業生（彼らの多くは学者になる）では15万9000ドルである[75]。

　一流ロースクールの常勤教授は、アメリカの賃金労働者の給与の上位1～2％にある。給料に加えて、教員は退職金がもらえる。また、多くのロースクールでは子どもや配偶者のための授業料の減免を得ることができる。そして、既に述べたように、最も財力があるロースクールでは、住宅補助をしている。観光に魅力的な場所で開催される学会は──パームビーチ、ニューオーリンズ、サンフランシスコ、そしてハワイ──、家族同伴のための休暇の費用を払っている[76]。

　こういったことにもかかわらず、ロースクール教員の言い分は、現にある教員が2011年半ばに書いているように、ロースクールの教員の給料は弁護士の給料に後れを取っているということであり、この事態が続いたらロースクールは、「教員を引きつけて引き止めるのが難しくなるかもしれない」と警告までするのである[77]。教員がどんなに経済的にうまくやっているか──そして我々教員が享受している他に例をみない自由を考えると、この昔からの議論は空々しく聞こえる。ロースクール教授のポストをめぐ

る激烈な競争を考えると、とても信じられない。毎年700人ほどのロースクールでの就職希望者がいるが、その多くは並外れた経歴を持っている。毎年開催される就職説明会に参加して、頑張って研究者の世界に足を入れようとするが、多くは、望みかなわず去っていく。

ロースクール教員の給料のための授業料の支払い

　ロースクールの教授が快適な生活をすることについて厄介なことは何一つない。多くのロースクールの教員は、立派な資格を持ち、有能で、勤勉な人である。給料を増やすことで、ロースクールの教員が、法律の学位が卒業生に授与する経済的価値のうち、弁護士職などで本来受けるはずのお金の相当数を獲得している、と述べた人もいる[78]（しかし、学位取得について期待した経済的見返りが、かかった費用と比較して低いロースクールにおいて、この主張は弱い）。資本主義社会では、労働市場が給与水準を決めるので、自分達の稼ぎについてわびる必要はない。しかし、ロースクールの教員が対峙しなければならない難しい問題は、果たして彼らが、アメリカ法曹協会の認証基準を利用することによって、古典的な独占の手段で、人為的に給与を激増させたか、そしてそれはいくらか、ということである。20年前にあった、給料を上げるための認証協会の運動は、その後も、それに続く昇給や給与を決定する基本給の水準を上げることによって、今なお影響がある。また、認証基準は、法律実務の指導能力がある聡明で知識豊かな弁護士を、非常勤講師や契約講師という形で安価に予備教員として配置することを制限することによって、今日まで影響を与えている[79]。

　ロースクールの教員を当惑させるもう一つの見方を、この章の最後で紹介しよう。これまで時系列で述べてきた担当授業量の減少と給料の増加は、いくつかの点で、授業料の上昇となった。それぞれの教員の受け持つ授業数が少なければ、全体として、かなり多い（給料のいい）教員が必要となる。相当な金額の金が教員の研究活動に費やされる。教員関連の経費は、一般的にロースクールの予算の半分を占める。このような事業活動を支える授業料は上昇しなくてはならなかった。これは、ロースクールの教員関連経費が、授業料の上昇を「引き起こした」と言っているわけではない——主

要要因は他のところにあり、それについては、後に述べる。しかし、ロースクールの教員は、アメリカ法学教員協会がアメリカ法曹協会の基準の変更について反対した時にそうであったように、高い授業料に目を瞑ってはいけないのだ[80]。前バンダービルドロースクール法務研究科長のエドワード・ルービンが認めているように、「これまで増え続けてきた授業料のかなりの部分が、学部の研究を支えているということは、ほとんど疑いようもない」のである[81]。教員の時間の40％を研究にあてる（あてるべき）という一般的な経験則を使って、ルービンは、研究の予算を減らして教育にあてれば、ロースクール予算で教員にあてられる予算は、大幅に切り下げられるということを認識していた[82]。

　最後の一点である。ロースクールの教員が弁護士の大部分と比較して経済的に恵まれているという事実によって、私達ロースクールの教員がこの職に就いて経済的な犠牲を払っている、あるいは、単にロースクールの教員になることは公益業務の一つの形であるという、私達が広めてきたイメージは払拭されるべきである。ロースクールの教員は学生のために「無欲さ」を規範とする、というアメリカ法学教員協会の主張は信用できない。私たちの給料は素晴らしくよく、職場はストレスが少なく、授業担当時間は私たちがしたい時間だけであり、上司はおらず、そして雇用の保障は難攻不落そのものである[83]。私たちロースクール教員の給料は、大学のほかの教員よりもずっと高く、授業の数はほかの教員よりも少ない（そして、ロースクールの教員にとって終身在職権は一生涯の雇用保障であるが、他の教授が終身在職権を得るために厳しい過程を経て勝ち取るものと違って、研究成果がそれほど厳格に求められず、実際、在職権の審査で不可とされることはほとんどない。厳格な在職条件を経験する教授は、比較的、学問的成果が少なく、めったに業務を拒絶しない）。私達、ロースクール教員の生活の質は、弁護士よりもずっと良く、ほとんどの弁護士よりもたくさん稼ぐのである。ロースクールの教授は、教員と弁護士という二つの職業のよいとこ取りをしている——心よりお礼を申し上げる。

第5章
研究の追求のコストと結果

　ロースクールが大学に設置されてから現在に至るまで、長年にわたるひずみがロースクールに付きまとっている。学生は、法律家になる方法を学ぶためにロースクールに通う。ロースクールの教授は研究者である。ロースクールを構成するこの二つの要素の利害は、そもそもの位置づけが異なるため、ちぐはぐとなっている。

　このひずみがもたらすものは、長期に亘り、また、大きくなる一方である。研究志向の強いコロンビア大学ロースクール教授は1923年に、「ロースクールが職業専門学校であるという考え方がまだ我々の側にある」と嘆いている[1]。この論争は、1973年アメリカ法学教員学会におけるロースクールのカリキュラムの議題から始まった。社会科学系の授業を幅広く組み込むことを提唱する者と、それに反対する者がいた。

　　　協会の会員校の相当数が、特に限定を加えることもなく、伝統的な路線で、ロースクールの役割は、「法律に従事する弁護士」を育成するという主張をしていることは明白である。その一方で、影響力のある少数の会員校は、これが唯一の役割という点を断固として否定して、ロースクールの役割は公益のためとなる弁護士を育成することであると強く主張している。この提唱を支援する形で、法学教育は、職業専門学校の実務と目的より上の次元におくべきであり、それゆえ、このあるべき姿に対応するよう、より広い教育の土台とより深く広い法学

教育を保障する技術が必要と主張されているのである[2]。

　40 年前、トーマス・バーギンは、ロースクールの教授が二つの役割の間でもがき苦しみ続けていることを、統合失調症的な緊張であると独特のことばを使って表現している「真っ当な研究者は、法学教育の主要目的はどうあるべきかと尋ねられたら、法の意味と社会における法の役割について学生の理解を高めることであると答えるのが一般的である……真っ当なヘッセン・トレーナー（訳者注：バーギンの用語で、弁護士養成のために徹底的な教育をする教員という意味で、おそらくは、アメリカ独立戦争時のイギリス本国が雇ったヘッセン人の雇兵に由来しているようである）の答えは一つだけである。すなわち、法学教育の目的は、ロースクール生が法曹生として実務ができるようにするための準備につきる、というものだ」[3]。

ロースクール教授はなによりも研究者

　20 世紀の終わりの数十年間まで、研究重視派は、圧倒的に有利な立場にあった。1985 年に、「ロースクールの教授は、弁護士の養成のためでなく、法学を研究し、そこから得たことを学生に教えるために、給料をもらっているのである」と断言した著名な研究者がいた[4]。2010 年の書簡で、退任が決まっているアメリカロースクール協会会長であるリース・ハンセンは、「法律家というのはロースクールで『生み出される』ものでなければ、『育てられる』ものでさえもない。法律家が最終的にやり遂げなければならないことは、判決を下すことである」と学問研究のモデルについての古くからの正当性の議論を繰り返した[5]。そのような判断力を獲得するためには、学生は学識ある教授から教わらなければならないと彼は主張した。現代の法律学者の間では、ロースクールは法律家の育成に焦点を当てるべきだと言う者は誰でも、反知性主義のレッテルをはられる危険性があるのである。

　この間、ロースクールに批判的な人は、法律家養成においてろくな仕事をしていない教育機関だとこき下ろしていた。この批判は、法学界についての最初のカーネギー報告書（1921）と、最後のカーネギー報告書（2007）

で表明されている[6]。アルフレッド・リードは、これを20世紀初頭に書いており、「法曹界に浸透している考え方によれば、完全なロースクールコースでさえ法実務の準備には不十分であり、よって、ある程度の実務教育が加えられるべきだということだ」と報告した[7]。20世紀後半、法学教育についてのアメリカ法曹協会の報告書では、「弁護士は、ロースクールの教育は実務の技術に欠けていて不十分であったので、卒業後に自分で身につけなければならなかったので、評価していないことが調査から明らかである」と記している[8]。

　ロースクールに対する苦情は、法律家養成に失敗しているということだけではなく、さらに法学研究者の研究成果が、法から完全に離れてしまっているということでもある。2011年にロバーツ連邦最高裁長官は、「私が理解する限りにおいて、ロースクールが行っていることは、実際に法実務に関わっている者にとっては、大部分が無駄でつまらないものである」と言っている[9]。こういった批判は、裁判官による法学教授の研究論文ついての一連の批判の最新のものであり、20年前の連邦裁判所判事（前ロースクール教授）のハリー・エドワーズの「法学教育と法曹界との広がる乖離」という記事までさかのぼることができる[10]。「実務家は、法学研究者の研究論文の多くが、以前のすぐれた論文と比較すると、実務家の日々の業務上の関心事からどんどん遊離しているとみなす傾向がある」と裁判官以外も同様の見解を語っている[11]。

　法実務に無関係な研究という懸念は、38万5000本の法律研究論文を調査することでさらに強まった。その調査では、40％の論文は他の論文での引用がまったくなく、引用された論文のほぼ80％は10回未満の引用でしかないことが分かった（引用数には、その著者による自分の他論文の引用も含む）[12]。ほとんど、あるいは、まったく利用されたという痕跡を残さないような大量の論文がロースクール教授によって書かれていることになる。ロースクール教授でさえ、山のような研究成果の価値について懐疑的になっている[13]。自身も論文を量産する研究者であるピエール・シュラグは、「今日のアメリカの法学研究は死んでいる。完全に死んでいる。過去30年でどの時よりもどうしようもないくらい駄目である」と言った[14]。法学研

究論文はかつてない勢いでどんどん書かれているが、そのほとんどは価値のある論文ではないと言っている。やるべき有用な学究研究があるが、多くの教授は、おもしろくないし学究研究とみなされていないという理由で、学究研究の論文を書かない。知的な流行の波に次々と乗って、法学教授は行き着くところもなく無駄なことをしている。ロースクールの研究の批評家は、超一流校のロースクールにおいて、1本の法律研究の論文の執筆経費は、授業時間数の削減や夏の研究助成金を含めると、10万ドルになると見積もっている[15]。この見積もりの数字は、間違いなく受けを狙っており議論の余地があるが、それでも、研究を支援する金が極めて高額になっているという点はその通りである。

　知識人である研究者はすぐに批判の対象となり、研究者に対する批判的なコメントも誇張される[16]。裁判官が自分たちは法律評論記事には注目しないという意見は誇張である。最近の調査では、60年間に遡って、連邦裁判所は一定の頻度で法律研究論文を引用していると報告している[17]。また、法学教授の多くは、制定法や判例や規則などに関わる法の問題点や論争について論文や本を執筆している。

　これらの批判の中で正しいことは、古い世代の法学研究者の研究は主に法理論の分析を含んでいたということである。法学教授は、法のさまざまな領域を総合し、弁護士や裁判官と意見交換をしながら実務に役立つ法律の問題点について書いていた。しかし、こういった研究は、もはや学術研究として高く評価されない[18]。純粋な学術論文は、超一流のロージャーナルには掲載されないし、学者としての評価を獲得して超一流校で採用されたいと願う教授はこういった論文は書かない。人気があるのは学際研究や実証研究である。憲法上の解釈、法のあるべき姿についての規範的な論争、法哲学、批判人種論、法社会学、法制史、法経済分析、判決の量的分析——これらや法学についてのさまざまの異なった観点からの研究が、法学研究者が力を入れている領域である。このほとんどは、一般論としては法制度に直接的あるいは間接的に利益をもたらすが、直接的に裁判官や弁護士の法律家の日々の実務と関連があるわけではない[19]。

　法学教授の研究の多くは、教授たちが法学関連のことを焦点にする以外

は、標準的な学術研究の内容で、政治学、歴史学、経済学、そして女性学などで見るような研究と見分けがつきにくい。現代のロースクール、特に超一流校においては、経済学、歴史学、政治学、哲学、社会学、または心理学の専門的知識のある法学教授がいて、ちょっとした総合大学のようなものとなっている。多くのロースクールで実証研究ができる法学教員を育成するために、毎年、研究会を行っている。カリフォルニア大学バークレイ校ロースクールでは法学と社会学との共同学位プログラムを取り入れようとしている。バンダービルト大学ロースクールとシカゴ大学ロースクールでは法務博士と法学・経済学博士の両方の学位を提供するプログラムがある。講義やワークショップが一つの学問領域から別の学問領域に移動する。こうした講義や研修を受けた法学教員がロースクール内でさまざまな専門領域で能力を発揮することが期待されているのである。

　法学領域の学術論文の引用パターンは、他の学問領域の引用のパターンと似ている。殺した獲物の大半を独り占めするライオンのように、総論文数の中のわずか数％の論文だけが極めて頻度多く引用されるが、その他のほとんどの論文は全く引用されないのである[20]。どの研究者も個々の研究領域の学識に貢献はしているが、傑出した研究をしているのは、どの研究領域でもごく少数の研究者だけである。研究者は、一般的に、異なる研究分野に有用な貢献をするという意識がなく、同様のことは法学教授についても言える。よって、裁判官や弁護士に有用な研究をする恩義がないということである。とは言っても、法学教授は、法学領域の専門知識があり研究にあてる潤沢な時間もあるので、司法制度に必要な知的貢献をするために最適として位置づけられている。しかし、他領域の研究者と同様に、法学教授も、自分達の仲間の法学研究者ために論文を書いて意見を交換して研究を深めるが、仲間以外の裁判官や弁護士のために書くという意識が低いのである。

　法学教授をロースクールでなく総合学部法学科の一員として考えてみよう。このような見方により、ロースクールが、実務経験がまったくなく、法学以外の分野で博士号を持つ教授を採用するという最近の傾向が理解できるようになる[21]。上位13校で、約3分の1程度の教授が博士号を持っ

ており、14 〜 26 位までのロースクールでは 5 分の 1 の教授たちが持っている[22]。上位 26 校のロースクールにおいて、合わせて全部で 66 人の教授らが法務博士を持たずに法学以外の博士号を持っている。何年にも亘って法学以外の分野での指導を加えることによって、学生がロースクールで獲得したいと思っている類の情報、即ち、法律に関する知識や実務教育から離れている領域の教授を招いてきた。

　ロースクールにおいて特別研究員や客員助教授を 1、2 年勤めた後、教員として採用される事例が増えている。10 年前は、ほんのひと握りだったのが、何十というこの種のプログラムが全米に広まっている[23]。客員助教授は、常勤教授の何分の 1 かの報酬で授業を担当して、ロースクールに廉価な労働力を提供しているのである。こういった客員助教授のポストは、終身在職権を確保したいと願う研究者に 1 年間の研究をさせ、アカデミックな空気を吸わせるという機会を与えるための暫定的な教員ポストとして売り買いされているのである。弁護士として積めたかもしれない経験の代わりに、教員として磨きをかけるため 1、2 年費やすのである。こういったプログラムは、実務畑からの人（客員助教授に就くことで減収や家庭を崩壊の危機にさらすことができない人々）が教授に就任するのを間接的に難しくしている。なぜならば、実務家は、磨きがかかった研究業績と論文が一杯出てくる候補者と対決して競わなければならないからである。

　40 校のロースクールから抽出したサンプルでは、過去 10 年間に採用された終身在職権のある教授（実務教育の教授を除いて）は、中央値で 3 年の実務経験があった。超一流校では、新規採用者の実務経験は 1 年である[24]。別の研究で分かったことは、「実務経験の多い法律家が一流ロースクールで採用されにくいことから見ても、実務年数は否定的に捉えられている」ということが明らかになった[25]。何十年もの間、ロースクールは、実務経験がほとんどない超一流ロースクール出身者で占められていた[26]。50 年前、アメリカ法曹協会の法学教育部門の古くからの会員であり、数多くの認証評価に関わった人が、「弁護士が実務で何をやっているのかについて理解ができていない多くの人たちが法律を教えようとしている」、「中には、研究することとそれを論文にすることにしか興味がない教授が

いる」と主張した[27]。

　法学教授は、大学の学問研究を主体とする総合学部法学科でなく法律家を養成するロースクールで教えているのである。教員の行き過ぎた学究志向に根強い批判があるのはこのためである。法学教授は──ロースクールで博士号をもつ教授は──総合学部法学科で働いたら得られるであろうより大幅に多くの給料が支払われている。学生は、法実務家になるために入学し、弁護士として成功するために技術を学ぼうとしている。実務経験がない、あってもほとんどない教授が学生に法実務の養成をすることが理想的に適合しているかどうかは疑わしい。例えば、財産権法の経済分析（または歴史、哲学）が専門の研究者は、交渉の方法や商業不動産取引の起草、そして交渉がうまくいかないときの対処の仕方を必ずしも知っているわけではない。

　1990年代、法曹界からの手厳しい批判を受けて、ロースクールは、重い腰をあげて、実務教育のコースを大々的に強化し始めた。新たにリーガル・クリニックが併設され、リーガル・クリニックの教授も採用され、現在では、全米で約1400人の常勤の教員がいる[28]。また、多くのロースクールでは、リーガル・リサーチやリーガル・ライティングを教えるために常勤の教員を採用した。このように実務教育を強化することによって、実務教育が不十分であるという批判に答える一方、大部分の教授には彼らの好きな専門領域の研究に没頭させていた。実務教育を担当するために新しく人を入れることによって実務教育をやっていなかった問題の解決をはかったのである。

　それでも批判はおさまらなかった[29]。クリニカル法学教育学会（リーガル・クリニックの教員の学術学会）により2007年に出されたロースクールのための最善実務教育声明書では、「ロースクールは学生のための実務教育を十分に行っていない」と断言した[30]。「多くのロースクール卒業生は、依頼人に法的サービスを提供する能力が十分でなく、また、企業で期待されているような法実務の仕事をする能力すらない」と述べている[31]。学生を法実務が十分できるようにする教育には、カリキュラム全体で実務訓練を取り入れ、3年目でリーガル・クリニックの授業を必修にすることが求

められる、とリーガル・クリニックの教員は繰り返し述べている。

これは、教員の時間のほとんどを研究に割り当てるという現行のモデルのもとでは、財政的に実行不可能である。手厚く指導するというリーガル・クリニックの性格上、1クラス200人の授業が前期と後期に開講され、指導にあたって10人の常勤の実務家教員が必要であり、不足分は非常勤講師で補充されることになる[32]。ロースクールは、現在研究に専念している教授の一部をリーガル・クリニックの教授（とは言っても、多くの教授は実務経験が乏しいが）になってもらうことで、リーガル・クリニックの教員数をこのレベルまで上げることが出来る。皮肉なことに、実務教育の拡充という働きは、逆方向に進んでいった。研究者としての名声には強く惹きつけるものがあり、また、終身在職権を獲得としたという気持ちがあまりにも強いため、多くのロースクールでは、今では、リーガル・クリニックとリーガル・ライティングの教員は、研究の成果を上げるための時間と金が与えられている[33]。この重力に引かれて、法務研究科で、指名され本人も自認している「ヘッセン・トレーナー」は、今では、彼ら自身が研究者に変身しているのである。

この間、実務訓練に向けた並々ならぬロースクールの取り組みは、実際の動きに付随的効果を与えることになった。ロースクールでは研究を追求する動きは、ますます高まった。ノースウェスタン大学ロースクール教授のジェームズ・リングレンは、1999年の論文「研究奨励のための50の方法」で、超一流校が採用していて、研究競争の土俵に上がろうとしている者のための青写真にもなる方策を明らかにした。リングレンは、期間の長い研究休暇、授業担当時間の削減、研究成果に対応した昇給、年収総額の25％を占める夏期研究助成金、実績と将来性のある教員の採用を提案している[34]。また、コースの必要性を少なくするために、卒業に必要な単位数の削減も提案している[35]。多くのロースクールでは、リングレンの勧めで、教員の研究を活性化することに専念する「研究支援担当副法務研究科長」という新しいポストを作ったのである[36]。

研究熱は、全米のロースクールを席巻している。この研究熱を煽っているのは、USニュースの格付けの25％を占める研究者の名声に対する評価

である。ロースクールは冊子を作っている。新規採用教員や教員が書いた本や論文リストを褒め称えているので、その冊子は、嘲笑的に「法学ポルノ」と呼ばれている。この機運を活かして、研究科内の研究力のある教員は、研究科内での自分の地位を高め、自分の研究に褒美をつけるようさらに圧力をかける。つまり、研究成果をよりあげやすくし、価値を高めるものは何でも、研究者のキャリアとしての将来性を高めるということである。21世紀に入ってから、個々の研究者の競争、ロースクール間の競争、これらがフルパワーの状態である。これがロースクールの方針と予算全体の重要な項目なのだ。

法学研究成果に誰が支払うのか、またどれだけの量に対してなのか

　ここまで読まれて本書を研究の価値に対する攻撃と考える法学者が出てきそうである。怒声までいかなくても、抗議の騒擾に答えるために、ちょっと立ち止まっておきたい。研究機関は、知識の発展に努め、社会において欠くことができない存在である。6冊の法理論の著者である者として、即利益にならない研究に価値がないとは、私も思わない（とは言っても、以下の例でそういう場合もあるが）。知識というのは、我々の社会が奨励しなければならない価値のある公共物である。私が本書で述べることは、この点を否定するものではない。

　むしろ、我々がしなければならないことは、法学研究が過熱することのコストを批判的に調査することだと言いたい。ロースクールの学生が、現在のレベルで、そしてロースクール一律に、研究活動の支払いを強要されることは適切だろうか、ということを問わなければならない。すべてのロースクール、すべての法学教員が研究に向いているわけではない。特に、卒業生が収入の低い仕事にしか就けない格付けの低いロースクールでは、学生は教員の研究のために経済的負担を負うようなことはすべきでない。私が毎年1科目多く担当するとしたら、6冊の著書ではなく、4冊の著書を書き、おそらく論文や本の章などが12本程度少なくなっていただろう。それでも、研究者として十分な業績である。教員は、結局、ロースクールから出てくる山のような研究成果が少し小規模になったとしても、社会が

それにより困ることはないということを受け入れつつ、なお法学研究の価値に全力を注ぐことができるのである。

第6章
教授が増え、予算も増える

ロースクールの拡大

　「ハーバード大学ロースクールは、カリキュラム改革と教員採用を継続する」、このタイトルは『ハーバード・クリムゾン』というハーバード大学の日刊学生新聞の 2006 年の記事の見出しで、教員数が十分に拡大しているハーバード大学ロースクールにおけるさらなる増員を述べたものだ[1]。イリノイ大学ロースクールは、同じ年の 2006 年に、以降 5 年間で教員を 39 人から 45 人に増やすという戦略的な計画を打ち出した[2]。2008 年の見出しに、「コーネル大学ロースクールが終身在職権の教員の大増員」というのもある[3]。コーネル大学の内部文書では、「私たちは 20％以上の終身在職権をもつ教員を増やしてきて、2003 年は 34 人であったが、45 人を目標にして、2009 年の 7 月には 42 人まで増えた」と詳細に述べている[4]。2009 年、マイアミ大学ロースクールでは、大学で承認された「教員数を著しく増やす」計画を公表し、近い将来には 17 名の新しい法学教員を採用することを提案している[5]。2010 年にノートルダム大学ロースクールの法務研究科長は、タウンホールミーティングで学生たちに、翌年には 25％まで教員は増えると告げている[6]。

　ロースクールの教員数は、さまざまな要因が加わってこれまで増えてきている。拡大した学生数の対応、削減された授業担当時間数の埋め合わせ、研究教員の増員、リーガル・クリニックとリーガル・ライティングの教員の増員、学生・教員比率の引き下げ（US ニュースの格付けの評価項

目）である。アメリカロースクール協会の集計では 1990-91 年度で常勤の法学教員は 7421 名となっている。それ以来、教員数は毎年増えており、2008-09 年度には 1 万 965 名にまで達している[7]。全面的増加の原因の一つには、この間に 25 校のロースクールが認証を得たこともあるが、それぞれのロースクールが拡大していることが大きな原因である。その結果、学生・教員比率は急速に下がっている。大規模なロースクールでは、学生・教員比率は、1989-90 年度は 27.3 人だったが、2009-10 年度には 15.3 人までと、ほとんど半分近くに下がった。中規模程度のロースクールでも、25 人から 14.4 人にまで減った[8]。

　学生・教員比率が下がることは学生にとって有益であると言われ、また、実際に少人数のゼミ形式の授業が増えている。しかし、現実は、周りに先生がいるからといって学生と先生とのやりとりが増えるわけでもない。教員が学生と実際に会って面倒を見るような時間は、研究に消えてしまう。教員がご褒美をもらうのは研究だからである。増員された教員は、研究室のドアを閉めて研究する教員になっているだけのことである。

拡大の経済的結末

　ロースクールの財務運営には鉄則がある。それは、経費は学生数に授業料を乗じた額で支払うことである。寄付金が多いロースクールですら、柔軟性のある余裕資金があるにもかかわらず、この鉄則に従っている。ロースクールは、教員陣の拡大による経費を払うために、学生数か学費を増やすか、あるいはこの両方を増やさなければならない。この鉄則を守る姿勢は、コーネル校の教員から法務研究科長へのメモの中に表れている。そのメモでは、教員陣の拡大の資金を確保するために、職員の削減、図書購入費の削減、「学生に人気はあるが費用のかかる海外研修」の削除、「新 1 年生対象の法務博士（JD）と法学修士（LLM）のそれぞれの 1 クラスあたりの人数を 5 名増やす」ことを提言している[9]。学費はいつも上がっているので、このメモでは、学費の引き上げについては触れていない。教員をより多く採用するために、職員や人気のある研修を犠牲にするというこういった取捨選択は、ロースクールの評判に直結する教員獲得が重視されていること

がよくわかる。

　多くのロースクールも同様の選択をしている。教員を増やし、学生数——法務博士課程の学生、転入生、法学修士課程の学生——を増やす。そして、学費を上げる。教員数の多いロースクールでは、大量の学生達をさばく。2010年、ジョージタウン大学ロースクールから664名もの法務博士が卒業し、ハーバード大学ロースクールからは577名、ジョージ・ワシントン大学ロースクールからは513名、ニューヨークロースクールからは483名、フォードラム大学ロースクールからは479名、そしてコロンビア大学ロースクールからは433名が卒業している[10]。学生の増加は上位校だけに限ったことではない。2010年、フロリダ・コースタル大学ロースクールでは808名の大勢の1年生が入学した。ニューヨークロースクールは641名、ジョン・マーシャルロースクール（シカゴ）は539名、サフォーク大学ロースクールは531名が入学した[11]。トーマス・M・クーリー大学ロースクールでは、自校の1年生だけで1583名という大規模であった。法律関連の雇用の大幅削減という苦境の中で、厳しい雇用の現状に直面している卒業生の波がロースクールから押し出されているのである。

　1年間で取得できる法学修士のプログラムは、さらなる学生獲得の新しい分野である。法学修士プログラムは、100年前からあるプログラムであるが、最近までは取るに足らぬ存在であった[12]。このプログラムに入学する学生は、既存の法務博士コースで人数に余裕のあるコースを履修するので、ロースクールに新規の金をもたらしている。現在では、ほぼ300程度のプログラムがある。外国人留学生は、普通、法学の基本科目を履修している（いくつかの州では、法学修士を持っている学生にその州の司法試験の受験資格を与えている）。アメリカ人の法務博士プログラムの学生で、法学修士プログラムを受講する学生は、格付けの低い大学の出身者で、格付けの高いロースクールの法学修士プログラムで税法、知的財産法、銀行法、破産法、環境法などを履修して、経歴に箔付けをしている。ロースクールの学生のほとんどは、法学修士プログラムは必要がないので受講しない。法務博士プログラムで同じコースや実習が履修できるからである。2010年、ニューヨーク大学ロースクールには552名の法学修士課程の学生が

いて、ジョージタウン大学ロースクールでは294名、両校とも1000名以上の卒業生を出していた（法務博士と法学修士を合わせて）。ハーバード大学ロースクールでは151名の法学修士、ジョージ・ワシントン大学ロースクールでは175名だった（両校とも700名の卒業生を出していた）。コロンビア大学ロースクール（法学修士は230名）とフォーダム大学ロースクール（法学修士は162名）では、650名程度に学位を授与した[13]。この10年間で全米の法学修士の学生数は65％増加し、2010年には5212名と増加し続けている[14]。ロースクールは、席に余裕のある授業を満杯するために、外国人留学生を法学修士に入れている。

　常勤教員の名簿の人数を（解雇して）減らすことは難しいので、一度でも組織が拡大されれば、ロースクールの基本運行を維持していくだけでも膨大な収入が必要となる。志願者数が落ち込んでいる時でさえ、支出に見合うように学生を入学させなければならないという経済面での圧力にさらされている。過去20年間に、このような落ち込みが2回あった。1度目は1990年代であり、そして2度目は最近のことである[15]。1991年の全米の志願者数約10万名という絶頂期以降、志願者数は年々減り、1998年には7万1726名までに落ち込んでしまった[16]。この時期の法務博士コース1年次の入学者は、高い時で4万4050名から低い時の4万2186名という狭い範囲で上下に変動したが、志願者数の大幅減少に合わせて入学者を減らすということはなかった。1998年に志願者数は増え始め、2004年には急増して10万名に戻ると同時に、法務博士コース1年次の入学者も急増した。このようにロースクールは（総体で）右肩上がりに上昇している。志願者数が落ち込んでも、入学者の総数は安定しており、志願者数が増加すると入学者も増えるのであった。思い出してほしいのだが、この間、ロースクールは増え、学費も毎年上がったのだった。

　最近起こったことが、この点をより強力に物語っている。2004年に志願者数が10万600名という絶頂に達した後、その後4年間連続で急激に落ち込み、2008年には志願者数が8万3371名にまで落ち込んでしまった。不景気にぶつかったとき、大学の卒業生たちは先行きの暗い職場から逃げ出そうとして、ロースクールに入ろうと考えた。そして2009年に、3200

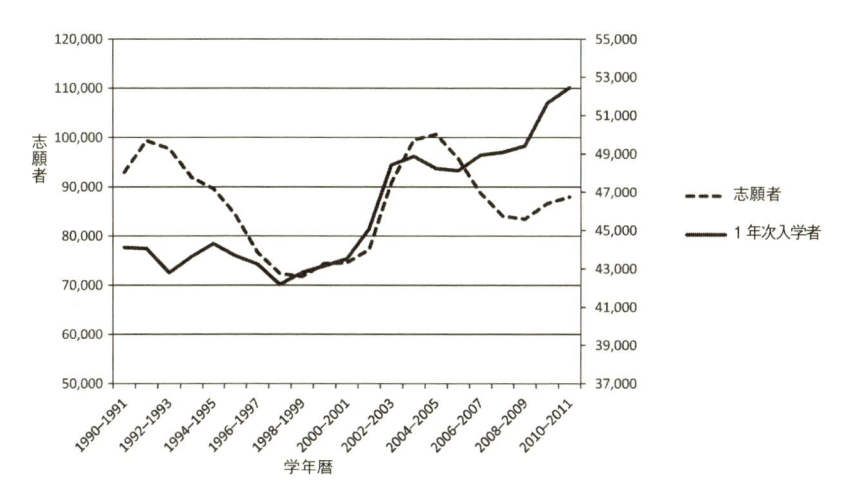

図6.1 志願者と法務博士課程1年次入学者
出典）ロースクール入学協議会・アメリカ法曹協会編『アメリカ法曹協会認証ロースクール公式ガイド』（ペンシルバニア州ニュータウン） ABA-LSAC刊行、2011年

名にまで志願者数は再び増加し、2010年にはさらに1300名増えた。この2年間の急増は一時的なもので、2011年には志願者数が11％下がってしまった。決定的な点は、図6.1が示すように、2004年から2008年の間で志願者数が急落しているときでさえ、1年の法務博士コースの入学は約4万8000～4万9000名で高い状態を保ち、実際にはロースクールの志願者の減っている時でも、上昇していることだ。そして、志願者数が2年続けて伸びた時で学生も増え、5万2000名を超えた（最新の統計が入手できないため、最近の下落は図に出ていない）。図6.1が示すように、ロースクールは、志願者数が増えると大きくなるが、志願者が減少してもそれに対応して縮小するわけではない。法務博士コースに入学してくる学生が増えてもそれほど目立たない。なぜならば、それ以上に多くの法学修士コースの学生を同様に受け入れているからである。

　弁護士が解雇されたり、ロースクールの卒業生の多くが仕事を見つけられない時に、ロースクールには記録的な数の学生が入学してきている。ロースクールは、このことの説明を求められると、法学教育の需要増と答える

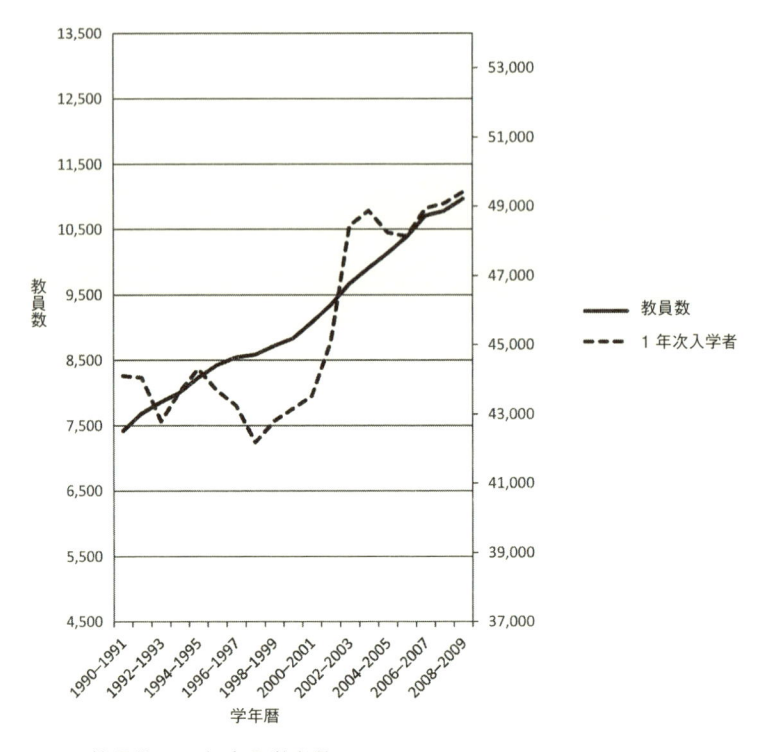

図6.2 教員数と1年次入学者数

出典:1年次入学者については、ロースクール入学協議会・アメリカ法曹協会編『アメリカ法曹協会認証ロースクール公式ガイド』(ペンシルバニア州ニュータウン) ABA-LSAC刊行、2011年を参照。教員数については、アメリカロースクール協会『ロースクール教員と同教員予備軍に関する統計報告』、(http://www.aals.org/statistics/2002-03/index.html)。

だけであった[17]。

　ロースクールの教員は、教授陣の管理権限の問題として大学の自治から学生の入学方針について発言権があると思っているが、これはほとんど妄想と言ってよいであろう。入学方針というのは、経費を賄うための収入を考えて決めるものである。図6.2を見て頂きたい。この図は、年度毎に1年次入学者数と教員増加数を対比させている。教員数の着実な伸びと入学者数の波のある伸びとは、おおよそで一致している。教員数と入学者の伸びの上昇は、一つは、アメリカ法曹協会に新しく認証されたロースクール

の増加によることが考えられる。新規に認証されたロースクールによって、教員数や学生数がデータに加算されるからだ。しかし、もう一つの要因に、教員数を増やし、その経費の調達に法務博士コース入学者を増やして埋め合わせている既存のロースクールがある。法学修士コースの学生数を入学者総数に加えると、入学者上昇線がさらに鋭角になる。

　さらに、教員数と学生数の増加は、大学運営の規模の拡大とも一致している。副法務研究科長のポストを増やして、キャリア支援センターの職員、図書館職員、情報センターの職員を増員して、建物にはより多くの人を配置して、より多くのプログラムを開講しているのである。1996年から2010年までに、常勤の法務研究科長等の部局長やその他の管理職（図書館職員を除く）の数は3028人から4091人にまで増加し、常勤教授2.5人に対し1人の割合で管理職（副法務研究科長、法務研究科長補佐など）についている。この管理職ポストの増加は、かつては、部局長と考えられていなかったポストに部局長の名称を仰々しくつけていることにもよる[18]。

拡大により身動きがとれない

　ロースクールは、拡大化により財政面で抜き差しならない状態になっている。授業科目をほとんど担当しない研究者（論文はしっかり書くが）、ほとんど学生の指導をしないリーガル・クリニックの教員からなる、頭でっかちの組織となっている。研究時間の増加、研究者の増加、実務教員数の増加、そしてバラまく金の増加——これが2、30年間、果てしなく「増加」したものであり、ロースクールが前進していくことを阻んでいる。ロースクールは、志願者数の減少や今後予想される卒業生の雇用の厳しい実態に対処する能力に欠けている。

　なぜ、ロースクールはこのような状況になっているのだろうか？　ロースクールは、拡大の理由は、教員1人に対する学生数の改善と説明する。だが実際は違う。USニュースのより良い格付けを目指しているからなのだ。教員組織を拡大すると格付けと評判が上がり、元が取れると考えている。だがそれは誤りである。評判というのはそう簡単なものでない。同程度の格付けのロースクール間では教員は染まりやすい。拡大策として招聘され

た教員もいつのまにか既存の組織の色に混ざっていくのである。このようにして、教員規模は拡大するが、他校と比較して自校の評判がよくなったということにはならないのである[19]。

　格付け競争よりも深刻なものがある。「ハーバード大学効果」である。21世紀に初めに、ハーバード大学ロースクールは、組織の拡大を着手することを決めた。2001年の春、80名の常勤教授がいたが、10年後には119名にまで増えた[20]。この40名近い増加数だけで、多くのロースクールの教員総数を上回っている。これを実行したのは、エレナ・カガンとされることが多いが、この拡大計画は、彼女が法務研究科長に任命される前から既に始まっており、彼女は著名な研究者をどんどん採用して見事にやり遂げたのだ。超一流校のロースクールはこの後に続き、それ以外のロースクールも追随した。追随したロースクールがハーバード大学と競っているわけではない（イェール大学だけ別格である）。ハーバード大学は、超一流大学とは何かの新しい定義を定めた。「超一流」ロースクール（またこの地位のためにしのぎを削る大学）は、知的な豊かさ誇示するため教員規模を拡大する、エリート校は学問的才能を蓄積する、というものだ。

　ハーバード大学には、それをやるだけの財政的基盤あるが、多くのロースクールにはない。増収への取り組みが始まったのである。

第3部

USニュースの格付け

第7章
ランク付けの威力と弊害

ロースクールの厄年
　2011年1月、ロースクールは嫌な年明けとなった。ニューヨーク・タイムズが、「ロースクール、負け組？」と題して、扇情的な記事を載せたからである[1]。数頁に渡ったその記事で、デビッド・シーガル記者は、ロースクールが誤解を誘発するとしか言いようのない就職データを報告している実態を、多くの市民の前に明らかにしたのである。法律家市場は厳しい不況にあったのに、上位100校のロースクールの97％が、下位100校の大多数校とともに、90％以上の卒業生が卒業後9か月の間に就職できたとする、奇跡とでも呼べる数字を発表していた[2]。数十校は98％から100％という目玉が飛び出るような数字を掲げた。100校近くが、最近の卒業生の年間給与の中位は年収16万ドルになるとしている。これらの数字を見ると、多くの大学卒業生にとって就職難となっている状況下では、ロースクールに進学することは、元を取るために非常に賢明な選択だということになる。
　しかし、シーガル記者は、ロースクールが数字を膨らませるために多くのあいまいな定義を利用して、何年にもわたり就職関連統計を改ざんしていたことを明らかにした。たとえば、就職情報を取得する際には、ロースクールは卒業生に、法律家としての就職に限らず、何らかの仕事に就けたかを聞くのである。そしてスーパーの事務員といった法律分野以外の仕事に就いた卒業生も、「実業・産業界」に就職したものとしてカウントする。

ほとんどの卒業生は生活費を稼ぐために何らかの職に就かねばならないのだから、このようなカウント方法は当然に就職率を高く見せることになる。他の策略として、「就職希望なし」とか、進学希望（修士課程進学、他科目専攻等）とかの理由をつけて、これらの卒業生を母数から落としてしまうことも行われる。また、USニュースは状況が判明しない卒業生の 25%を自動的に「就職者」として扱うために、ロースクールは、実は就職できていないのではないかと疑われる卒業生から回答を得る努力をしないようになってしまう（一方、良い職場に就職した卒業生は積極的に回答するものである）[3]。極め付きは、就職できていない学生に調査期間中だけ時給 10 ドルの研究補助またはインターンとして臨時の仕事を提供し、これを就職組にカウントしてしまうという手法である。給与額について言えば、ロースクールは「民間法律事務所正規採用弁護士」という作為的なカテゴリーを作り出して、そこからの数字を採用して給料額を釣り上げ、実はそのような恵まれた条件の卒業生はほんのわずかなのに、このような高給を目立つように表示した。

　これらの手法は、時とともに全国のロースクールに広がっていった。1997 年の US ニュースでは、上位 25 校のほとんどすべてが就職率 90%台となっており（最高は 97.1%）、26 位から 50 位までのロースクールの大部分は 80%台であり、51 位以下のロースクールは 70%台から 80%台で散らばっていた。そして、10 数校が 70%以下であった[4]。なお、地方での法律市場で優位を保つ中核校は 90%台であった。これはこれで了解可能な分布であった。しかし、その後は全般的に就職率が上がり始め、2000 年代半ばには、上位 100 校のほとんどが 90%台の就職率を宣伝し、それ以下の順位のロースクールも同様であった[5]。法律市場の好況も原因の一つではあったが、それだけではこれほどの全般的な高就職率は説明できない。数字の操作が広く行われるようになったのである。

　宣伝に使われた就職率が誇張された数字であることは、少なくともロースクールの理事や注意深く見ていた教授たちには自明のことだった。しかし、彼らは、このようなことが多くのロースクールの慣行となっているのだし、仮に数字を膨らませなければ数字操作をする競争校に後れを取って

しまうだろうから不正とは言えないと合理化するのであった。そして、膨張率が明らかでなかったとはいえ、ロースクール内外で、人為的に操作された高い就職率に不平を言ったり批判したりする人はほとんどいなかった。

しかし、2008年、2009年と、法曹界で弁護士の解雇が広がり、就職状況が疑いようもなく悪化すると、事態も変化した[6]。卒業生の法律家としての就職率（どのような職か明らかである者を母数とする）は年々低下し、2007年は76.9％だったものが、2008年には74.7％、2009年は70.6％、2010年には68.4％にまで低下した[7]。他方で、パートタイムが増え、その率は通常は5％以下であるところ2009年には11％にまで上がった[8]。2010年の臨時職は2007年の倍の20％に増えた[9]。唯一増加した雇用部門は、ロースクール修了者のための「大学関連の」職であり、これまでの最高値を示している。これは、ロースクールが、低迷する雇用数を高く維持するために、未就職修了者を非正規雇用しているためである[10]。

近時のロースクール卒業生の就職状況関連情報を収集する機関である全国法曹就職協会［National Association for Law Placement］の発表によると、仕事内容の判明している2010年卒業生のうち64％が弁護士として正規就職し、民間法律事務所の初任給合計は実に20％も低下した[11]。数千名の弁護士解雇の要因分析結果によると、2008年から2010年の法律職年間求人数が1万9397人であること分かるが、これに対しロースクールは毎年その倍以上の卒業生を出していた[12]。新人法律家2人に1人分未満の職しかなかったことになる。これらから言えることは、数十年で最悪の就職市場だということだ。それでも多くのロースクールは卒業生の就職率を90％台だと報告し続けている。このような法律職市場に関する楽観的な全体像と大量虐殺とでもいうべき現状の間の落差は、見過ごしにできないほど大きい。

すべてのロースクールが数字操作のための各種手法を用いているというものではなく、就職関連統計を他校より厳密に扱っているロースクールもあるが、エリート校を含めてほとんどすべてのロースクールが何らかの数字操作をしている（ノースウェスタン大学ロースクールは未就職者雇用という手法を編み出した）。これらの手法を通して、全国的にロースクール

のほとんどが、10人中9人が高給の職を確保したと主張できることになる。
　法学教育者は、手法を正当化する理由を用意して、これらの方便ともいえる手法に反省の色を示さない。例えば、法律研究者は、卒業生の大多数が、法律実務に就かなくても学位を実業界でのキャリア・アップに有効に使っていると主張する。学位を法律家になるためだけのものと固定的に考えるのはせっかくの教育結果を過小評価することになるというのである。あるいは、ロースクールの臨時職として雇うことは、困難な時に救いの手を差し伸べるものだと言う[13]。就職率の報告はねつ造されたものではなく真実であり、アメリカ法曹協会の報告指針にも適合していると言う。
　しかし、このような言い分は、法律家の悪評の原因でもある形式論でしかなく、正論とは言えまい。法学教育者が既に分かっているように、卒業後9か月以内に98％の卒業者が就職するとの報告を見た入学希望者は、相当額の給料を得られる法律職を意味すると考えるのが自然である。それがロースクールの中心的「売り」だからである。
　疑り深い学生が就職率を丹念に調べれば何かつじつまが合わないことがあることに気付くことも可能だったかもしれない。多くのロースクールは司法試験合格者数より多くの就職者数を宣伝しており、この情報を読んだものはこれに気付くことは可能であろう。しかし、ロースクールが就職率を実質的に歪めて発表するなんてことを考えなければならないのであろうか。こうして、「不注意な」学生が騙されてきたのだ。シーガル記者はこのような詐欺的行為を批判したのである。
　シーガル記者の記事が掲載された1か月後、別のスキャンダルが表に出た。ヴィラノバ大学ロースクールのジョーン・ゴタンダ法務研究科長が、前理事会が数年間に渡り、LSAT［ロースクール適性試験］の得点を実際は159点なのに162点と膨らませて偽りの数字をアメリカ法曹協会とUSニュースに報告していたことを明らかにしたのである[14]。これは独創的な計算方法だとか希望的数字だというものではない。単純な嘘だ。そしてこの嘘によって同校は実際よりも上の格付けがされていたのである。その後、実際の数字を反映して、同校の格付けは67位から84位に落とされた。
　気恥ずかしくなるような打撃が毎月のようにロースクールを襲った。3

月には、バーバラ・ボクサー上院議員がアメリカ法曹協会理事長宛に、ロースクールの欺瞞的報告の慣行をやめさせるために、改革を実行するよう手紙を出した。そこには、「ほとんどの学生はロースクールの提供する情報に依拠して、卒業後は学生ローンを返済できる就職が可能だと正当な期待をもつ。しかし、その情報は悪く言えば虚偽であり、よく言っても学生の決断を誤らせるものでしかない」と書いてあった[15]。

　4月には、シーガル記者はニューヨーク・タイムズに追跡記事を載せ、多くのロースクールの奨学金制度を「おとり商法［bait and switch］」になぞらえた[16]。ロースクールは学生を引き付けるために3年間に渡り受けることのできる相当額の奨学金を用意するが、それは実際には入学1年後に、最低限ある一定の成績［GPA］、例えば平均B以上を収めないと奨学金を継続して受けられないという条件付きのものである。ほとんどの入学希望者は、自分は、大学で優秀な成績を収めてきたので大して心配には及ばないと思うかもしれない。しかし、入学志望者に十分明確に伝えられていないことがある。それは、多くの同級生が、ロースクールによっては半数以上の同級生が、奨学金を受けること、そして、入学1年後の成績評価は相対評価であり、しかもそれはB以上の評価を受ける学生数を厳しく制限しているということである。

　これがどう機能するかというと、例えばクラスの50％が奨学金を受けて入学しても、1年後には30％しか平均Bを取れないということになるのだ。このようなやり方によって、奨学金受領者10人中4人が2年生の時または3年生の時に受給権を失い、ロースクールに当初の予定より数万ドル多くの支払いをすることになるのである[17]。このような危険を承知していたなら、学生は授業料全額を払っても卒業後より良い就職機会を得られる、より格付けの高い上位のロースクールに入学を決めていたかもしれないのだ。ロースクール側は、このようなやり方を奨学金の適正な配分方法だとして正当化し、学生もこのような条件を知っていたはずだと主張する。しかし奨学金受給権を失った学生は困窮化するし、年間多数の学生が受給権を奪われるということを具体的に聞かされていなかったので、騙されたようにも感じるのである（格付け51位以下のロースクールの85％、

トップ 50 位の約半数が、奨学金にこのような条件を付けている）[18]。

　5 月にはロースクールに対する攻撃はエスカレートした。卒業生の集団がトーマス・ジェファーソンロースクールに対し、入学志望者に誤った就職率を伝え、詐欺的または欺罔的商法を実行したとしてクラスアクションを起こしたのである（訳者注：損害を受けた者が多数いるとき、その一部がグループの代表者として訴訟を提起してこれを他の被害者に通知し、他の被害者はグループから抜けるという意思を表明しないと、その訴訟の結果についての効果を受けるという訴訟制度）。間もなく同様の民事訴訟がトーマス・クーリーロースクールとニューヨークロースクールに対しても提起され[19]、数か月後にさらに 10 校前後が提訴され、報道によるとさらに多くの学校が訴えられているとのことである[20]。

　7 月には、上院司法委員会最高位のチャールズ・グラスリーが 2 人目の上院議員として、アメリカ法曹協会理事長宛に書簡を送り、次のことに高い関心を示した。ロースクールの奨学金運用問題、落ち込んでいる就職状況下での卒業生過剰輩出、結局は納税者の負担となる連邦政府援助の学生ローン返済不能者数の増加についてである[21]。書簡は、上院によるロースクールに対する綿密な審査の可能性を暗示して、31 項目の質問への迅速な回答を要求した。

　9 月には、偽りの数字を報告したとする 2 番目のロースクールが公表された。イリノイ大学ロースクールが LSAT 中央値が実際には 163 点なのに 168 点と宣伝したのである[22]。更なる調査によって、直近 10 年間で 6 回もアメリカ法曹協会に LSAT や GPA［学業平均点］の偽りの中央値を報告し、また、合格者数をごまかして競争率を釣り上げていたことが明らかとなった[23]。疑問のある報告が明らかにされたのは同校にとってこれが初めてではない。2005 年に同校は US ニュースに評価要素の一つである学生関連支出を報告するにあたって、法律調査のサイトであるウェストロー［Westlaw］とレクシス［Lexis］への接続料の公正なる市場価額評価を、実際には 10 万ドル支払っただけだったのに、878 万ドルとしたのである[24]。

　ヴィラノバ校の LSAT 点数虚偽報告発覚のすぐ後でイリノイ校のニュー

スが流れたことから、どれだけ多くのロースクールが同様のことをしているのかが問題視された。ミシガン大学ロースクールで管理部門担当のサラ・ジアフォス法務研究科長補佐は、「確かにそれが問題です」として、「私と同僚は不正を行って来たロースクールが相当数あるだろうと思っています。私たちは応募者達の実態をよく知っていたので成績に関する数字が信用に値するとは思えないのです。多分、それらは実際に信用に値しなかったのでしょう」と言った[25]。ロースクール向けに応募や入学の事務処理をする組織であるロースクール管理協会［Law School Admission Council（LSAC）］はすべての認証ロースクールのLSATとGPAの正確な中央値をデータベースとして保存しており、ロースクールから提出された数字を容易に確認できる。この数字を確認しているか質問されたダニエル・バースティン理事長は、「それは当協会がこれまで行って来たことではない。どうしてそれをしなければならないかも不明だ。当協会はそのような確認・報告を任務としていない」と答えた[26]。この関係で奇妙に思えることは、アメリカ法曹協会とロースクール管理協会が共同で、法曹協会認証ロースクール向けの公式ガイドを発行していることである。管理協会が誤りも欺瞞もない正確な数字を、法曹協会に直接提供できるのに、法曹協会はガイドに乗せるためといって、ロースクールにLSATとGPAの中央値を提出するよう要請しているのである。こうすることによってアメリカ法曹協会はロースクールが責任を追及されることなく虚偽の数値を報告する余地を作ってやっていることになる[27]。

　10月になって、上院調査は言葉だけの段階から実施の段階に入った。トム・コウバーン上院議員とボクサー上院議員は教育省の調査部長に対しロースクールへの調査を指示したのである[28]。両上院議員はこの調査をロースクールの問題状況を改善するための高等教育法改正の前提と位置付けたのである。

　否定的な要素が注目されて調査実施にまで至り、遂にアメリカ法曹協会の法学教育部は、より高い透明度達成の要求に応ずるため、ロースクールに最近の卒業生の就職状況に関する明確で正確な情報を入学志望者に提供するよう求めるための新しい規則を認可した[29]。しかし問題は残されてい

る。問題処理にこれほどの時間を要したということは、アメリカ法曹協会の行動は強制された結果であり、それは真摯に改革に取り組むというより上院調査を免れようとの試みのように見える[30]。そしてアメリカ法曹協会の役員は問題の深刻さと広範な広がりを否定し続け、「就職率を正確に報告しなかった学校は少ない」と強調したのである[31]。

この間、「ロースクールの詐欺」を暴露することに熱心な20～30人の卒業生の活発なブログ活動である「ペテンブログ運動」からロースクールに対して絶え間ない悪口雑言が向けられた[32]。彼らは読者に、ロースクールは就職に関する統計数字に関して嘘をつき、多くの卒業生の運命は職なし巨額借金者だと警告する。ロースクールの教授と法務研究科長は、偽物商品を売りつけて金を稼ぐ悪徳業者と描かれた。これらのブログ中最も人気のあるものは、40万ものアクセスを受けた「三流[ロースクール]の現実」だ。このブログの管理人のナンドは毎週ロースクールの詳細な実情をアップする[33]。それぞれのロースクールの紹介記事の冒頭に糞便の詰まったトイレが、三流トイレ（third-tier toilet）、TTTという言葉遊びに合わせて目立つように映し出されている。そして、授業料、出費、格付け、就職可能性、法務研究科長と教授の給料に関する情報が続くのである。冒涜的な表現がちりばめられた攻撃の中で、ナンドは各校により掲示された就職者数をあざ笑い、数字を釣り上げるトリックを暴露する。最後に、入学希望者に単刀直入に近づくなと警告して終わるのである。

ロースクール教授が匿名で、「ロースクール詐欺の内側」というブログでペテンブログ運動に加わったことにより騒ぎが大きくなった。そのブログは、教授は授業の準備をほとんどしない、法律実務を知らない、役立たずの奨学金を量産した、という内容のシリーズを発表したのである。彼はまた、ロースクールに入学することは経済的見返りが疑わしい割に費用が非常に高いので、多くの生徒にとって勧められない選択だと主張していた[34]。この著者は後に自らコロラドロースクールのポール・キャンポス教授であることを明らかにしたのだが、徹底的な誇張に専心したとしてロースクール教授たちに酷評された。他方で、ロースクールの批判者たちからは、法律学界が必死になって無視しようとしている問題を率直に取り上げたとし

て賞賛されたのである。

USニュースのロースクール支配

　ロースクールはいつも自らを、法律界における良心の確かな体現者だと言ってきた。それならどうしてこれらのみっともない数々の出来事が起きるのだろう。シーガル記者は、「多くの教授たちが気づいているように、問題は構造的だ。野心的に格付け管理をしないロースクールはつぶれるのだ」と説明する[35]。ロースクールの数々の行状の説明を求められると法学教育者はUSニュースの格付け制度を指摘する。ひとたび、あるロースクールが格付けの要素となる数字をかさ上げするために、問題のある手法を採用し始めると、これをしない他校は格付けを落とされる危険を冒すことになる。

　格付けはロースクールののど元を抑えているのである。そこに疑問の余地はない。USニュースが体系的な年間ランキングを発表し始めた1990年以来、ロースクールに対するその影響力は著しく増大していった。欺瞞的報告慣行は、格付けによって広まっている衝撃の一場面である[36]。多くの法務研究科長が格付け低下のために辞任に追い込まれた。ロースクールは格付けを最大限引き上げるために経営方式を変えた。学生の内部構成を格付けのために色んな方法で変更した。学生の経済的必要性の観点からみていた奨学金制度の運用方法を、格付けのために変更した。格付け向上に役立つ物に多額の金が費消された。教授陣は委員会を作って格付け上昇作戦を練った。学界での研究者としての評判が格付け要素の中で25％という高い配点を与えられるので、教授引き抜きが加熱し、結果として教授の給与額が上昇した。このような状況の下で、政府会計局は、ロースクール間の格付け競争が授業料高騰の主な原因だとする報告書を議会に送った[37]。

　新ランキングが発表される毎年春には、全国のロースクールの教授と学生は心配そうに運命を待つのである。いくつかのロースクールは格付け上昇に大喜びし、他のいくつかは予想外の格落ちに落胆し、そして他の誰もが破滅的な落下を免れたこと（少なくとも翌年まで）に胸をなでおろすのである。ロースクールは、素点ではだんごになって並んでいるので、数点

の違いが格付けの大きな違いになってしまうのである。平均すれば、約3分の2のロースクールが前年からの格付け変化を体験する。この理不尽に高い変化率がどのロースクールをも神経質にするのである[38]。ワンランクの格下げは崖を落ちるように非常におぞましいものである。

　紙媒体としては消滅し、オンラインでのみ生き残った雑誌社［USニュース］の年間発表が、このようにして法律界に絶大な影響力を有することになった。大学や専門職大学院も競争的な格付けに晒されてはいるが、USニュースの奏でる音楽に合わせてロースクールが踊らなければならないほどには、支配的な格付け制度は存在しない。

　USニュースの格付けは、ロースクールを選択する学生がその格付けに特別に重きを置くので、とんでもない力を持つに至る。法曹界の雇用者がロースクールの格付けをその学生の質の指標と考えるので、学生がロースクールの所在地と奨学金のほかに、格付け（ランキングの重要度は、トップレベルのロースクールから離れるほど低くなるのであるが）を考慮するのはもっともなことだ。大手法律事務所250社は主にトップクラスのロースクールから採用している[39]。法律は過度に学業成績指向の分野である[40]。現在の最高裁判事はいずれもトップ5校出身であり（ハーバード、イェール、コロンビア）、ハーバードとイェールはともに全国の法学教授の大きな供給源なのである[41]。

　学生の選択に及ぼす格付けの影響の統計的分析はロースクールが既に認識していることの正しさを証明する。この分析は、「ロースクールへの応募者数や、LSATでとりわけ高得点だった応募者の数、また、入学許可率はどれほどか、そして入学許可者のうちどれだけが入学するのか、このことに格付けが影響する」としている[42]。この影響力は、ロースクールが大きな格付け変更を受けたり所属ランクの移動があったりしたときに劇的に明らかとなる。ランク変化の後では、応募者の数と質は前年から変化したランクに合わせて変化する[43]。

　法学教育者はUSニュースの格付けについて、その構成や方法のあらゆる側面から粗探しをして、馬鹿げていると、とめどなく批判する[44]。信じがたい欠陥の一例を紹介しよう。格付けで最終的に大きな点数配分とな

る実務家による評価は、USニュースが750人の法律事務所経営者に全国のロースクールを評価するよう調査書を送り（彼らが特定のロースクールの質を知っている、との疑わしい前提に立つものだが）、その回答結果に基づいている。しかし、その回答率は概して低い。その結果、200人程度の法律実務家の意見が各年の格付け要素の15％を決定することになる[45]（2010年には120人未満の回答しか得られず、結果の信頼性を得られるものではなかった。そのため、USニュースは評価方法を2年間の平均に変更せざるを得なかったのである）。しかし、格付けのこのような欠陥をあげつらっても何の効果も持たない。

　格付けの影響力がどのようなものであるかを、エモリー大学ロースクールの例で見てみよう。同校は2012年の格付けで22位から30位へと壊滅的格下げとなった。トップ20位に近い位置から30位に急落したのである。わずか1年では、それほどの急落を説明できる事情の変化があるわけはないから、この急落ぶりをしめす統計数字が、同校の質と関係するはずはない[46]。それでも法務研究科長は辞任した。

　この急落の後、同校の諸事情は即座に変化した。22位の時よりもLSAT中央値が1〜2点低い学生が応募するようになった[47]。ロースクールは格付けで強調される素点によって順位が細分化されるため、LSAT中央値は重要であり、わずか1点でも影響が大きい[48]。エモリー校は、以前は、やはり22位で同位置にあったボストン大学と同じような奨学金を提供しながら学生勧誘を競ってきた。しかし格付け降下以後は、学生獲得の直接対決に勝利するために奨学金額を増額せざるを得なくなった。エモリー校生の重要な供給源であったノースイースト大学の学生は経済的に大きなメリットがなければ22位校よりも30位校を選ぶ気はしないからである。そしてそれでも、更なる降下を心配し、危険を回避しようとする学生をなだめることはできないかもしれない。降下の結果、同校は、奨学金予算の増加とLSAT中央値落下防止のための入学者数抑制という二つの経済的打撃に対峙しなければならなくなった。

　このように、格付けはそれ自体で現実的効果をもたらす。最初の格下げが、経済的損失を伴う更なる降下の圧力となるため、悪循環の永久化となる前

に即座に回復しなければならない[49]。50 位に格付けされた学校はそれに見合った LSAT や GPA の成績の学生から応募を受けるのである。そのことは 10 位校にも 100 位校にも言えることである。毎年のロースクール応募者にとって、その学校の全体的評判と所在地の法律市場での強さに加え、現在の格付け順位が物を言うのである。ある程度の順位の移り変わりはあるが、トップ 14 校は 1990 年から現在まで変わらない。そのため T−14 と呼ばれる。もっとも、2011 年にテキサス校がこの一流校仲間に加わった。これらの格付け高位のロースクールは、優秀な成績の学生を引き付け、エリートとしての評判を高めるという、格付け自体がもたらす環境で地位を維持する[50]。20 位から 30 位に位置するロースクール、特に全国的に学生を引き寄せるロースクールは、学生と順位を巡って一団となって厳しい競争を続ける。この競争で躓いた者はすぐに落ちこぼれる。さらに下位の学校は、同じ地方の競争校との関係で順位を心配する。最低レベルの学校だけが US ニュースを無視することができる。格付けがそのようなロースクールを地下のレベルにおいやっており、その運命を変えることが望み薄だからだ。

　こうしてロースクールは、格付けを嫌うものの、上位格付けのために道徳的一線を越えることも含め、できることは何でもするようになるのである。問題のある報告慣行や不当操作が早いうちから開始され一向に下火にならない。1995 年版格付けで US ニュースは、アメリカ法曹協会への報告よりも高い LSAT 得点を提示したロースクール 29 校の名前を、「看過できない誤差のあるロースクール」として公表した[51]。この雑誌はまた、給与額を調査したある法律事務所によれば、ロースクールの何校かは提示する給与額情報が実態より「少しばかり高いようだ」とも記載している。アメリカロースクール協会理事長デイル・フィットマンは、2012 年の「正しいことをしよう」と題する理事長挨拶で格付け目的の怪しげな行為を止めるよう強く求めた。彼はロースクールが駆使する 6 つの策略を批判したが功を奏さず、熱心に聞き入る聴衆にその策略を暴露したことは、むしろそれを広める結果となったようだ[52]。2005 年のニューヨーク・タイムズはロースクールが LSAT 得点を操作するために採用する数々の疑わしい行

動を暴露する記事を載せた[53]。2010年の格付け発表の1か月後、USニュースは、ブルックリンロースクールが定時制の学生の低いLSAT中央値を不当にも報告しなかったことを明らかにした。学校当局はこれを単なる間違いだったと言っている[54]。その真否はともかく、少なくも2000年代の数年間にわたるヴィラノバ校やイリノイ校の不正報告は間違いなどではなかったのである。

　この事態は変わらないと思われる。そしてその影響は表面的な操作程度では終わらない。結果としてロースクールでは多くの本質的な変化が現れた。ロースクールは格付けで考慮される各要素を注意深く観察し、使える手段は何でも使って得点を上げるために努力する[55]。最も重視される事項は、研究者（25％）と実務家（15％）による評判調査である。ロースクール自体は直接には評判を左右することはできないが、評判を上げるために有名教授を招聘したり、多額の設備投資に熱心に取り組んできた。二番目に重要な項目は25％を占める学生選抜（LSAT、GPA、入試合格率）であるが、これはロースクールが自分で方向付けを与えることができる。この得点を上げるための努力が様々な意味でロースクールを歪めてきた。この点については次章で詳しく述べることにする。次の考慮項目は20％を占める就職状況であり、これが既に述べた怪しい報告がなされる背景となっている。最後の考慮項目は15％を占める学生向け資源である。それには、図書館の充実にかける費用、学生数と教授数の割合、その他の学生向け支出、蔵書数が含まれる。この点数を高めるためにロースクールは学生1人当たりにより多くのお金を使う（または、そう見せかけるための技を使う）。これが法教育費の急上昇の一つの原因となっている。

　不正の報告が暴露されたのちに法律顧問と倫理課から求められて調査・作成された「調査報告書：イリノイ大学ロースクールの実態報告」は、舞台裏でどれほどまでに格付けのために学校がエネルギーを注いでいるかを語っている。2006年に作られた5年計画では、現状の25位の格付けから以前の地位であった20位にまで上昇することが目標とされた[56]。その計画書での提案は、各目標項目がUSニュースの格付けでどれだけの点数を得られるか、そして得点を上げるために何をすることができるかで始まっ

ている。計画書は、学界での評判が最も重視される項目であると注記した。この得点を上げるため、教授数を 39 人から 45 人に増やす必要があり、教授確保のためには競争相手のロースクールと同程度まで教授給与が増額されねばならないとされた[57]。学生の質も重要であり、LSAT は 168 点、GPA は 3.7 点の中央値が目標とされた。この目標達成のために、学生の人数を減らし、奨学金を増額して優秀な学生を「買い」、より高い授業料を払う州外の学生を積極的に入学させることが計画されたのである[58]。これに加えて、積極的な転入プログラムを発足させた。他校の 2 年生を積極的に勧誘して入学させ、学生数減少に伴って減った収入を埋め合わせようというのである[59]。次に、格付けの階段を上る障害となっているのは、格付けで大きな配点を受ける卒業生の就職状況であるとした[60]。残念ながら公表された文書はここで終わっているため、就職率を高めるための作戦が明らかになっていない（この時点でのあからさまな報告書面打ち切りは疑念を招くものである）。

　イリノイ大学ロースクールの理事者たちは、得点を上げるのに最善の方法として、ある教授が作った計算を利用した。この教授は、LSAT165 点と GPA3.8 点の組が、167 点と 3.6 点の組み合わせより優れているのか判断するために、格付けの方法論を複製した教授である[61]。その計算器で異なる LSAT と GPA の組み合わせごとに格付けがどれだけ改善されるかの予測を立てた。彼らは同レベルのロースクールに関する多数のデータを集め、格付けに際し考慮される項目についての競争相手の素点を見積もり、近隣のロースクール（特にインディアナロースクール）を凌駕するための最適の作戦を編み出した[62]。作戦の一つとして、LSAT 試験を受けることを求めずに GPA が高得点の学生をイリノイ大学に入学させるプログラムを展開した。このプログラムの担当理事は、これによって LSAT 中央値を下げることなく、GPA 高得点の学生 20 名を受け入れることができたと話した[63]。これを聞いた他校の理事者は、「これは賢い方法だ。低い LSAT 点数という危険を冒さずに GPA を持ち上げるなんて、システムをうまく悪用したな」と称賛した[64]。

　これがイリノイ校の不正報告事件の背景だ。毎年、入学担当法務研究科

長が目標に十分達せられるようにLSAT、GPA、入試合格率を改ざんした。格付け改善への取り組みは少なくとも一時的には功を奏し、25位から21位へ上昇した。もっとも、その後23位へ揺れ戻ったが。「調査報告書」は改ざん報告事件の全責任を入学担当法務研究科長に負わせたが、格付け上昇への固執が内部での政策決定を歪めたことをも明らかにしている。

　これはイリノイ校だけの問題ではない。全国いずれのロースクールも格付けに非常に注意深い関心を寄せ、多くのロースクールが、不正報告は別としても、素点を上げるためにイリノイ校と同様な戦略を取っている。これらの戦略はロースクールに広範な影響をもたらしてきた。そのいくつかは次章で取り上げる。ともかくも、教育機関がここまで格付けの言いなりになってしまうことは驚くべきことだ。

　法学教育者がよく言うことは、法律学界を取り巻く構造的要因と、不幸で意図したわけではない結果について責められるいわれはない、ということだ。これが意味するのは、ロースクールは学生獲得を巡って互いに激しい競争をする環境下で経営にあたっているということである。学生はロースクール選択に当たってUSニュースの格付けを重視するので、その競争に勝つためにロースクールは格付けを上げる努力を強いられる。このような条件下ではロースクールに他の選択肢はない。学生は、自分の評価を高めるためにも高い格付けを求める。卒業生も同じ理由で、そしてまた個人的プライドの観点からも高い格付けを求める。どのロースクール理事者も誤解を導く就職率を掲げたり不注意な学生を罠にかけるような奨学金を提供したくはない。しかし、2、3の誠実さに欠けるロースクールが格付けで自己の位置を上げるためにこれらの策略を用いれば、他校はいやでもこれをしなければならなくなる。こうしてこのようなことが広まってしまう。インディアナ校教授ビル・ヘンダーソンがこのような慣行に査察をもたらすことになったタイムズの記事の中で語ったように、「エンロン流の会計基準は、ロースクールの間で標準になった。データを見るたびに不快感をぬぐえない」[65]。

　誇り高いロースクールの理事者が格付けのために不名誉な行動をとってしまうのは構造的問題があるからだと説明すれば、過去20年間の展開が

わかりやすくなる。問題のある数字公表や他のいかがわしい慣行を拒否する良心的な法務研究科長は、自分の法務研究科長としての在職だけでなく学校の立場をも危険にさらすことになる。法務研究科長の良心の咎めは、誠実でない競合校よりも悪い学校に見えるという対価を伴うのである。私が1998年に暫定法務研究科長をしているとき、ノースウェスタン校の教授から、驚くべきことに同校は就職率を作為的に高めるため、未就職卒業生を臨時職員として採用すると聞かされた。そして、すぐに私も同様の手段を取った。不正な手段だとは十分に認識しながら。

　このようなことをせざるを得ないのは構造的原因があるからだと認識しても、それで汚れた手はきれいにならない。構造的要因のために私たちは集団的に不正なことをしているけれども、平然と嘘をつく一部の不正行為者を除けば、誰も個人的利益のためにしているわけではないのだ、と主張することは非常に居心地がいい。法学教育者はいつもこの言い訳を選択した。理事者も教授も立ち上がって「やめなさい。法の下で許されるかもしれないが正しくない」と言うことはなかった。

第 8 章

法律学界における有害な進展

　USニュース格付け競争は深く有害な変化をもたらした。前章で紹介したロースクールの道徳的信頼性の低下は、表面上の最も明らかな打撃である。これに加えて、目には見えないが重大な否定的展開が見られる。USニュースの格付け方法が、アメリカ法曹協会の認証様式と相まって、全国のロースクールが熱心に付き従う枠組みとなってしまい、それが改革や多様性を妨げながら学生組織、教授陣そしてロースクール全般を同質化させてしまったのである。ロースクールは格付け方法にあわせて入学方針を工夫し、財源を配分するようになった。私たちは格付けが求める姿になったのである。

　LSAT［ロースクール適性試験］のデータをうまく作り上げる取り組みを巡って、いくつかの重要な変転があった。LSAT中央値は、ロースクールが格付けに関して自ら直接に影響力を行使できる項目の中では最も配点が高い（12.5%）。これはまた、唯一の統一された学生の優秀度の測定方法であって（各校の成績評価は大学や専攻毎に応じて誇張される程度も様々であるため信頼できる比較ができない）、雇用者側が卒業生の能力を図る効果的道具となる[1]。このため、入学選考では、他の考慮要素より高く評価され、もっとも重要な要素となる。ロースクールはLSAT中央値を上げまたは維持するために奨学金を利用して優秀な学生を集める戦略を取るため、高い得点のLSATは学生にとってはポケットの中のお金のようなものだ。ロースクールはLSAT平均値を上げるためにさらに二つの戦略を

持つ。定時制と転入に関するものだ。この二つの戦略と既に述べたLSAT中央値を操作するための努力が相まって深刻な波及効果をもたらす重大な歪みを作り出した。

揺れる定時制プログラム

都会のロースクールが、勤労学生の学舎となっていた19世紀以来、定時制はロースクールの欠かせない一要素となってきた。最近でも、格付けにより事情が変化するまでは、定時制の学生は、全日制の学生より年上で、大学を卒業して数年が経過しており、LSATの得点が低かったり（テストの準備をする時間が少なかったり、学校を卒業して時がたっているので頭が錆びついていたりするため）、家族を養う責任を負ったりしていた。夜間学生は1学期に取る科目の数が全日制の学生より1～2科目少なく、卒業に4年を要した。また、定時制は全日制とは異なる入学選抜方式を取った。このような事情や学生の特徴の違いを考えて、USニュースは当初はロースクールの中央値を決める際に定時制学生の成績を考慮しなかった。

そこでロースクールは定時制を抜け穴として利用し始めた。これは抗いがたいほど容易なものだった。LSATの得点が中央値より低い学生は全日制への入学を拒否されたが、代わりに夜間の部の席を得ることができ、1年後に夏期講習を受けると全日制への転入が許され、しかも3年で卒業できるというものだった（この変形として各学期に1科目少ない履修をする学生を入学させ、それを定時制と呼び、それでも他の学生と同じ日中の授業に出席するというものがある）。このような待遇についてのロースクールの表面上の理由は、学生のLSATの得点が低いことを考慮すると全日制でのフルコースは負担が大きすぎるであろうから、夜間コースで学習を開始してロースクールの厳しさについていけるための準備をする時間的余裕を与えようとの配慮である、というものである。しかし、この説明は馬鹿げている。本当の理由は、定時制学生を入学させればLSAT中央値を低下させることなく授業料を払ってくれる学生を確保できるというところにある。

この戦略の対価は学生が払うことになる。というのも、経歴に箔をつけ

経験を積むために学生は伝統的に夏期法律職として働くのだが（訳者注：夏休み中の有給実務研修）、定時制学生は1年後に他の学生に追いつくために夏期講習を受けなければならず、この夏期法律職に就けないからである。また、この立場に置かれた学生は、誰もが定時制とは何かを知っているため、不名誉な烙印を押された気になる。相当数のアフリカ系およびラテン系アメリカ人（彼らは平均して白人やアジア系に比較してLSATの得点が低い）が定時制に入っているロースクールでは、定時制学生に対する見方は人種的偏見のニュアンスをもつようになる[2]。さらに、本来の意味での定時制学生は、学業とフルタイムの労働・扶養責任を同時にこなさなければならないのに、その負担のない学生と同じ条件で競うことを強いられることに不満を持つことになる。

どれほど多くのロースクールがこのような形で定時制を利用しているのか、また、どのような規模なのかは知られていない。しかし、そのようなことが行われていることは疑いがない。フィリップ・クロシアスは、トレドロースクールが数年でDランクからBランクへと目を見張る格上げを得る際に、法務研究科長として指揮を執った。このため、彼はボルチモアロースクールの法務研究科長として迎え入れられ、そこでも急激な格上げを果たした。2008年のウォール・ストリート・ジャーナルの記事の中でロースクール経営を語る際に本人が認めたように、クロシアスの卓越した戦略というのは学生構成を集団的に全日制から定時制に移したことを含んでいたのである[3]。トレド校の学生割合を覗いてみよう。1993年（このような策略が行われる前）は全日制が177人、定時制が74人、ところが2007年には全日制が76人、定時制が127人となっている[4]。他校はトレド校ほど露骨ではないが、ウォール・ストリート・ジャーナルの記事は、上位校も下位校も含めて、定時制の学生のLSAT得点を加算すれば地位が下がるであろう18校を特定した。

はびこる数字操作に対する不平に押されて、USニュースは2009年にLSAT中央値計算に定時制の学生の成績をもカウントすることによりこの抜け穴をふさいだ。その後、ジョージ・ワシントン校とブルックリン校で起きたことは、ロースクールがいかに格付けの影響を受けていたかを示す。

USニュースが定時制のLSAT中央値を勘定に入れた最初の年に、ジョージ・ワシントン校は直ちに格付けを20位から28位に下げられた。これは痛手だった。2008年には、全日制入学が426人、定時制が124人だった。定時制のLSAT中央値（162点）は全日制のそれ（165点）より3点低かった[5]。制度の変更前は、定時制の成績は加味されなかったから、ロースクールは格付け上の点数を害することなく中央値の低い学生多数を定時制で受け入れることができたのである。変更後は定時制の成績もカウントされることになった（USニュースは何がジョージ・ワシントン校の格付け降下を招いたかを決して説明しようとしなかったので、他の要因が影響した可能性はある）。同校はその後、以前の地位を取り戻した。しかしそれは別の化粧を施したからである。全日制は489人と規模が大きくなり、定時制は124人から34人へと劇的に減少した。中央値のギャップは大きくなったが（167点と162点）、定時制規模がずっと小さくなったのでその影響はあまり見られないというわけである。

　ブルックリン校は、定時制の成績を隠すことによって前述したジョージ・ワシントン校の運命を回避した。USニュースの調査部長ロバート・モースは、同校のルール違反を暴露して、もし適切に定時制の成績を報告していれば同校の格付け順位はもっと下だったかもしれないと述べた。ジョージ・ワシントン校と同様、ブルックリン校もルール変更前と比べて学生構成は変化した。定時制学生数は190人から69人へとずっと小さくなり、全日制は303人から417人へと大幅に増えたのである。それに加えて、LSAT中央値の落差も全日制163点・定時制159点から、全日制163点・定時制161点と縮小したのである。

　両校とも認めようとはしないであろうが、両校の変化はUSニュースが定時制の取り扱いを変えたことに応じたものであることは明らかである。また、不正操作の道を閉ざしたことは良いことのように見えるが、不都合な結果も生じている。定時制は労働者階級の人々が法律家になるための道だった（前連邦最高裁長官ワレン・バーガーはフルタイムで働きながらミネアポリスの夜間校に通ったのである）。これらの学生は大体がLSAT得点が低いので、この得点が算入されるということは、ロースクールにとっ

て定時制学生を多数入学させると、ある意味でペナルティーを受けることを意味する。一般的にアフリカ系やラテン系アメリカ人は白人よりLSATの点が低いので、多様性を追求する学校も同様の困難を抱え込むことになる[6]。

以前は、入学許可に関して、経歴、職歴、困難を克服する力、推薦状、コミュニティーへの将来の貢献度などの幅広い状況が考慮されたが、現在ではLSATとGPA、特に格付けに影響するLSATが決定的要素となるという具合に画一化されてきた[7]。極端な言い方をすれば、標準化された一律のテストで良い点数を取る学力が入学の鍵となっているのである。

どこそこもはびこる転学現象

USニュースの格付けがロースクールの様相を変えたもう一つは、転学現象である。これまでは学校間の転学は珍しく、家族の都合や引っ越しという理由で途中で変わるというものに限られていた。転入生を受け入れるということは、ロースクールは長い間の濃厚な教え込みで学生にその学校の色を染み込ませるものだとの伝統的観念に抵触する。この過程の中心は、最初の1年で特別に多くの課題を与えるというところにある。それは、寝る時間もなくなるほどの勉強を求め、日々の授業で厳しい質問攻めにし、2週間かけて1科目3〜4時間のテストを受けさせる期末試験をセットして強いプレッシャーをかける、広く知られた厳しい試練だ。最初の1年は、学生に法的思考方法を教え込むだけでなくクラスメート間での一体感を築かせるという、そういう1年なのである。転入はロースクールのきわめて重要な二つの側面にも不都合がある。一つは、各校で発行する法律雑誌編集委員という渇望される地位を得るには1年生の時の成績が物をいうからであり、他の一つは、雇用者は2年生の秋にロースクールの就職支援課を訪れ1年生の時の成績に基づいて選抜した学生と面接するからである。このような理由から、ロースクールは長い間、転入には謙抑的であった。転入した学生は、裏口入学の感じがするとして、また、1年生の時の語るべき歴史を持っていないとして、伝統的考えの持ち主から疎まれるのである。

しかし、それはUSニュースの格付けより前の話だ。転学は今では全ロー

スクールを通して広まっており、年間5％もの学生が転学している[8]。事の重大性を示す明らかな兆候は、4年前にアメリカ法曹協会が各校に関してロースクールの統計数字を載せる書面に、数年遅れのものではあるが転入数を記載し始めたことである。公表された最新の記録は2008年のものだが、それによると1校を除く全てのロースクールで転入があり、たいていの転入のドアは二つの方向で開かれていた。より良いロースクールに出ていくドアと、より良いロースクールとして入学してくるドアである。これは学生が格付けの高いロースクールの階段を上る、常に上るためだけの、年中行事ともなった感の入れ替え劇である。

　USニュースの格付け方法は転入を勘定に入れない。転入生のLSAT得点は最近の変更前の定時制学生と同様に格付けに影響しないので、ロースクールはLSAT得点の心配をしないでロースクールの空いた席を埋め、授業料というお金を運んでくれる転入生に目を向け始めた（同じことが第6章で述べた法学修士にも当てはまる）。

　注目すべきことに、いかに事態が狂気じみてきたかの証ではあるが、トップ15校の学生でさえロースクールのヒエラルキーを上るために転入しているのである。記録に残る4年間に、各年10人もの学生がミシガン校、デューク校そしてノースウェスタン校から転出し、さらに多くの学生がコーネル校とジョージタウン校から転出している。転出を免れたのはイェール校、ハーバード校とスタンフォード校だけである。これら3校は逆に相当数の転入生を受け入れている。全国4万人のロースクール生はトップ14校に在籍することを切望するが、多くの者にとってこれらの学校の学位でも、十分なものではなかったろう。エリート意識に染まった法律学界（多くの教授はハーバード、イェール、コロンビア出身である）、そして、もっと大まかに言うと法律家の世界では、絶対的な頂点より下の者に対し能力不足感を持たせるからだ。

　転学はすべてロースクールの収入に関係する。この現象は上位校から始まる。ロースクールはLSAT中央値の改善ないし維持と収入との間の最善のバランスを取ろうと努力する。奨学金を支給することを別にすれば、LSAT中央値を引き上げるのに最も直接的な方法は1年次入って来る

学生数を減らすことだ。そうすれば点数の低い学生を切り取ることができるからだ（これは前述したイリノイ方式である）。しかし、それは収入を犠牲にする。LSAT 中央値では満足しているが収入が不十分であるロースクールがもっと多くの 1 年生を入学させようとすると中央値が危うくなる。LSAT に影響させずに授業料をもたらす者として、転入生は両方の目的を満たしてくれる完全な解決策になる。彼らは学校に不都合となる側面を伴うことなく収入をもたらしてくれるのである。

　エリートロースクールの間で、転入で現金収入を上げるチャンピオンは論ずるまでもなくジョージタウン校（正味の学生増加数は 2005 年から 2008 年の間、それぞれ年間 87 人、87 人、81 人、71 人である）とコロンビア校だ（同様に 39 人、54 人、62 人、72 人となっている）。他の名門校も遠慮するところがない。ほとんど全部のエリート校が毎年相当数の転入生を受け入れている。イェール校、スタンフォード校、ペンシルバニア校そしてシカゴ校が 10 〜 20 人（2008 年には 8％〜 13％の増加）、ハーバード校、ミシガン校、バークレイ校は 20 〜 30 人、ニューヨーク大学とノースウェスタン校が 30 〜 50 人となっている（転入生確保を推進するために、ノースウェスタン校は当初の入試で落ちた多くの学生に対し他校で最初の 1 年に一定の成績を得ることを条件に転入生として入学を許可する旨の「条件付き入学許可書」を送った）[9]。ヴァージニア校は増えたり減ったりだ。デューク校、コーネル校とテキサス校だけが常に 10 人以下の増加にとどまっている。デューク校、コーネル校は増えるには増えたが相当数の転出により正味数が大きくなかった。

　トップ校が転入生を受け入れ始めると、その影響はどんどん下位校に及んでくる。転出学生が出たロースクールはさらにその下のロースクールから転入生を受け入れ、次はさらに下位の学校から、ということになる。こうして、実質的に全国どのロースクールでも転学生の出入りがあり、ほとんどの場合はその両方である。このことにより既に目には見えない形で影響が出ている。

　公表された統計から意味あるヴィジョンが見えてくる（次に述べることは 2008 年のわずか 1 年間のことであり、しかも事態は流動的であること

を留意されたい)。2年生中の転入生の割合を見ると(それは2年後に卒業する学生の構成割合を示す)、ラトガーズ大学院カムデン校がほぼ23%で第1位、コロンビア校が21%で2位である。2010年にコロンビア校を卒業した者の内5人に1人が最初の1年を他校で過ごしたことになる。

　州の中核校は転入生市場で大きな役割を演じている。転入生割合でいうと、トップ12校中8校が中核校である。2008年の2年生の割合が大きい学校を見ると、ラトガーズ校が22.71%、バッファロー校が19.52%、フロリダ・ステイト校が17.03%、ミネソタ校が18.14%、アリゾナ・ステイト校が17.03%、バークレイ校が16.79%、カリフォルニア大学ロサンゼルス校(UCLA)が15.59%、そしてユタ校が14.29%となっている。このことは州立校が議会で減らされた予算をどのように埋め合わせているかを示している。LSAT中央値を傷つけることなく転入生から収入を得ているのである。地域の法律市場で強く、しかも州民には授業料を減額して比較的授業料が安い主要な州立校は、たとえ国内のエリート校の仲間に入っていなくても、転入生にとっては魅力的な目標となるのである。

　どのロースクールに転入するかを決める際に(最初の1年に好成績を修めた者だけがその資格を得るのだが)、格付けだけが唯一の指標というわけではない。ロースクールが法律市場で強い力を持っているか(最強はニューヨーク、ワシントンDC、ロサンジェルスとシカゴといった都市である)、そして当該市場内の他校との関係で比較的優位に立っているかが重要な指標となる。その転入が好条件の就職機会を得ることができるかに影響するからである。例えば、ロサンジェルスのロヨラ・メリーマウント校(正味37人増)とニューヨークのカルドソ校(同20人)はともに格付け50位くらいだが、大きな法律市場にあるノン・エリート校の中で最高のロースクールということになる(こうして、成績が低めの学生には現実的な選択となる)。より弱い法律市場にあるロースクールはその高い位置づけの割には希望順位が落ちる。他の考慮要素は費用である。転入生は元のロースクールで得ていたかもしれない奨学金を放棄して転入し、通常は値札通りの金額を払っており、そのことは転入後の余計な数万ドルの出費を意味する。

転入生を受け入れる側としてのロースクールは、転入生が現在の在学生の中でも相当良い成績を修められると判断して転入を許可するのである。この評価は当該学生が1年時にどれだけの成績だったかと、自校との比較で元のロースクールの質がどの程度だったかを考慮してなされる。1年生で上位5ないし10％に入っていた学生は高く評価される。しかし、ロースクールとしては、少なくとも理想としては、ずっと格下の学校の学生は、たとえトップクラスの成績の学生でも受け入れないであろう。この二つの要素は反比例する。転入校に比較して転出校の格が下がれば下がるほど、当該学生の当該転出校での成績は高いものとなる。そのためロースクールは両要素につき様々なレベルの判断基準を持っている。しかし、外部からは多数の転入許可がそのロースクールの人気を反映したものなのか、ロースクール側の都合で（収入増を目的として）緩い基準を適用したものなのかは分からない。

　2、3の例を見れば、そこに重要な力学が働いていることを理解できる。ジョージ・ワシントン校は多数（51人）の転入生を受け入れ、そして相当数（24人）の転出があった。差し引き27人の授業料納入者を獲得したのだから、収入面では良くやったことになる。しかし質の面では積極評価はできない。同校は自校の相当数の最優秀生と格下校からの成績優秀者集団を交換した。75人がドドっと居場所を変えたため多くの成績優秀者を失い、その学年には目には見えないが大きな変化をもたらしたことになる。カリフォルニア大学ロサンゼルス校（入46人、出9人）とワシントン大学（入46人、出12人）もトップ20位という高い地位が功を奏して多くの転入生を獲得した。この範囲の格付けにある他校はもう少し遠慮気味だった。南カリフォルニア（USC）校（正味15人増）、ヴァンダービット校（同10人）、そしてノートルダム校（同12人）はより少ない数の転入生を受け入れほんの数名の転出であった。イリノイ校、ボストン・ユニヴァーシティ校とボストン・カレッジ校は大まかに15人以下の出と入りでほぼ均衡状態だった。これらのロースクールから転出した学生は才能吸引器でトップ校に吸い上げられた。

　15位から25位のロースクール集団で起きることは全体の市場に重大な

影響を与える。もし、もっと多くの上位15位のロースクールがコロンビア校のような規模で転入生を受け入れ始めれば、準トップ校（15位から25位）のロースクールの学生はその主要な供給源となるであろう。このランクのロースクールはジョージ・ワシントン校のように、成績優秀な学生を痛手となるくらい多く失い、経済的打撃を埋め合わせるためにより多くの学生を受け入れなければならなくなる。たとえ上位15校が現状の転入パターンを維持しても、15位から25位の範囲にあるロースクールは自分たちの力でジョージ・ワシントン校、カリフォルニア大学ロサンゼルス校やワシントン・ユニヴァーシティ校と同レベルまで転入生を受け入れてしまうことが可能である。これらのシナリオは残りの175校の中でいかようにも変化していくであろう。思い起こすべきは、1人の転入を受け入れるということは他校が1人の学生を失うということであり、そのロースクールは自校で転入生を受け入れてそれを埋め合わせようとするということである。この流儀で、トップの転入受け入れは階段の下の方ではその何倍もの転入となりうる。この状況は論理的にはエスカレートしていくことになるのである。というのも、現状で控えめにしか転入生を受け入れていないロースクールは、競争相手が掴み取ることができる現金（転入生集団）をテーブルの上に置いてきているようなものだからである。

　これはきわめて危険で不安定な状態だ。どのロースクールも自分の運命を支配できない。どのロースクールも上位校及び同じランクの競合校の決定の影響に晒される。この国のほとんどのロースクールでは転学生の数は10人入るか10人出る（しばしば双方向で）という程度の比較的低いレベルだ。しかし、これはロースクールが様子見をしている、転学現象の比較的初期の段階だからだ。前に引用した2008年の数字も既に古くなっているかもしれない。膨らませた就職率のときに起きたことと同様に、均衡状態がもしあるとすれば、それはほとんどのロースクールが全面的に市場での転入能力を最大限に発揮しきってしまった時かもしれない。

　そしてそこには、言葉通りの軽蔑的な意味でなく、敗者がいる。クーニー校とフロリダ・コースタル校の両校は経済モデルの要素として転出生を組み入れている。これらの学校は最初の入試では他のどのロースクールも受

け入れてくれないであろうLSAT得点が低い学生からの授業料収入で経営を維持している。多くの学生はしっかり勉強して次年度にはもっと良いロースクールに転出することを望んで入学してくる。それでも経済的に成り立つようにするため、両校は最初の年の終わりまでの学生数の大きな減少（転出、退学、ドロップアウト）を予想して多数の学生を入学させなければならない。3年分の授業料を勘定に入れる他の多くのロースクールと違って、両校は1年分を計算する。2008年にクーリー校は188人を失ったが入学者は1903人だった。それほどの規模ではないが、フロリダ・コースタル校は合計573人の中から78人が去った。規模拡張を図って、2010年には808名の法務博士課程の学生を取った。両校は1年目の多数の入学者数を維持できれば経済的には問題ないのである。

　他の多数損失校は困難を伴う。アヴェ・マリア校では127人中27人が去った。ウィティア校は156人中28人が去った（4人が転入したが）。アヴェ・マリア校、ウィティア校、トーマス・ジェファーソン校、デトロイト・マーシー校、フェニックス校、そしてワイドナー校（ウィルミントン）は正味の減数が全体の10%を上回ったため苦労した。シラキュース校とフロリダ・A＆B校はほぼ10%減った。ヴァルパレイソー校とセイント・トーマス校（ミネソタ）は8.5%減った。ニュー・イングランド校は8%減らし、カソリック校はそれに近かった。ホフストラ校、オクラホマ・シティ校とデイトン校は7%以上の減少で苦しんだ。

　これらのロースクールにとっては、多くの最優秀生を失ったことだけでなく、経済的打撃も深刻である。転出する学生毎に、奨学金分の割引はあるとしても2年分の授業料が煙となって消えてしまう。通常の企業であれば、経営方法を変更しなければ、これだけの規模の収入減には耐えられないであろう。しかし上記の立場のロースクールには選択肢が限られている。去ろうとする学生を奨学金アップで説得し残留させることも考えられる。しかし、それは翌年の入学者を受け入れる費用として必要な分をなくしてしまうし、どちらにせよ多くの学生がよりよいロースクールに行ってしまうだろう。代わりにこれらのロースクールは自分でもっと多くの転入生を受け入れることもできる。とはいえ、転学市場での位置は脆弱なのだ

が。多くの転出生を予想して初年度に多数の学生を入学させるクーリーモデルに不本意ながら押しやられるロースクールも出るかもしれない。こういう状況にあるロースクールには困難な課題が待ち受けているのである。

　上記の校名列挙は一連の関係の中で上下に揺れ動く。2008年に正味減を経験したロースクールの多くは格付け最下層に位置した[10]。しかし、カソリック校、ホフストラ校そしてシラキュース校は上位100位に入っており、そのうち最初の2校はアメリカで法律市場が最も強い地域に位置している（ただし、ホフストラはニューヨークからは不便な距離にある）。ロースクールは様々な理由から、多数の転出の影響を受け、または守られることもある。

　年間5％という現状の転入状況が続くという保証は何もない。確かに転学の拡大を抑制する要因もあるにはある。特に、転入可能な学生は現在のロースクールで良好な地位を確立しているのに、新しいロースクールで新たに最初から始めなければならず、また、奨学金を受けていた多くの学生は転入後に自分で大金を支払わなければならない。転入を認めることについてもロースクールは志願者の数と質に制約される。現在の学生たちと競争できる能力を持ち、かつ、卒業後の司法試験に落ちる心配が少ない学生に限って転入を認める。しかし、誰もロースクールを監視しているわけではない。収入確保の要請が抗いようもないほど十分に高まれば、ロースクールは理想から離れた低いレベルの転入希望者の群の中に入り込んでいくかもしれないのである。

　転学現象は格付けがロースクールに及ぼす驚くべき影響力の表れである。雑誌社のオフィスで一団の人が、何を勘定に入れ（たとえば初年のLSAT中央値）、何を外すか（たとえば転入）を議論しあい、ロースクール間の関係とロースクール内部構成を再編成させる現象を引き起こすのである。そして、これにより経営的に危機に立たされるロースクールが出ることもある。50億ドルの教育産業の輪郭は、[USニュースという]自薦のリスト作成者によって形作られ、そしてそのリストは利益目的で販売されるのである。

　転学市場を抑え込むことは容易であろう。もし、USニュースが、今後、

転入生のLSAT得点を格付けの勘定に入れることを決定すれば、転入生の収入源としての魅力はたちまち落下してしまうだろう。最近発行の「法教育ジャーナル」で、ある教授がUSニュースはこの決断をするべきだと熱心に論じていた。現状は学生を失う側のロースクールに不公平だというのである。転出生は恩知らずにも1年の教育の便益を取ってさっさと去っていくのである。密猟者に最優秀の学生を奪われたロースクールは全体としての成績低下を味わい、残っていれば同窓生として成し遂げていたであろう専門家としての大きな業績（それとともに彼らの寄付）を失ってしまうのである。続けて彼は次のように記している。「最初の入学許可は投資であり、投資促進の意味からも何らかの保護が必要である」[11]。

　正味損失側のロースクールは転出が耐えられないほどの数にならないよう必死に防止策を見つけようとしているのは理解できるが、しかし、それは明らかに一方的な議論だ。学生の1年分の恩返しは彼らが払った授業料であり（たとえそれが奨学金によって削られているとしても）、彼らのLSAT点であり、彼らの存在によって学年全体へもたらされた積極的側面である。成功した教授はもっと高い位置の学校に招かれればほとんど躊躇なく一目散に駆け出していくのに、どうして成功した学生は同様の移動をするチャンスを得たときにそれを押さえつけられなければならないのか。本当に学生のためを思う教授なら、学生の将来のキャリア向上になるのであれば（費用やその他の影響を考慮したうえで）、たとえロースクールにとって損失になろうとも、そのチャンスをつかむよう励ますべきであろう。

　さらに、転入を格付け目的のLSATから解放されたままにしておくことは、格付けによってもたらされた歪みを部分的に修繕するという効用がある。ロースクールは最初の1年に誰を入学させるかを決める際、格付けで不利に扱われないようにするため近視眼的にLSATの点数を偏重する。しかし、LSATの得点は受験技術という狭い範囲での評価に過ぎない。一般的には有効な評価方法であろうが、LSATでの得点と実際のロースクールでの成績には（上下に）大きな差がある。転入生はより高い位置のロースクールでも十分にやっていけることは証明済みである。LSATは、15位から30位に位置するロースクールの最優秀生はどこでも十分にやってい

けることを、また、トップ15校でも優れた成績を修められる学生がいるということを過小評価している。格付けヒエラルキーが下がってもこの過小評価は同様である。転学制度はロースクールによるLSAT得点の過度の強調を是正する場になっているのである。

USニュースの格付け室の誰かが転学問題で何かを決めれば、ロースクールはその命令を姿勢を正して受け入れるのであろう。

奨学金制度の拡充と方向転換、その影響

アメリカ法曹協会は、2009‒10年度に、ロースクールが全体で8億9950万6281ドルの奨学金を支給したと発表した[12]。奨学金は、授業料と符節を合わせるように急上昇した（2004‒05年度以来3億6285万1399ドルの増加）。最近の増加率から判断すると、2011‒12年度の奨学金は10億ドルを超えそうだ。

多くの学生が奨学金の恩恵を受ける[13]。奨学金を受ける学生の割合は、低いところでアトランタのジョン・マーシャル校の1年生2.4％から、高いところではドレクセル校の88.6％と様々だ[14]。多くのロースクールで、奨学金を受けて入学する法務博士課程の学生の割合は25％から60％の範囲に入る。金額は同程度の学生獲得を競うロースクールグループ内の相互の力関係で決まる（ジョン・マーシャル校は明らかにアトランタのロースクール生市場を独占している）。授業料全額の奨学金が与えられることはほとんどなく、奨学金制度を持たない学校も少なくないが、25％内外の学生が授業料の半分またはそれ以上の奨学金を受けている学校も少なくない。

ロースクールの席は飛行機の席に似ている。同じ部屋の席に座りながら価格が異なるからだ。大まかに一般化すれば、およそ半分の学生（通常は所属するロースクールのLSAT中央値以下の成績の学生）が授業料全額を払い、残りの学生がそれぞれ率の異なる割引を受けている勘定だ。LSATとGPAが高い学生が最も有利な経済的援助を受け（とりわけLSATの得点の影響力が強い）、成績が下がるごとに援助も下がっていく。抜け目のない学生はときに他の同レベルのロースクールの申し出ている高額の奨学

金の話を持ち出して入学決定前に奨学金を釣り上げることもある。ロースクールはと言えば、競争関係にある他校の奨学金の値札を注意深く観察し、学生獲得に必要な金額より1ドルでも多く払わずにすむ奨学金の額を探ろうとする。志願者は人気のあるロースクール入学準備用のウェブサイト「ロー・スクール・ナンバーズ［Law School Numbers］」で、同様の状況の同学年の学生に幾らの奨学金が提供されたかを知ることができる[15]。

全国を通じて、2010-11年度に、全部で6万9466人の法務博士課程の学生（47％にあたる）が奨学金を受けた[16]。全部で10億ドルの奨学金が多くの人々に経済援助として配分された。多くのロースクールの割引授業料（学年全体で実質的に支払われた額）は多分本来の授業料より20％またはそれ以上低い。この一見すると良いニュースは、しかしながら、暗い裏面を覆い隠している。

格付けが威力を持つ前は、奨学金は学生の経済的必要性に応じて配分された。しかしもはやそうではない。全国的に奨学金は必要性基準から成績基準に大きく変更された。その動きは早かった[17]。1994-95年度は、58％が必要性基準、42％が成績基準だった。しかし、1999-2000年度までにその割合は逆転した。44％の必要性基準と56％の成績基準となったのである。2005年と2010年の間に、全体ではロースクール入学生は増加したのに、必要性基準で奨学金を受ける学生数（1万7610人）は3000名減り、他方で成績基準で奨学金を受ける学生数（6万10人）は1万2500名も増えたのである。2010年のロースクールが払った必要性基準の奨学金は1億4336万1001ドル、成績基準は7億5769万1508ドルだった[18]。

LSAT中央値を「買い」求めたロースクールは奨学金予算を使い尽くし、もっとも裕福なロースクールを別にすれば、資力に限界のある学生への援助のための原資は以前よりずっと少なくなった[19]。法務研究科長たちはこの変更を嘆き、格付けが原因だと論ずる[20]。しかし名声を求める競争に巻き込まれた大学もまた、学部学生にも同様に成績基準に大きく舵を切ったが、それでも、必要性基準の原資も相当額確保した[21]。なお、ロースクールのなかで、ハーバード校、イェール校とスタンフォード校のみが全部または大部分の奨学金を経済的必要性基準で提供している。

こうして経済的に困難な立場の学生は二重の打撃を受ける。必要性基準の援助が不足しているだけではなく、成績基準の基金配分では不利になるのだ。「多くの理事が感ずるところではあるが、入学許可基準の中でとりわけ LSAT は、学生の背景、教育的経験、それに試験準備の環境という観点から金持ちに有利に働く」とされる[22]。これが正しいとすれば、裕福な学生は LSAT の得点を最大化させるチャンスを持ち、したがって、より大きな割合の経済的援助を掴むことになる。

　LSAT 得点、学業成績、そして卒業後の仕事の相互関係を見ると、現在の成績基準奨学金制度は道理に反する結果を生む。あるロースクール（ハーバード校、イェール校とスタンフォード校は除く）の LSAT 中央値に達しない学生は、無遠慮な言い方をすれば、学校にとって価値がないので、ほとんど必ず最も多額の授業料を支払わされる（この主な例外はアフリカ系とラテン系アメリカ人学生だ。彼らは比較的低い得点で成績基準の奨学金を受ける）。他方で、大きな変動はありうるにしても、高い LSAT 得点を取る者は全体としてロースクールでの成績も高いという傾向にある[23]。そして最優秀の成績を収めた学生、特に1年生での優秀者は、学校を出た後も最高給の仕事を確保する。その結果として、これらの要因の相互作用を一般化すれば、同学年の半数の成績下位者が、半数の成績優秀者の学問を経済的に援助していることになる。最も払いの悪い仕事に就くであろう者が、卒業後は最高給の仕事に就くであろうクラスメートを経済的に援助するということである。誰も意図的にこの弁解の余地もない助成制度を設計するわけではないであろうが、実際にはこのように機能する。どの学年にも LSAT 中央値以下でも素晴らしい成績を修める学生はいるし、逆に高い LSAT 得点でも成績が悪い学生もいる。しかし、一般には上記のような関係が妥当するのである。

　こうしてロースクールは事実上、逆ロビン・フッド制度を作り出した。そこでは、貧しい将来展望しかない学生が裕福な将来展望ある学生の勘定書きを受け取るという形で資力を再配分しているのである。このように見ると、授業料割引は有害な影響を持つ。学生への負担を公平にするには、全体的に授業料を割引価格まで引き下げ、成績基準援助を完全になくし、

奨学金を必要性基準だけにすることだ。そうすれば、学生間のたすき掛け援助は終了し、皆が20〜30％低い価格の授業料を払いながら等しく利益を享受できるであろう。

しかし、そのようなことが起きることはない。こんなことを実行すれば、そのロースクールは自ら一方的に武装解除したも同様で、上手に調整された何種類かの価格表を作ったはいいが、LSAT上昇の可能性は奪われてしまう。競争関係にあるロースクールは、上位半分の成績優秀者を、規定されている授業料の大幅割引を餌に買いあさってしまうだろう。簡単な摘み取りだ。格付け方法が現状のままであれば、つまり、LSAT得点に特別価値を与え続けるのであれば、奨学金は学校の成績向上に使われ、逆ロビン・フッド補助金制度はなくならないのである。

エリート体質の強化

さらにこのシステムは、もっと別の重要な否定的展開をもたらす。

2010年、イェール校の授業料は5万750ドルで、推定される生活費は1万9700ドルだった。約40％の新入生が授業料の全額を払った。その前年の数字を使えば、24％近くが授業料の半分かそれ以上の減免を受け、35％が半分より少ない減免を受け、全免を受けた学生はいなかった。ハーバード校では、約半数の法務博士課程の学生が全額を払った。授業料は4万6616ドル、生活費は2万3484ドルだった。同校は24人に授業料全額またはそれ以上の奨学金を与えた。スタンフォード校では学生の40％が授業料全額を払った。授業料は4万6581ドル、生活費は2万4581ドルだった。同校は14人に授業料分あるいはそれ以上の奨学金を支給した。コロンビア校では授業料は5万428ドル、生活費は2万1700ドルだった。半分の学生が奨学金を受け、そのうち45人が授業料相当額またはそれ以上を受給した。トップ校はある程度の相違があるにせよ、大まかに言って次のような奨学金政策を実施している。すなわち、40〜60％の学生が授業料を全額払い、20〜30％が半分またはそれ以上の減免を受け、20〜30％が半分未満の減免を受け、10人前後が全額免除の恩典を享受している。

問題の鍵は「授業料を全額支払っている学生」にある。通常、彼らはど

のロースクールでもLASTとGPAの成績で下位半数に位置している。最高ランクのロースクールにはLASTとGPAの組み合わせで最高点の者がおり、格付けが下がる毎にLASTの点数が下がる。たとえば、LSAT171点の出願者はコロンビア校の中位より下に位置するだろうが、ミシガン校、ペンシルバニア校、バークレイ校、ヴァージニア校、デューク校で上位4分の1、という具合だ[24]。

この成績の出願者は困難な選択を迫られる。コロンビア校に入って授業料全額（5万428ドル）を払うか、もっと格下の学校、例えばデューク校に入学して授業料（4万7722ドル）の半額またはそれ以上の減免を受けるか、あるいは、コロンビア校で、3年間で15万ドルの授業料を払うか、デューク校で7万ドル払うかである。その他の経費も見積もれば、学位取得の最終価格はコロンビア校で21万ドル、デューク校で12万ドルだ。

裕福な家庭の出身者で経済的には自分で何とかできる出願者はコロンビア校に行くことに躊躇しないであろう。しかし、親が学校の教師、中間管理職、小規模事業のオーナー、一人開業の弁護士等の中産階級の家庭ではデューク校の申し出を断ることは困難であろう（子供のために資産を使い果たしてしまった親の子は、より少ない借金で、大学［college］で終了とする）。

私は、ハーバード校、イェール校、スタンフォード校ではなくコロンビア校を例に出した。それは、前述したように、この3校はロースクールの中では珍しく成績基準でなく全部あるいは大部分の奨学金を経済的必要性基準で支給しているからだ。一旦入学すれば、LSATの得点が下位4分の1の学生も上位4分の1の学生と同じ条件でその特典を享受する資格があることになる。それでも経済的に恵まれない人には同じ経済的ジレンマが待ち受けている。というのは、必要性基準で支給される援助は成績基準で用意されるデューク校の奨学金には及ばないからだ。ハーバード校、イェール校、スタンフォード校は通常は学生に対し、毎年基本金額の支払いと（スタンフォード校は3万3000ドル、イェール校は3万8800ドル）、親や配偶者が（収入基準により）理屈の上で支援できる付加額の支払いを求める──そして大学は、基本金額以上の授業料を払われた場合のみ、必要性基

準による学資援助の提供を始める[25]。2010年、ハーバード校卒業生の平均借金額は11万5000ドル、スタンフォード校では10万4000ドル、イェール校では9万9000ドルだった[26]。これはデューク校が提供する全額の奨学金を受ける学生よりずっと高額である。

　デューク校に行く学生はいずれにせよ素晴らしいキャリアを備えるのだから上記はあまり大きな問題とは思えないかもしれない。ここまでであればその通りであろう。しかし、法律家は高度のエリート主義者で信用重視の専門家だ。連邦最高裁の歴史の中で、17人の判事がハーバード校卒、10人がイェール校卒、7人がコロンビア校卒であり、他のロースクールは、3人を超えず、デューク校は1人もいない[27]。この事実を考えてみてほしい。上位5校出身であれば、事務系エリート、司法省の好きな部署、法律教授に職を得るのはずっとやさしい[28]。デューク校での学位は多くの可能性を開く信用証明書ではあるが、ハーバード校、イェール校、スタンフォード校、コロンビア校出身者のキャリアとの違いは、無視できないものがある。

　コロンビア校とデューク校間の選択を想像することは、否定的側面がそれほど大きくないので誤解を招く。しかし困難な選択という現象はそこに止まらない。ロースクールのヒエラルキーを下がるにつれ同じ選択の問題が時には劇的な損得の差異を伴いながら生じてくる。LSATの得点が少ない方から75％（166点から168点）の出願者は、ミシガン校、ペンシルバニア校、コーネル校、デューク校、そしてノースウェスタン校において授業料全額の支払いを求められようが、20位またはそれより少し上位の学校では相当の授業料減免が受けられるであろう。バンダービルト校で全額払うか、それともアイオワ校、ノース・カロライナ校、エモリー校等で大きな割引を受けるか。しばしば、同様な選択の悩みが地方の学校間で見られる。LSAT165点の出願者はカリフォルニア大学ロサンゼルス校の下位25％に位置しようが、ロヨラ・メリーマウント校では上位25％に入れる。前者で全額払うか、後者で半額以上の割引を受けるか。これらどの例でも選択の結果生ずる良いキャリアが得られる機会の差は相当なものだ。

　裕福な家庭の出願者は躊躇なく良い学校に入る。中産階級の出願者は、格付けがより高いロースクールに入る利点が、山ほどの借金を抱えること

と見合うのかを決定するという困難な選択に迫られる。決断をするとき、卒業後ローンを返済するために企業法務に就けるか（それが望んでいる仕事かどうかとは無関係に）の賭けをすることになる。資産をあまりもたない出願者は、渋々ながら割引の受けられる低位の学校を選ぶこともあろう。彼らはいずれにせよ法律家として素晴らしいキャリアを積んでいくであろう。しかし、より上位のロースクールの方が良きキャリアの機会を提供し、より容易な道を開いてくれたはずなのである。

　こういうわけで、授業料と奨学金、上位校と下位校の選択という関係は、一様に裕福な出願者をより上位のロースクールへ流し込み、それに付随する優位性を確保し、他方で、より限られた財政下の人々は上位校と下位校に分断されるという振り分けの母体を形成することになるのである。そして毎年何万もの同様な決断が繰り返されればその影響は大きいものとなろう。

　一世代前、中産階級に属し、意欲のある人はこのような選択を迫られることはなかった。しかし、現代そして将来の世代はこの選択に直面する。そしてロースクールの価格構成がもたらす不可避な結果とは、より大きな割合の中・下産階級が経済的理由でより下位のロースクールを選択するので、さらに増々多くのエリート法律家の席が金持ちの手に落ちていくということである。これをUSニュースの格付けだけの責任とすることはできない。しかし、ロースクールが格付けに反応してきたことは、社会と司法制度にとって困難な事態をもたらしてきている。

　法律学界は、1世紀前にロースクールは2年生であるべきか3年生であるべきかとの議論を持ち出して以来、いつも資力の影響を問題にして来た。2000年の卒業者の調査は、ロースクール全体を通して、ロースクール生は社会的経済的に裕福な層へ過渡に集中しており、それはエリート校ではさらに顕著だということを明らかにした[29]。上位10校は社会的経済的上位10％の家庭出身の学生の集中度が最も高く（57％）、他方で下位100校それが最も低かった（27％）[30]。

　もし授業料・奨学金関係が上記のような方法で運営され続けるなら、既に存在するロースクールにおける富裕家庭の集中は時とともに強化されて

いくだろう。上記の 2000 年卒業者の調査後も、私立ロースクールの平均授業料はさらに 1 万 5000 ドル上昇した。

　エリート校の学生が借金を抱えて卒業する割合は、最低の格付けのロースクールと比較してより低い傾向がある。これも一つの資力の影響を示している。イェール校は最高額の授業料を課しているが、2010 年の卒業生のわずか 73％しか借金を負っていない。これが国内で最も低い割合の学校の一つなのである[31]。今の授業料では、借金なしでロースクールを卒業するには相当多くの資力を必要とする。ノースウェスタン校では 69％が借金を負い、コロンビア校で 77％、ニューヨーク大学校とコーネル校は 80％、スタンフォード校で 81％である（ハーバード校はこの数字を明らかにしていない）。最下位の方に格付けされているロースクールの借金状況と比較すると、トーマス・ジェファーソン校 95％、トウロ校 94％、アトランタのジョン・マーシャル校 96％、ニューヨーク・ロースクール 93％、オクラホマ・シティ校 99％、フロリダ・コースタル校 91％という具合である。

　資力の影響は大学学部段階でも現れる[32]。両者のこのような現象の発現はアメリカにおける貧富の差の拡大と中産階級の空洞化を反映するものである[33]。法律界に生じている特異なことは、資力の影響にみられる現象ではなく、資力の影響がもつ広範な帰結にある。法律はアメリカ社会の中心的役割を担い、その中でエリートロースクールの卒業生は高給法律職の席を並はずれた割合で占めているからだ。

第4部

壊れた経済モデル

第9章
授業料高騰と借金の増大

　25年前、トュレーン大学ロースクールの法務研究科長ジョーン・クレイマーは、「法曹教育は支払可能な価格か？　それは誰にとって？　どのようにして？」と題する記事で、次のようにロースクールの授業料上昇に警告を発した。

　　　過去20年間のロースクールは、生産物需要の弾力性（訳者注：ロースクール卒業という生産物に対して、入学希望という需要がどれだけ動くか）を試してきたと言える。そして今や、インフレ率をも上回る率で年々上がって来たロースクールの授業料が、さらに高くなっている。相当多数の学部卒業者がもっと安いロースクール教育を取るか、そもそも更なる教育を受けないことにする方が経済的に合理的だと決心するかもしれないほどまでになっている[1]。

　過去10年間、平均授業料は、公立ロースクールで200％、私立で179％も上がった[2]。クレイマーはロースクール生の拡大する借金額を心配し、今後の数年で多くの者が経済的に苦労するであろうことを示唆した。彼は、もし今のペースで授業料が上がり続ければ、将来の世代のロースクールの「席のほとんどは、金持ちと上位の中産階級の白人の子供たち、それに比較的貧しい家庭の、ただし相当額の補助金を支給される一握りの黒人と褐人種だけで占められてしまうことになるだろう」と予言した[3]。残

りの席は、教育費を賄うために多額のローンを組み、卒業すれば、「過去の法教育費返済のためなら何でもすると決意して、この専門職業からお金を絞り出すというひたむきな目標」に操られる弁護士になる、そういう学生によって占められるであろう[4]。

　これは予言的なエッセイであり、自分たちのしてきたことの結果についての叱責であり、法律界の後の世代への有効な警告である。クレイマーの予言は、しかし、需要の弾力性の限界に関する調査については見事にはずれた。彼が記事を書いたときは、ハーバード大学ロースクールの授業料は1万1135ドルだった。今は4万6616ドルで、インフレ調整すると2倍以上になる。それでもハーバード校は席を埋めるのに苦労していない。

　上昇する授業料は直接的に借金額上昇という結果をもたらした[5]。1990年代中頃に連載された記事では、ロースクール生の借金額の記録的レベルにつき警告がなされた[6]。ロースクール卒業生は他の専門職大学院卒業生の中でローン返済不能となる率が最高だった[7]。1990年代後半になると、それは危機的な率に近づいて行った。ナショナル・ジュリスト誌はロースクール生の借金についての特集で、「学生の借金額は過去10年で4倍になった。そして最近の卒業生の生活水準は33％下落した。いくつかのロースクールの卒業生は学生だったころより生活水準が落ちている」と書いた[8]。

授業料上昇とインフレの比較

　このような懸念に意を払わず、ロースクール授業料は華々しい上昇を続けた。クレイマーが1987年に警告を発した時、州立大学公立ロースクールの州民の授業料は2398ドルだった。ナショナル・ジュリスト誌が借金負担について記事を出した1999年には7367ドルだった。その10年後である2009年、州立ロースクールの州民学生向け平均授業料は2倍以上の1万8472ドルになった。授業料は、クレイマーの記事以降、インフレによる平均物価上昇率が年間3％をわずかに上回るという期間に、毎年上昇し、公立校では年間平均10％以上の上昇だった。私立校での平均授業料も、初めが公立校より高額であったことから、上昇率こそ公立校ほどではなかったが、毎年大きく上がった。私立ロースクールでは、1987年の平

均授業料は 8911 ドル、1999 年には 2 万 709 ドルとなり、2009 年にはそれは 3 万 5743 ドルとなった[9]。私立ロースクールの授業料はわずか 10 年で 1 万 5000 ドルも上がったのである。

　1985 年から 2009 年の全期間を見ると、公立ロースクールの州民学生向け授業料は 2006 ドルから 1 万 8472 ドルと 820％ もの眩暈を起こすような規模で上がった（非州民向けは 543％、4724 ドルから 3 万 413 ドルへの上昇だった）。他方、私立ロースクールの授業料は 375％、7526 ドルから 3 万 5743 ドルへの上昇だった。この上昇はインフレ上昇率をはるかに上回った。授業料上昇率がインフレとペースを合わせていれば、公立ロースクールの州民向け授業料は 3945 ドル、現在の 4 分の 1 以下だったろうし、私立ロースクールの平均授業料は 1 万 4800 ドル、現在の半分以下だったはずだ。ロースクールは、授業料にインフレを超えるこのような大きな割増料金を課さなければ、手に届くものであっただろう。

　驚いてしまうようなペースと額の上昇は主要な牽引役であるイェール校で観察できる。同校の授業料は、1987 年は 1 万 2450 ドル、1999 年は 2 万 6950 ドル、2010 年にはそれが 5 万 750 ドルとなった[10]。それはほぼ 2 万 3000 ドルの上昇で、わずか 10 年でほぼ倍である。推定される生活費（1 万 9700 ドル）を加味すれば、イェール校の学生は奨学金を受けないで 2010 年に法律の勉強を始めたとして、法律の学位を取るためには 20 万ドル以上を払わなければならない。もし近時の上昇率が維持されるなら、10 年後にはイェール校の授業料は 7 万ドルとなる[11]。それは不可能なように聞こえるかもしれないが、10 年前にイェール校の授業料が 5 万ドルになるだろうと言われたら、それを笑い飛ばしていたであろう。

　授業料額上昇の具体像を知るための別の方法は、これを夏期アルバイトの収入と比較することだ。70 ～ 80 年代、夏の間、企業法務事務所で働いたロースクール生は、翌年の授業料分といくばくかの生活費を稼げた。これが借金額を少なくしておくことに役立った。しかし、2000 年代早期に、企業法務事務所の勤務弁護士の初任給が劇的に増加したのに、今日の最高給をもらえる夏期アルバイト（ほとんどの学生はそのようなアルバイトにはありつけないのだが）は、多くてもトップ校の授業料の半年分程度を生

上昇する借金の負担の実像

　ロースクール生は通常、教育費を払うために借金をするので、金額は必然的に授業料上昇と連動して膨らむ。1980年代半ばのロースクール卒業生の学部時代とロースクール時代の合計借金額の平均は1万5676ドルだった[12]。1999年はそれが4万7000ドルだった[13]。2010年には、アメリカ法曹協会が提供した数字によると、公立校の卒業生のロースクール分だけで6万8827ドル、私立校で10万6249ドルとなった。これに学部時代に積み上げた借金を加えなければならない[14]。あらゆるカテゴリーの学生ローンを追跡調査する非営利団体は、88.6%のロースクール生は学費を調達するために借金をし、その平均額は8万81ドル、学部時代の借金と合わせるとその額は9万2937ドルだとしている[15]。この計算結果はおそらくあまりにも小さい。ロースクールがUSニュースに提供する数字によれば、学部時代の借金を加える前のロースクール卒業生全体の借金額の平均は2010年で9万8500ドルだった[16]。同年の卒業生の学部時代の借金は（ほぼ3分の2の学生に借金があった）2万5250ドルだった[17]。二つを合わせるとほぼ12万4000ドルだ。現行法では、学生ローンは破産で免責されないことに注意されたい。

　平均自体が相当な高額であるが、それでも多くの卒業生の借金の負担の重さを過小評価している。というのも、借金額の少ないものが多額借金者の負担を希釈しているからだ。2010年における借金のある卒業生の最高平均借金額22校のリストは、多くの卒業生の重い負担の実態を明らかにしている[18]。

　　1、カリフォルニア・ウェスタン校　：14万5621ドル（1学年中88%が負債あり）
　　2、トーマス・ジェファーソン校　　：13万7352ドル（同95%）
　　3、サウスウェスタン校　　　　　　：13万6569ドル（同79%）
　　4、アメリカン校　　　　　　　　　：13万6121ドル（同84%）

5、キャソリック校（DC）　　　　　：13万4133ドル（同91％）
6、ゴールデン・ゲイト校　　　　　：13万2895ドル（同89％）
7、ノースウェスタン校　　　　　　：13万2685ドル（同69％）
8、ロヨラ・メリーマウント校　　　：13万2627ドル（同85％）
9、チャールストン校　　　　　　　：12万8571ドル（同84％）
10、パシフィック（マックジョージ校）：12万8495ドル（同93％）
11、シカゴ校　　　　　　　　　　　：12万7997ドル（同84％）
12、バーモント校　　　　　　　　　：12万7914ドル（同93％）
13、コロンビア校　　　　　　　　　：12万6945ドル（同77％）
14、コーネル校　　　　　　　　　　：12万6000ドル（同80％）
15、ジョン・マーシャル校　　　　　：12万5806ドル（同74％）
16、トウロ校　　　　　　　　　　　：12万5481ドル（同94％）
17、ニューヨーク大学校　　　　　　：12万5169ドル（同80％）
18、ペパーダイン校　　　　　　　　：12万5114ドル（同82％）
19、サンフランシスコ校　　　　　　：12万4982ドル（同76％）
20、アルバニー校　　　　　　　　　：12万4271ドル（同88％）
21、ロジャー・ウイリアムズ校　　　：12万3338ドル（同88％）
22、アトランタ・ジョン・マーシャル校：12万3025ドル（同96％）

　全体的には、2010年は、公立・私立を含めた88校の卒業生は平均10万ドルを超える借金を負っていた（ほとんどの学校でその学年の中の借金者数は80ないし95％の範囲内にあった）。2010年の全国的なロースクール生調査によれば、ほぼ3分の1が12万ドル以上の借金を抱えながら卒業することを予定していた[19]。

　この規模だとすると、月々の借金を返済していくためには幾らの収入であることが求められるのであろうか？　学生債務の助言者により繰り返し提示される大まかな標準は、初任給を超えるなということである[20]。2010年の平均借金額が10万ドル近くであり、平均年間給与が7万7000ドルであってみれば、相談に来る多くの卒業生にとってこの助言は助言とならない。他にも大きな出費（連邦税、州税、家賃または住宅ローン、交通費、

衣食費、保険、老後の預金等）があるのだから、借金返済に充てる分を収入に比してそんなに大きくするわけにはいかない。経済学者は借金の月額返済について色々と異なる試算を提供するが、収入の10％なら何とかなる、15％では問題、「そして、収入に対する返済の比率は18〜20％を超えてはならない」というのが意見の一致するところであろう[21]。しかし、この上限額にとどまることは多くのロースクール卒業生にとっては不可能である。

いま、新たに卒業する25歳の学生（「サラ」と呼んでおく）の例を見てみよう。サラは、12万ドルの借金を標準返済期間10年で完済することを望んでいる。ここでは総合利率を7.25％と仮定する（これは利用可能な二つの政府ローン「6.8％のスタフォードと7.9％のグラドプラス」を組み合わせたもの）。彼女の月額返済額は1400ドルとなる。学生ローン情報サイト「フィンエイド」はサラに、この借金を返済するには少なくとも年間収入16万9057.20ドルが必要であると警告する。それだけであれば借金返済を総収入の10％という推奨ラインにおさめられるであろう。彼女は何とか月額収入の15％を返済に充てられるかもしれない。そしてその場合は年間収入が11万2000ドル必要ということになる。しかし、フィンエイドは彼女が経済的困難に行き着くと助言する[22]。サラが8万5000ドル稼しか稼げないとすると、ローン返済は月額収入の20％となり、上記の上限を超えることになってしまう。

いま、2010年の学年の給料の中央値を6万3000ドルとしてみよう[23]。それがサラの給料だとすると、簡単な計算で、なぜサラが困った状態になるかがわかる。税金（連邦税、収税、社会保障費、高齢者医療保険税）で収入の30％が差し引かれ、サラの月額正味手取額は3675ドルとなる。ここからローン返済1400ドル、賃料1500ドルを差し引くと残りは775ドルとなり、彼女はこれで食費、交通費、携帯電話代などを払わなければならない。実行不可能だ。新人弁護士サラはローン返済軽減プログラムに申し込みをせざるを得なくなる。これについては後に取り上げよう。

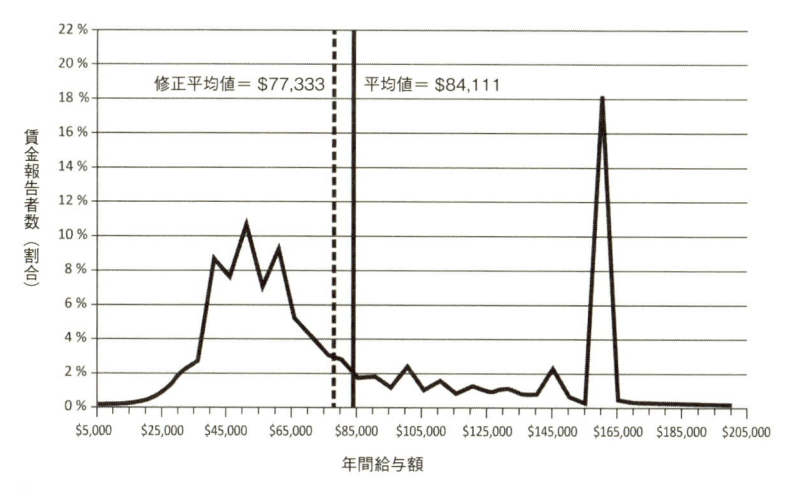

図 9.1 NALP グラフは最近のロースクール卒業生が経験した二峰性給与配分を示す。修正された平均額 7 万 7333 ドルを実際に得るものはあまりいない。卒業生の半数が 4 万ドルから 6.5 万ドルの収入を得る。他方で、20%近くの卒業生が 16 万ドルの給料を得られる企業法務に就く。©NALP2011. HYPERLINK "http://www.nalp.org" www.nalp.org のデータを参照、修正した。

二つの返済類型：トップ企業法務職とその他

　エリートロースクールの学生には、12 万ドルの借金を難なく返済するに足るだけの給料がもらえる企業法務の仕事を掴む十分な可能性がある。2010 年には、27%の卒業生が（2009 年の 30%よりは落ちているが）国内大手企業法務事務所 250 社（NLJ250 として知られている）に職を得ている[24]。これらの事務所での勤務弁護士の基準となる初任給は 16 万ドルだ。もっとも、多くの NLJ250 の初任給、殊にニューヨークとロサンジェルス以外に所在する事務所の初任給はもっと低いのだが。上位 15 位のロースクールは NLJ250 に毎年卒業生の 30%から 60%以上を送り込む（不況前はそれが 70%に達していた）。しかし、ロースクールの格付けが落ちるほどに急激にこれらの職に就ける卒業生の割合は落ちていく。上位 16 位から 25 位のロースクールのそのような卒業生就職率は 20%ないし 30%である。26 位以下となると NLJ250 就職率は約 10%だ。その例をいくつか見てみよう。トュレーン校、テンプル校、ノース・カロライナ校、ミネソタ校、オハイオ・ステイト校では、それらはいずれも十分な評価を受

けているロースクールであるが、2010年の卒業生の10%ないし12%しかNLJ250に就職していない。上位51位以下のロースクールでは、殊に大きな法律市場外に立地している場合には、これらの渇望されている職に就ける卒業生の数は5%以下、いくつかはゼロである。

新人弁護士の初任給は二峰性配分［分布曲線に2つの山ができる散らばり方］と呼ばれる二つの際立った型に分けられる。それは10万ドルもの差のある二つの集団である。2010年の卒業生でみれば、半分近くが4万ドルから6.5万ドルの収入を得る[25]。これが図9.1の左のピークである。給与情報を報告した者の内、ロースクール卒業生の20%近くが約16万ドルの収入を得て（最高給の企業法務職）、狭い右側のピークを描く（2010年卒業生全体の約10%がこのような給料を得た）[26]。二つのピークの間の長く平らな谷に残りの卒業生が散らばる。修正された平均額7万7333ドルは魅力的にみえるが、実際にこの金額を手にする者は多くない（低所得の卒業生の多くは自分の給料情報を報告しないため平均値計算は実際よりも高く歪められるので、低く修正されなければならない）。

この二峰性給与配分は10年以上に渡って存在している[27]。トップロースクールの才能ある学生の激しい獲得競争のため、企業法務事務所の勤務弁護士の初任給は2000年代に急上昇した[28]。これがずっと右の方に寄せられた段違いに高い給料のピークを作り出した。この獲得競争は最高位の者だけに影響しただけだったので、より低い給料を得る集団の50%内外の卒業生は給料上昇の恩恵には与れなかった。毎年、新弁護士供給源であるロースクール卒業の新人が求職数よりも多く輩出されているので、就職市場の下半分にいる者の給料を上げる圧力がほとんどないのである。現在の法律市場の不況は低所得の左のピークを大きくし、高給取りの右のピークを削っているが、基本的な二峰性配分は存在し続けている。平均9万8500ドルの借金でもって、最右端の給料に近い卒業生のみが月額の借金返済を問題なくできる。

法律職の経験を積めば報酬も増えるのだから、時の経過とともに卒業生の借金返済は処理しやすくなっていくと考える者もいるかもしれない。確かに、そうなる人もいるが、多くの人にとってはそうではない。アメリカ

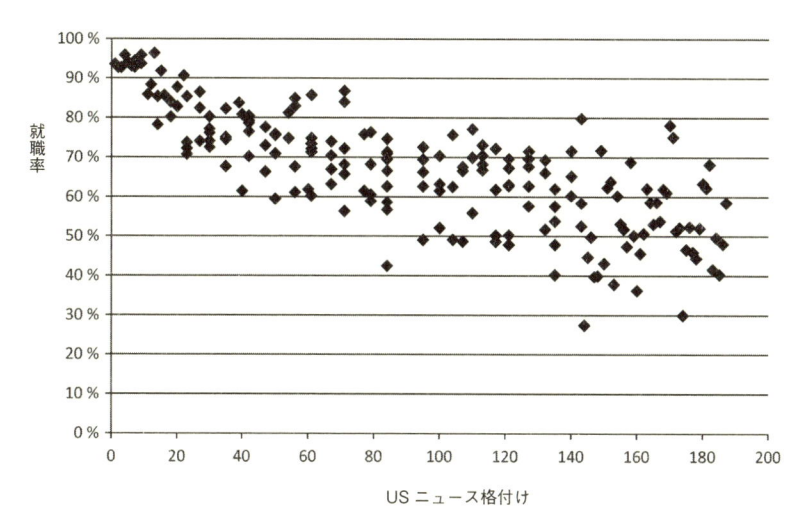

図 9.2　卒後 9 か月以内に法務博士学位が求められる職に就いた 2009 年卒業生。このグラフに表される点は 2 つの就職カテゴリー（卒後 9 か月以内に就職したことが分かっている卒業生と法曹協会に登録された者）を結合して作成された。これらの統計は US ニュース・ベスト・ロースクール、2011 年ランキングへのオンライン加入で見ることができる。
http://glad-schools.usnews.rankingsandreviews.com/best-graduate-schools/top-law-schools/law-rankings.

労働統計局は、「2008 年 5 月時点で、全賃金弁護士の年間賃金の中位値は 11 万 590 ドルだった。同職の中間層半分は 7 万 4980 ドルから 16 万 3320 ドルの収入を得た」と発表した[29]。この数字からは、少なくとも「サラリーマン弁護士」の間では、多くの者がキャリアを積んでいった中でも 12 万ドルのローンの返済に窮し続けるであろうことを知ることができる。

弁護士の職を得られない卒業生の割合の高さ

　しかしそれでも、それは最悪な状況とは言えない。ここ数年のロースクール卒業生の相当多くが法律家としての仕事に就けないのだ。2009 年のロースクール 30 校では、わずか 50％またはより少ない卒業生しか法律家としての職を得られなかった。90 校近くのロースクールでは、3 分の 1 あるいはそれ以上の卒業生が法律家としての職を得られなかった（いずれの数字も卒業後 9 か月経過したときのものである）。2009 年は法律職就職状況

第 9 章　授業料高騰と借金の増大 …… *145*

が良い年ではなかったが、2010年はさらに悪くなり（4万2854人の卒業生中、わずか2万8167人が法律家として就職）、2011年も状態は悪いであろう[30]。

図9.2は2009年卒業者のロースクール格付けに対応する法律職獲得者割合を描くものである（Dランクに位置するロースクールは格付けがないのでUSニュースの格付け表欄外にアルファベット順に示されている）。誰でも予想するように、トップロースクールは法律職獲得者割合が高い傾向（90％台の範囲内である）にあるが、格付けが下がるにつれて法律職獲得者割合は低くなっている。

次表は、2009年卒業生で法務博士号を要件とする職（私立法律事務所、政府の法律職、公益団体法律職［public interest legal positions］、裁判官助手、それと企業内法務）を卒後9か月以内に得た者の割合が最も少ないロースクールのリストである。

コロンビア特別区大学校（University of DC）	26%
ウェスタン・スティト校	28%
ノース・カロライナ・セントラル校	36%
フロリダ・A&M（農業及び機械）校	38%
アヴェ・マリア校	40%
バリー校	40%
ウェステタン・ニュー・イングランド校	40%
キャピタル校	43%
トウロ校	44%
アパラチアン校	45%
ノーザン・イリノイ校	46%
クーリー校	46%
オハイオ・ノーザン校	46%
テキサス・ウェズリアン校	47%
リバティー校	48%
クーニー校（ニューヨーク市公営）	48%

アーカンサス校	48%
ホィッティアー校	48%
ペイス校	49%
クニピィアック校	49%
ラバーン校	49%
チャップマン校	49%
ミシガン校（MSU）	49%
バルパライソ校	50%
アトランタ・ジョン・マーシャル校	50%
サンタ・クララ校	50%
ニュー・イングランド校	50%
バーモント校	50%
メイン校	50%

　2009年のこれらのロースクールの卒業生は法律職を得るチャンスは良くてコイン投げによるものと同じである。多くのロースクールではこれらの暗い数字はさらに悪化している。というのも、増々多くの割合の法律職がパートタイム（週に30時間未満）となっているからである。例えば、ゴールデン・ゲイト校では53%が法律家としての仕事を得た。それだけでも十分悪い状況だが、さらにそのうち42%がパートタイムだったのである。

　これらの就職数は卒業9か月以内のものである。卒業生はさらに我慢した後に職を得るかもしれない。しかし、彼らは更に何か月も法律職にありつけないかもしれないし、間もなく翌年の新卒業生と競争することになるかも知れないのだ。彼らに何が起こるかの確かな情報はない。彼らはどこかの時点で、借金の返済と日常生活費の支払いをするために、どんな仕事にでもつかなければならない。

　このような数字を突きつけられると、ロースクールは、低調な就職率は最近の現象であり、現在の不況の産物であると言って、以前は状況が良かったのであり、法律市場が回復すれば事態は元通りになると主張する。わが国の経済が歴史的な不況にあり、その結果どの職種にとっても悪い状態な

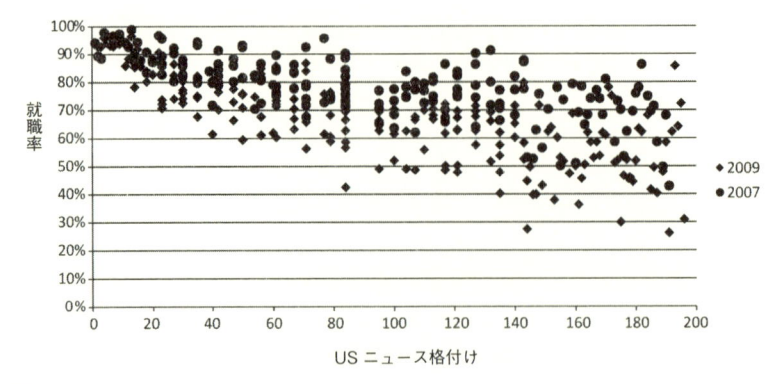

図 9.3　2007 年及び 2009 年の卒後 9 か月以内の卒業生の法務博士学位必要職への就職率。情報源は US ニュース・ベスト・ロー・スクール、2011 年ランキング、http://glad-schools.usnews.rankingsandreviews.com/best-graduate-schools/top-law-schools/law-rankings.

のだから、ロースクールだけを取り出して責めるのは間違っている、と彼らは言うのである。

しかし、これは正しくない。

確かに、この不況が事態を悪化させているのは間違いない。とはいえ、多くのロースクールでの就職率低下はこの不況以前に存在したのである。図 9.3 は、2009 年（ひし形の点）とともに不況前の 2007 年（丸の点）を描く。2009 年の卒業生を打ちのめした法律市場の破裂より前の、2007 年の法律職就職率は実際に高かったが、両年とも同様の傾向を示していた。つまり、トップ 50 校を除くロースクールの相当高い割合の卒業生が、法律職を得られなかったのだ。2007 年の就職率が高かったのは、同年がブームの年であり、崩壊前の頂点だったからである。

全ロースクールの就職率データはこのパターンは少なくとも 2001 年にまで遡ることを示している（NALP という、ロースクールと共同でこの情報を追跡する組織によるデータ収集の変更により、それ以前との比較ができなくなった）。これらの年の卒業生の法律職就職率は、68.3％（2001）、67％（2002）、65.5％（2003）、65.1％（2004）、66.7％（2005）、68.35％（2006）、70.7％（2007）、67.2％（2008）、62.5％（2009）となっている[31]。労働統計局のデータも、この期間の法律職分野へのロースクール卒業生の過剰供

給を示している。同局は、2000年から2010年にかけて経済が12万3000人分の新しい法律職を創出し、10年間の離職がさらに15万1400人分の空席を作ったと試算している[32]。この二つを合わせると、ロースクールが世に40万人以上の卒業生を送り出した期間に法律家としての席は27万5000人分が作られたことになる[33]。このような期間中、繰り返しになるが、USニュースに掲載されたロースクールの大多数は80％後半から90％の範囲の就職率を公表していた。

相当一貫性のある理由で、これらのデータからは、過去10年間のロースクール卒業生の約3分の1が法律家としての仕事に就けなかったこと、及び、図9.3に見るように下位に格付けされたロースクールの卒業生の方がその割合は高かったことを知ることができる。つまり、法律家としての就職率の低さは最近の法律市場の不況によるものではないのである。

機会さえあれば、格付け下位のロースクール卒業生も喜んで法律家職を取り、その割合はエリート校がそうであるように90％台となるであろう。卒業後90％以上のロースクール卒業生が時間と金を投資して司法試験を受けるという事実は、少なくとも法律家として働く資格を得たいという願いがあることを示している[34]。明らかに、格付け下位のロースクールの学位は卒業生を法律職に就けさせる強力な武器となっていないのである。ロースクールはしばしば、通常は会計事務所に就職した卒業生やFBI捜査官となった卒業生を引き合いに出して、法律家としての職に就かなかった卒業生は、その法律学位をうまく他の職場でのキャリア向上に利用していると主張するし、この数十年間主張してきた。しかし、非常に限られた例ではそのようなことはありえようが、法律職に就けなかった多くの卒業生には当てはまらない議論である。

20年前、あるいはもっと近くの10年前、借金額はある程度耐えられる程度のものだったのであり、法律職に就けなかった卒業生はそれでも経済的に何とかやっていけた。このような時代には、警察官や中規模会社の管理職や公務員が、自分のキャリア向上を目指してロースクール（多くは定時制）に入学することは珍しくなかった。また、事業での商機を増やすためにロースクールに入ってくる若者もいた。その頃の年間授業料はずっと

低かった。しかし、私立ロースクールの授業料が3万ドルから5万ドルの範囲になってしまった今は、このような人がロースクールに入ることはずっと少なくなった。キャリア・アップ目的で多くの時と金を法教育に投資することは、殊にそのコストを回収するための就労期間が短くなっている非法律分野での有職者にとっては、経済的にはほとんど引き合わないことなのである。

法律学位は法律家とならなかった卒業生にも配当があるという古いセリフを繰り返す法学教育者は、20～30年の間に、2倍、3倍となった授業料によって作り上げられた新計算方法を認識しえないのである。

収入基準返済プログラムの否定的側面

ロースクールにとって最悪の組み合わせは、卒業生の高額借金、低い法律職就職率、そして低い方の二峰性給与配分への落下である。そしてそれは、多くの格付け下位のロースクールにおける現状だ。

高額の借金を負ったこれらのロースクール卒業生は、格付けがより上位のロースクールの多くの卒業生も同様だが、やむなく返済期間を最高30年まで伸ばしている。もし12万ドルの借金のサラが30年プランを選べば、彼女の月の返済額は800ドルとなり、年収6万3000ドルでもやっていけることになる。このスケジュールで行けば、彼女が55歳になったとき完済となり、合計30万ドル近くを払った勘定となる。当然のことながら、卒業生は返済延長表にサインすることをためらい、ロースクールの経済問題カウンセラーもこれは薦められないことだと考える[35]。借主は住宅ローンを払い、子供の大学教育のために貯蓄をし、老後のためにも貯蓄をしなければならないのに、総利息額の膨張による法教育費の増大のため、中年までその返済を続けることになるからである。

サラの他の選択肢としては、収入基準返済プログラム［IBR］（月の返済額を低くすることを認め、25年後は残額を免除する連邦政府のプログラム）に申し込むことである[36]。公益業務従事者となった卒業生は他の条件は同じで免責は10年後となる。

IBRでの毎月返済額は、彼女の修正後総所得と貧困ガイドラインの

150％との差の15％（2014年の資格者は10％）となる。教育省の計算例は次のようなものである。「たとえば、2009年における連邦厚生省［HHS］による3人家族の貧困ラインの150％は2万7465ドルです。もし、あなたの修正後総所得［AGI］が4万ドルならば、その差は1万2535ドルとなります。その15％は1880ドルとなります。これを12で割ると月のIBR返済額157ドルが計算されます」[37]。標準の10年返済計画での月返済額がIBRで要求される金額を上回る場合、その卒業生はIBR有資格者となる。ただしこれは連邦からの負債のみに適用され、私的負債は対象外である。

　何千人もの最近のロースクール卒業生がこのプログラムの有資格者である。この理由を見るために、3人の家族を持つ、ある卒業生（彼をボブと呼ぶことにする）が年収6万3000ドルの仕事を得たと仮定しよう[38]。3人の家族を持つ卒業生のIBR下での月返済額は444ドルである[39]。もし、ボブがサラと同じようにロースクール時代に12万ドルの借金を負ったとすると、その月返済額1400ドルはIBR基準の支払額よりはるかに高くなる[40]。ボブの負債が10万ドルだとすると、月返済額は1200ドル、やはりIBRのそれよりずっと高い。債務額6万ドルでも月返済額700ドルはやはりIBRより高い。借金額がこれらのレベルのどこにあろうとも、ボブはIBRの資格がある。年収6万3000ドルの場合、3人の家族を持ち、債務額が4万ドル未満の卒業生のみが、IBR適用外となる。6万3000ドルは2010年卒業生の収入の中央値であり、約3分の2の卒業生が6万ドル以上の借金を負っているのだから、最近の多くの卒業生はIBR有資格者であることがわかる[41]。

　また、3人の家族を持つ2010年の卒業生アベレージ氏（訳者注：「平均」という意味の名前）のロースクール時代の借金がその年の平均と同じ9万8500ドルであり、法律家としての給料がやはり平均と同じ7万7300ドルとしよう[42]。彼の標準月返済額は1150ドルとなり、IBRによる支払額623ドルより約500ドル高くなる。たとえ扶養家族がいなくても、彼は余裕をもってIBR有資格者となる（想起すべきは、この計算はアベレージ氏の学部時代の2万5000ドルを反映しておらず、これが上記に加われば

彼の債務総額は 12 万ドルを超え、それに従って月の返済額は増加することである)。

　今日広く見られる債務額の大きさを見れば、比較的に高給の仕事に就いたロースクール卒業生でさえ IBR 有資格者になるかもしれない。ほとんどの指標を用いても、初任給 10 万ドルの仕事は大変な成功例である。しかし借金を考慮すれば事態は異なる。もしボブが 10 万ドルの借金を負って 10 万ドルの給与の仕事に就いたとしても、標準月返済額 1200 ドルは IBR 基準の返済額 906 ドルを上回るので、やはり IBR 有資格者となる[43]。彼は慎重を期して IBR なしで標準の返済をするかもしれない。しかし、何かの不具合が起きただけでも、10 万ドル稼ぐ者が経済的困難に陥る可能性はあるのである。

　2010 年のロースクール卒業生の 90％近くが借金を抱え、その平均額が 10 万ドル近い[44]。NALP の提供するデータは同年の卒業生の約 15％しか 10 万ドルを超える給料を得ていない[45]。この数字を前提にすると、多分 2010 年卒業生の半数以上が IBR 有資格者であるとの推測が成り立つ。それほどの高率で IBR 有資格者となるということは、法学教育が経済面で深刻な問題を持つということを示す。

　IBR は、高額な学生の借金とそれを返済するに不十分な収入との組み合わせによって、「標準的な返済がきわめて厳しい者のために設計された」ものである[46]。このプログラムが作られた時、債務者の 15％から 30％に適用されるだろうと試算された[47]。最近 (2009 年から 2011 年) のロースクール卒業生の IBR 有資格者率はおそらくそれよりはるかに高い。すべての資格者がこのプログラムを申し込むのではないが、しかし多くの者は他に選択肢がないのである。

　ある教育分野、あるいは個々の学校が高い率の IBR 有資格者を卒業させているということは、提供される収入の機会に比較して借金額が高すぎるということを示唆しているのである。このことは、料理学校であれロースクールであれ何であれ、妥当することだ。

　たとえ IBR が高額借金のロースクール卒業生に命綱を投げかけて、返済困難や、債務不履行から救っているとしても、それは理想的な姿ではな

い。借金の残高は返済不足額と利息によって膨れ続ける（たとえ、政府が最初の3年間の利息を負担してくれても）。もし将来のある時点で、卒業生の収入が標準10年の返済をするに足る額に増えても、その債務者は結局、債務返済完了まで当初の予定額よりずっと多く利息を払うことになる。このようなレベルの額の借金の長期分割返済は、急速に借金残高を増やし、返済終了をさらに難しくしてしまうだろう。

IBRの免責という特徴は（現在は25年、2014年資格者は返済努力不足で無効とされなければ20年）は良い政策のように見える（しかし、現在の規則では、この免除は税金を払い続けることの見返りをされている。ただしこのことは公益職従事者の場合にはあてはまらない）。確かに、ついに終わりが来て、重い経済的・心理的負担から解放されれば、個人としてはホッとすることであろう。それでも、事実上は、彼らは法律家としての職歴の大部分をある程度の経済的不自由の下で働いたということになる[48]。このことは別の意味でこのプログラムの適用を受けた人に否定的影響をもたらす。住宅ローンその他の大きなローンの利率に影響するFICOスコアという信用度数値があり、これは個人の債務額と返済率が関係するので、彼らはクレジットを拒否されたりクレジットの対価が高くなったりするかもしれない。IBRが作る不安は、結婚相手探しや二人の経済計画に影響することさえあろう。

100校のロースクールはローン免除プログラムを有するが、最も裕福な学校の一握りにしか意味を持たない。他の学校では免除される額が通常小さいので、多額の借金を抱える卒業生にはほとんど解放感を与えられない[49]。連邦政府や2、3の州政府は資格ある職員に対する返済援助や免除制度を有するが、選ばれた人のみがその利益を得るだけであり、また、それは基金の額の制限にも左右される。

ロースクール卒業生にとって最上の救済策は、IBRに似ているが、正規公益業務従事者として10年働くと借金残額が帳消しになる「公益労働債務免除プログラム」という制度を利用することである[50]。これは素晴らしい制度で、標準返済プランで払い切るのと同じ期間で借金をなくしてしまうのである。ここで言う公益業務従事者は広く定義され、市、州、連邦

政府の職員とともに、法律援助機関の職員、非営利団体の職員も含まれる。それでもこれらの職への競争は熾烈だ。しかし、企業法務の職を得られず多額債務を抱えた多くの卒業生にとって、これが借金から合理的に逃れることのできる最後の望みだ。

いかがわしい経済的結果を生むロースクール

　低い格付けにあり、高額債務を負う卒業生が多いほとんどのロースクールは、毎年毎年極めて問題のある結果を生んでいる。相当高い割合で、卒業生が法律家としての職に就かず、仮にそのような職についても借金のレベルに追い付かない低い給与の職にしか就けない傾向にある。

　トーマス・ジェファーソンロースクールは分かりやすい実例である[51]。2010年卒業生の平均債務額は13万7352ドルだった（95％の学生が借金を抱えて卒業した）。2011年卒業生中、卒業後9か月以内に法律家として就職したのはわずか73人だった。私立法律事務所の弁護士として職を得た卒業生（221名の卒業生中55人）が最高級の給料を得た。収入の内訳をみると、下から25％目が4万7500ドル、中央が6万5000ドル、75％目が7万7500ドルだった（弁護士として稼働している卒業生のわずか12人しか給与情報を報告しなかったので、全体の数字はまず間違いなくもっと低い）。

　2010年のトーマス・ジェファーソン校卒業生（またサラと呼ぶことにする）が平均額の借金を負い、独身で扶養家族なしと想定しよう。サラは私立法律事務所に就職した25％の運の良い卒業生の一人で、他の同級生と比較して二重に幸運なことに、最高の部類に入る7万7500ドルの給与の職に就いた。しかし不運にも、債務額が13万7000ドルなので、標準債務返済は月額1600ドルとなる（IBR基準だと765ドル）。標準債務返済額は収入総額の25％となり、それは望ましいとされる許容範囲の上限20％を超える。

　サラは30％を税（連邦、収、社会保障費、高齢者医療保険税）として支払い、毎月の請求書の支払いを考え4500ドル残すという具合に余裕を持った想定をしよう。サンディエゴでの家賃1200ドル、借金返済に1600ドルを払っ

た後、食糧、衣服、交通費、保険、携帯電話、ケーブルテレビ、その他各種の出費のための可処分所得1700ドルが残る。経済原則上はサラは問題ないであろう。

　しかし、驚くべき点は、上記の数字から判断して、サラはトーマス・ジェファーソン校の他の同級生90％よりも労働条件がずっと優れているということだ。借金なしの5％を除けば、2010年のトーマス・ジェファーソン校の卒業生の多くが（ほとんどの卒業生が平均的借金を負っているとして）IBR有資格者だという現実的な可能性がある。それは、平均的借金を負う卒業生は、有資格者とならないためには最低でも14万5000ドルを稼がなければならないからだ。サラに適用された数字を使えば、給与額6万5000ドル（すでに述べた私立事務所での中央値）のトーマス・ジェファーソン校卒業生は、毎月、賃料と借金返済分を控除した後1000ドルしか残されない。この人はIBRの申請をすることになろう。

　この議論を正しい方向で見るためには、卒業生のわずか3分の1しか法律家としての職を得ず、多くの卒業生が給与額を報告しないために、そこで使用された給与額はいずれにしても当てにならないということを繰り返し強調しておく必要がある。私が使用した数字は膨らまされており、そのため学年全体を言い表していない可能性がある。学年全体にとっての本当の就職率・給与額の姿が何であるかは入手可能な情報からは明らかにしえない。しかし、多くの卒業生の運命は、私がこれまでに描いたシナリオより悪いものである。トーマス・ジェファーソン校が提供してくれる最も意味のある情報は、私立法律事務所に就職した卒業生の多くは2人から10人の弁護士の事務所に就職したのであり、それは学校を出たての者に最低の給与しか払えない法律事務所（一人事務所よりは上だが。なお、多くの卒業生がこの一人事務所の世界に入った）であるということだ[52]。トーマス・ジェファーソン校によれば、この分類に入る者の給与中央値は5万ドルである。平均的な債務を負っている卒業生にとって、この給与では家賃と返済額を差し引くと100ドルしか残らない。

　卒業生にとっていかがわしい経済的結果というのはこれだけではない。2008年、2009年、2010年のトーマス・ジェファーソン校卒業生の借金

を合計すれば1億ドルを超える（これだけの資金があれば成果の見込める学生をどれほどたくさん入学させることができたであろうか）。2010年のクーリーロースクールの卒業生だけで借金合計は9100万ドルだった。同じような状況のロースクールを加え、今後数年分を掛け合わせれば、問題の大きさが見えて来よう。このような債務のほとんど全部が連邦政府により扱われ、その相当大きな割合が未払いとなるのである。

　これまでは、学生ローンの不履行率は比較的低かった（2%未満）。しかし、これは幻想だ[53]。たとえ、現行方式では月の返済額がゼロでも、その債務者は債務不履行者として勘定されない。IBRの債務者の借金残額が実際に増えていっても、それでもその債務者は優良債務者でいられる。こうしてIBRは不良債権の全容を隠す。一旦、債務者が大きな借金の返済を滞納するようになると、たとえ給与が上がっても、複合的な効果が作動し、追い付くことを困難にする。ロースクールに係る潜在的に巨額な債務額は最終的には回収不能かIBRの運用を通しての免責として、政府によって帳消しにされる[54]。2010年のロースクール卒業生の借金総合計は36億ドルを超えた。これは1年分である[55]。そしてロースクール卒業生の平均借金額のレベルは今も上がっているのである。

　予想通りに、法律学教育者は、IBRをセールストークに組み入れた。2011年の全米法律雑誌で法学教授は、IBRの恩恵を受けているのでロースクール生の借金はそう悪くないと主張した。「25年後には、どの借金残額も免責される……それ以上に、こういう制度による免責は、ある一面では本質的には後付けの奨学金なのだ」と言うのである[56]。これは、経済的困難にある人を援助するために設計されたプログラムの下で、長期の専門職業歴をすごすロースクール卒業生の運命を語るには、傲慢なやり方である。ロースクールが「後付けの奨学金」として言っているのは、卒業生が一生の間、鉄球と鎖の経済的な足枷を課せられて苦労することになることである。国庫の健全性から見ても、ロースクールが、事がうまく運ばなくてもぞっとする額のローンを実際には返済する必要がないと言って、世間知らずの学生をロースクールに勧誘することは困ったものである。

第10章
授業料急上昇のわけ

　下記に列挙した理由は――その多くはこれまでの章で述べてきたことだが――情け容赦のない授業料高騰の主な原因として一般的に指摘されている事柄である。

　1　研究促進のための受持ち授業の負担軽減、及び、臨床プログラムと法律文書指導の教育者数の拡大のため、教授陣の数が増加してきている。前者は、学問的成果の更なる強調と学者獲得競争の結果である。USニュースは、学問的評判に大きな重点を置くことによって、学者教授獲得競争を煽り、学生数と教授数の割合を低くすることに多く加点し、それにより教授陣の拡大を推し進めた。アメリカ法曹協会の認証は、ロースクールが終身在職教授の授業負担軽減の穴埋めのため、安価な非常勤講師に過度に頼ることをいましめた。臨床クリニックの拡充は、ロースクールは法実務への対応が十分できていない学生を卒業させているという法曹界の長きに亘る苦情によって促進された。よりよきサービスを提供し、また、増加した教授陣と学生に対処するために、一般管理職員も同様に増えた。
　2　高額な例では、スター教授獲得のために（今では30万ドルを超えている）、低額な例では教授の給与を上げて認可を得ようとの努力のために、法学教授への支払いが過去30年で相当大きく増加した。
　3　IT企業が、弁護士を獲得するために競って弁護士の給与を上昇

させたことに伴い、2000年代初期に企業法務事務所の初任給が急上昇した。これは、授業料上昇に二つの影響をもたらした[1]。企業法務弁護士の給与の数字によって、絶え間なく上昇する授業料に見合う華々しい経済的報酬が得られると人々が信じたために、ロースクールにはさらに多くの志願者が引き付けられた（2000年7万5000人から2004年10万人）[2]。法律学位へのより大きな需要（応募者の増加）は、ロースクールが授業料を値上げすることを容易にした。他方で、法学教授は新卒業生と比較して自分たちは十分な給与をもらえていない、もしこのまま大きく後れを取ったままだと教授の質が落ちると論ずることができた。これが上記2で見たようなより大きな給与上昇を推進した。そしてそれは値上げされた授業料によって支払われたのである。

4　相当多額の費用が研究活動を支えるために費消される。そこには、授業負担軽減、サヴァティカル（長期有給休暇）、夏期調査研究助成金、リサーチ補助及び書籍購入基金、学会参加交通費、学会後援基金、そして多数の雑誌発行補助金が含まれる。

5　USニュースのLSAT［ロースクール適性試験］とGPA［学業平均点］を重視する方針に煽られて、望ましい学生を引き寄せるため、成績基準の奨学金が巨大に膨れ上がった。ロースクールは、毎年授業料とともに奨学金を増額し、現在10億ドルを奨学金に割り振っている。授業料の年間増加額の相当大きな部分が奨学金として学生に還元されている。それは、一部の学生から他の学生への再配分を意味する。

6　いくつかの大学はロースクールを金のなる木として扱い、ロースクール収入の15％から30％（稀にはさらに多く）を吸い上げている[3]。これは学校により異なり、どこでもそうだというわけではない。こういうお金の一部はロースクールによって増加した費用（セキュリティー、電力、建物の維持、管理費）に充てられ、あるいは大学の他のプログラムや活動の費用に充てられることもある。収入を渇望する大学はロースクールの授業料増額を勧め、あるいは主張する。

7　州立ロースクールはここ数年の議会による予算削減分を埋め合わせるため授業料を値上げしている。

さらにいくつかの補足的要因が値上げの原因と理由として挙げられる。(8) アメリカ法曹協会の認証基準が図書館の多くの蔵書とロースクールの充実した施設を要求してコストをかけさせる。(9) 技術が高額で、しかも情報技術職員が増加している。(10)以上に述べたことのほかに、USニュースの格付け競争が学生一人当たりの出費を増やしている。その出費額が格付けのための得点に勘定されるからだ。

　これらの要因のそれぞれにはある程度理解できるところがある。しかし、原因と結果を混同しないように注意する必要がある。ロースクールが流れ込んでくる授業料収入を、何に使ったかということでもって、授業料増額の理由と見誤ってはならない。ロースクールが現在の高価格モデルへの飛躍を始めた20年前からの状況を見れば、支出と収入は互いに異なる要因で動いていることが分かる。

　アメリカ法曹協会法学教育コンサルタントの年次報告書によれば、ロースクールは、1990年は良い時を過ごしていた。100校以上が「新しいか実質的に新しくされた施設」を有していた、「教授陣の規模は大きくなった」、1974年以来「教授の給与の中央値は2倍以上となった」、「一般管理職は増え」、これまで教授陣の仕事だった入学許可と就職の世話を引き継いだ、「図書館職員はその給与と同様に増え、ワープロとコンピューターという新しい技術が導入された」というものである。USニュースがロースクールに邪悪な影響を行使するようになる前は、特に問題なく、このようなことが起きていた。

　なぜロースクールは全般的な向上を享受できていたか。報告書説明は次のようなものである。「これらの改善や同種の向上の大部分は、学生数の増加、以前には考えも及ばなかった授業料増額によって可能となった」[4]。応募者数は初めて9万人を超えた。ロースクール入学者数は4年連続増えた。たった10年で、授業料収入が公立ロースクールで250％も、私立ロースクールでも140％も増加した。1990年にロースクールが支出した事柄（より多くの教授陣、より多くの一般管理職員、立派な建物）は授業料増額を引き起こさなかった。多くの金が流れ込んできたので、ロースクールはこれらのことができたのである。

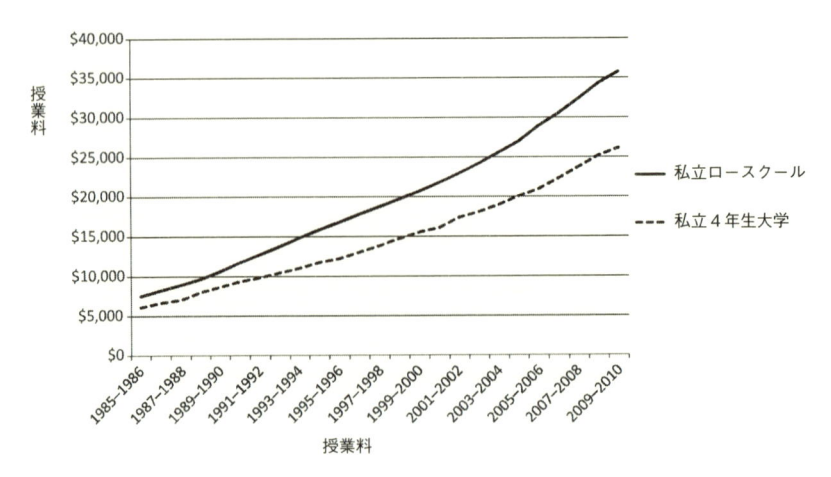

図10.1　私立4年制大学の授業料対ロースクールの授業料USニュース

「ロースクール授業料　1985年-2009年」、(http:www.americanbar.org/content/dam/aba/migrated/legaled/statistics/charts/stas_5.autcheckdam.)「大学入学試験協会編『2010年度版　学生支援の動向』(ワシントンDC：大学入試センター刊行、2010年)」より

ロースクールと大学の授業料の値決め

　どうしてロースクールの授業料がそれほどまで値上がりしてきたかを理解するためには、公立・私立にかかわらず、4年制大学の学部生の授業料も同様に急上昇してきたことを知らねばならない。図10.1は私立4年制大学と私立ロースクールそれぞれの平均授業料増額を示している。これを見ると、ロースクールの授業料は私立大学より多額に、そしてより高率で上がっている。そしてそのことがロースクールの値札をさらにいっそう痛みを伴うものにしている。しかし、それでも両者とも大きく上昇しているのである。

　大学の授業料値上げは、ロースクールのそれと同様に、インフレ率よりはるかに大きい。1985年から2009年まで、授業料は私立大学で327％、私立ロースクールで375％上がった。低い金額から始まった公立の大学とロースクールでは、この間の授業料の値上がり率はもっと高いものだった（州民の学生数と州外の学生数の割合に関する情報が十分でないので具体的な上昇率の比較をできない）。これだけの値上がりがあったのだから、

学生債務総額（学部と大学院を合わせて）が1999年以降511％も増えたことは驚きに当たらない。多くの評者はこれを次の借金バブルの崩壊前の状態だと言っている[5]。

大学とロースクールは、この苦情の嵐に対し、授業料値上げは自分たちの過ちによるものではないと主張する。前述した各種の要因を引用して、学生を教育するのにかかる諸費用が急激に増加したことが原因だというのである[6]。しかし、授業料の価格決定のパターンは原因が別のところにあることを示唆している。

大学とロースクールの両方に言えることだが、最も名声のある学校は名声の低い学校より1段か2段高い授業料の値域に集中している（公立校については公的援助が様々なので比較が困難である）。エリート私立大学の授業料は3万ドルの後半から4万ドルの前半の範囲内にあり、他方、非エリート校では2万ドル後半から3万ドル前半である。エリート私立ロースクールでは4万ドル台半ばから5万ドルの間に集中し（これはエリート公立ロースクールでも同様である）、非エリート校では1段低く、3万ドル前半から半ばである（このパターンは大きな法律市場にある非エリートロースクールには当てはまらない。すぐに説明する理由から、それはエリート校と同様になる）。

このパターンは、学校運営の実際の経費の差をもたらすと思われる規模や位置とは関係なく存在する。アムハースト大学は牧歌的な西部マサチューセッツにある小さなエリート教養大学であるが、その授業料4万862ドルと、大規模で都市部フィラデルフィアにあるエリート校ペンシルバニア大学の授業料4万514ドルとほとんど同一である。ハーベイ・マッド大学の前学長ヘンリー・リッグスは、「大学のように内容が多岐に亘る組織で、どうして二つの異なった大学がほとんど同額の授業料になるのだろうか」と問い[7]、こう答えている。「そうではないのだ。価格は市場が決めるのであって、経費によるのではないのだ。私立高等教育産業の授業料は価格先導性の典型例だ。トッププレイヤーが広告に載せる価格を決め、他が追随するのだ」。

ある教育の値打ちがどのように受け止められているかということが、学

第10章　授業料急上昇のわけ……161

生（そして親）が幾らを喜んで払うかに影響するので、授業料は経費ではなく名声に関連して決まる。十分多くの高等教育の購買者が、エリート校からの学位は最高の機会を提供すると信じている限り、エリート校は価格を上げることができるし、また、そうするであろう。非エリート校は、レベルを1段低くしながらも、残りの高等教育要望者を救い上げるために同様に価格を上げるのである。

需要と価格

　既に答えが出た。ロースクールは、それができるから、これまで節度を欠くほどに授業料を上げてきたのである。最近まで、法律学位に対する需要は価格に殆ど影響されないかの如くだった。こうして、価格値上げに対する無感覚が更なる値上げを招いた。

　エリートロースクールは、そのブランドと信用に対する需要が大きいので、非エリート校よりも1万ドルから1万5000ドルも多く請求する。しかし、法律学位の需要が十分大きければ、非エリート校でも高額の請求をすることができる。ニューヨーク、ロサンジェルス、ワシントンDC、そしてサンフランシスコにある非エリート校も、支払いの良い法律分野の雇用者がたくさんいる場所に近いので、エリート校同様の範囲の高額授業料を設定することができる。アメリカ法曹協会による認証基準が低価格による競争者を追い出して、C、Dランクのロースクールでも価格レベルを維持することに役立つ。認証を得ようとするどの新ロースクールでも、3万ドル前半の価格設定をすることができるのである（アトランタのジョン・マーシャル校がそうしたように）。それが低位に格付けされた認証校の現行市場価格だからだ。

　エコノミストも、授業料は需要と供給の作用で上昇したという極めて明白な経済学の法則に目を白黒させるだろう。ロースクールが挙げる授業料増額理由の一覧は、むしろ、熱心な学生が列をなしてまで支払ってくれた、値上がりした多額の授業料をどのように使ってきたか、そのことをよく説明している。授業料値上げが需要を強力に抑制したならば、授業料はこうまで上がらなかったであろう。ばら撒きに使える収入がもっと少なければ、

ロースクールは受持ち授業負担をそれほど大きく軽減しなかったであろうし、それほど多くのリーガルクリニック教員を採用しなかったかもしれず、また、給与をそこまで上げなかったであろうし、研究費にそこまで多額をあてがわず、ロースクールにもそんなに多額を与えなかったであろう。だがこんなふうには使われなかった。

　名声、価格、そして需要の結合の作用は、ロースクールとロースクール志望者が作り出す特異な価格決定システムにも見られる。これは、ロースクールがLSATとGPA中央値が高い学生を取ろうと互いに競争し、他方で抜け目のない志願者が奨学金額を上げさせて、実質上の授業料値引きをさせようとする、そういう本格的な市場である。学生はより高い代金を払ってより高い名声のある学校に行く方が得か、より低い格付けの学校で奨学金による割引を受ける方が得かを決めねばならない。前述したとおり、コロンビア校でLSAT得点が下半分の学生はデューク校では上位4分の1に入るであろう。より低い格付けの学校を選んだどの学生も、より高い格付けの学校の卒業証書の価値はこれほど高い価格に見合わない、という。ロースクールが、授業料全額を支払う学生の十分な数（多くのロースクールでは成績が下半分の学生が全額を払う）を引き付けられないときでも、その卒業証書に対する需要が担える以上の価格設定をしてきた。こういう状況のロースクールはより多くの学生に授業料割引を提示し、それによって実質上暗黙の減額を実施せざるを得なくなる。

　今日のロースクールの経費がどうしてそんなに高いのかの根本的理由は、2世代に渡る学生がロースクールの要求する金額を喜んでポンと出し、あるいは出せてきたというところにある。この状況が続いたので、授業料を値上げしない経済的理由はなかった。名声を求める市場であったので、価格が価値を意味した。正により高い価値を示すために価格を引き上げた学校もあるのである[8]。授業料値上げに謙抑的であろうとする学校は、仮に競合校より授業料が安くなると、名声の受け止められ方が低下する危険を冒すことになる。格付け競争は、他校が授業料を値上げするのであれば自校も上げざるを得なくしてきたのである。市場が許容できる価格より少なく要求する学校は、競合校が掴み取って有利（より多くの学生向け奨学金

増額、スター教授誘引のための基金増加）に使えるように授業料収入をテーブルの上に置いておくようなものだ。過去7年間に授業料を77％値上げした理由の説明を求められたバルティモア校法務研究科長フィリップ・クロシウスは、「これを正当化する唯一のものは、ロースクールの世界では誰もがそうするということだ」と率直に認めた[9]。問題の核心を突けば、これがことの真実だ。

エリートロースクールの責任

　ここでは、イェール校、ハーバード校、スタンフォード校、コロンビア校、シカゴ校、ニューヨーク大学ロースクール等スーパーエリート校に全国的な授業料値上げの責任があることを論じる。これらのスーパーエリート校は市場における価格決定のリーダーであり、傘下の他校の値上げを可能にしている。これらのロースクールがもっと抑制力を働かせていれば、他の全校は同様により低い価格のままであっただろう。

　広く認められているトップ中のトップ校として、イェール校はわずか10年超で授業料を2万4000ドルも上げ、重大な役割を果たした。もし同校がこの期間に1万4000ドルだけの値上げにしていたなら（それでもインフレ率を超えているが）どうなっていただろう。他のトップ校の授業料は4万ドルあたりにとどまっていたであろう（もしイェール校が4万ドルならば、例えばコロンビア校が5万ドルということはなかったであろう）。また、ロースクールのヒエラルキーを下って行き、授業料は全般的に今より1万ドル安くなっていたであろう。使える収入が少なくなって、イェール校の教授陣は規模が小さくなり、その給与も30万ドル以上ではなく、それ以下になっていたであろう。しかし、その他の面では大きな違いはないであろう。素晴らしい教授と学生を擁し、トップの位置にあり続ける。イェール校の学生は最高の授業を受ける。全国の教授陣の規模は縮小し、教授の給与はそれでも相当なものだがいくらか控えめなもの（大学の他の教授と近いもの）となろう。学生の借金平均額はずっと小さくなろう。

　私はイェール校や他のスーパーエリート校を道徳的に責めようとしているのではない。ただ、彼らの行動の幅広い影響を指摘しているだけだ。こ

れは価格決定が、有名校の間でどのように実施されているかについての率直でざっくばらんの議論なのだ。

　個別に見てみれば、これらのロースクールのしてきたことは正当化できよう。イェール校とハーバード校はもっぱら必要性基準で経済援助の配分をしている。そのことによって、事実上、経済的に恵まれている学生に苦学生の経費を負担させている（実質上他のすべてのロースクールで行われている低位半分がトップクラスを補助するという逆ロビン・フッド型成績基準奨学金制度とは対照的だ）。文字通りのトップクラスのロースクールは、経済的に困窮状態にある卒業生を真に救済するに足る気前の良い借金免除プログラムを運営している。トップのロースクールで得られる学位の経済的価値は、現行の授業料を易々と超える。もっと多額を要求しても教室を満杯にしておけるのに、そこは抑制力を働かせている。また、エリート校の学生は法律学の指導的立場にある人に教えられている。

　こういう点を指摘すると、トップ5校の教授たちは、彼らの高い給与は自分たちにふさわしいものであり、学生たちは素晴らしい代償を得ていると主張するかもしれない。そして、こういう条件の下では、授業料を上げ続ける権利があり、他校が不遇な学生に課している経済的害悪について責められるいわれはないと言うかもしれない。

　そのような議論は、もしエリートロースクールの行動の対外的影響が、その教授の考慮すべきことでないとするなら、説得的かもしれない。しかし、本書の狙いでもあるのだが、授業料値上げがもたらす否定的結果を集計し、これを緩める方策を求めるとき、道徳的非難に値するかどうかの議論は的を射ていない。重要なのは、社会的損害との因果関係なのである。

　進歩主義者の持説は社会的正義だ。社会的正義の鍵は平等な機会と法へのアクセスだ。イェール校を含めたエリート校のほとんどの教授は進歩主義者である。躊躇なく授業料を上げたとき、エリートロースクールは、そしてこれに従う我々その他の者は、法律家となる道に障害物を築くことによって、集団的に社会的正義に反する行動を取ったのである。中流家庭と貧困家庭出身の学生は支払いきれない額の借金を背負う恐怖におののいて、ますますロースクールに行かなくなる。現在のロースクール卒業生は、借

金返済のために、それがなければ多くは希望しなかったであろう企業法務に職を求めざるを得なくなっている。私たちの授業料・奨学金を組み合わせた土台は、法律界におけるエリートの地位確保の力を、裕福な人々がさらに強めるのに役立っている。

　これを不幸な発展と考えるエリートロースクールそして全国のロースクールの教授は、授業料値上げに抵抗し、経費を削ることによってこれを改善することができる。それは個人的犠牲と不便を伴うであろう。このことは私たちにとって、現在の構造的条件の下で、法律学の学究的世界を前進させるためになさればならないもう一つのつらい選択である。

第 11 章
ロースクールのコストパフォーマンス

　毎年何万もの人々がロースクールに志願する。それが望ましいキャリアへの王道だからだ。法律家であることに伴う名声がある。法律家はスーツを着込んだ格好いい専門職だ。ほとんどの法律家が楽な生活を送り、うまく成功した法律家は金持ちになる。多くの法律家が相談・助言団体や経営法人で指導的役割を担う。公的な著名人の多くは法律家でもある。また、法律家として善行もできる。大義を支持し、公益事業で働き、犯人を起訴し、政治家になり、判事として働き、高級官僚となり、貧困層の擁護者となり、不公正に起訴された被告を弁護する、という具合である。法律家は地域社会の大黒柱である。法律家についての広範な文化的神話——同時に嫌われ、賞賛され、妬まれそして恐れられる——がアメリカ社会を巡り、歴史、小説、人気のテレビ番組や映画で作り上げられる。法律家になるについて、自慢できない理由もある。法律家は医師になるには能力に欠ける人の代替的専門職であり、企業家の勇敢さやセールスマンの精力を欠いているリスク回避型人間のより安全な職域とみられる。ロースクールは堅実な選択だという考え方は、教育は善であり、多ければ多いほど良いとのアメリカ社会における一般的信念によって支えられる。
　社会通念上、大まかに言って二つの異なったタイプのドアから人はこの世界に入ってくる。一番目のタイプである多くの学生にとって、ロースクールはずっと目標だった。何かが学生のずっと早い時期にこのゴールに向けて埋め込まれた。法律家である親がいたり、高校のディベートでうまく行っ

たり、模擬法廷で勝利したり、有名な裁判や人気の法律テレビドラマを追いかけたり、専門職としてのキャリアを（医師、法律家、エンジニアをその順序で）成功と定義づける親に育てられたりといったことだ[1]。それが何であれ、こういう学生はいずれかの時点でロースクールへの道に上がり、ロースクールを念頭に入れて他の道を考えずに大学の学部（政治科学、歴史、社会学、法学準備等）を選んだ。二番目のタイプの学生にとって、ロースクールが可能性の地平線上にはあったが、彼らは決して法律家になろうとの考えに固執しているわけではなかった。大学終了が近づいたとき、あるいは、満足できない職で1、2年過ごした後、ロースクールの選択が一つの有力な可能性として起こってくるが、ロースクールそのものに魅力を感じたというより、他にこれといった選択肢がなかったのだ。

　ロースクールにはどちらのタイプの学生も多くいる。その結果、両タイプは明確に区別できるというわけではない。両方ともロースクールでしっかりと勉強できる者もいればそうでないものもいる。卒業後、法律こそ天職だと思っていた学生も、法律家とは予想していたほどのものではないことを自覚するかもしれないし、法律家としての職歴に入ってしまった学生は、これはやりがいがあると思うかもしれない。私たちは彼らの最終的キャリアや長期的な満足度に関する情報を持ち合わせていない。このタイプ区分は単に濃淡の差だ。最終的には、主な差は、前者のタイプが当初からずっとロースクールを目指し、後者は環境がロースクールに入学させたということだ。

　この違いが、ロースクール応募者数の増減の部分的説明として役立つ。ロースクールは伝統的に不況時には安全な港と考えられてきた。職が見つけられなかった大学卒業生や、解雇された者にとって、ロースクールで3年過ごすことは、不況をやり過ごし、いくつかの新しい機会を得て労働市場に入るための再武装をするためには良い方法だと考えられる。第13章で紹介するように、ロースクール応募者数は全体の失業率が上がると増え、労働市場が改善すると減る傾向がある。最近まで強く残っていたこの相互関係は、ロースクールに対する中核的需要（最初からずっとロースクールに行こうと思っていたグループ）に、不景気で経済的機会に恵まれずロー

スクールに引き寄せられた人々（第2のタイプ）が加わっていくということを示している。そして、両グループとも卒業後は相当程度の生活水準を維持できると期待している。

法律学位の経済的報酬の計算

　ロースクールに飛び込むかどうかを決めるとき、ロースクール志望者は、法律専門職に入るにはその費用は高額だが、長期に高額収入のキャリアを積めば元は取れると推測する。これは法学教育者も考えることである。ジョージ・ワシントン校法務研究科長ポール・バーマンは次のように語った。

　　　法学教育は卒業後最初の1年だけではなく学生の一生を築く。そしてほとんどの学生にはそれは50年以上を意味する。
　　　こうして、もし法学教育の費用対効果の分析をするならば（これ自体が、個人的、知的、精神的そして感情的成長における教育の価値を無視するガサツな測定だが）、その分析にはもっとはるかに長いキャリア期間の道筋を含める必要がある。私は最近の卒業生がローンの返済の窮地に入り込まされる感覚を持つことを理解するが、他方で法学教育を受ける価値があるかを考えるときは、この種の議論をするときに通常考えるよりも長期の眺望が求められると信ずる。例えば、たとえ卒業生の収入が、法律学位を持っている結果、持っていない者よりわずか年間2万5000ドルしか増えないとしても、その卒業生はたった約10年で投資を回収できるであろう。経済的なものとは異なる利得は、それを計量することは困難だが、利益であることにはちがいなく、そうであれば、たとえ授業料が高くても、ロースクールに入ることは一生という長期の期間で、投資は回収できるとの明確な結論に達するのである[2]。

　これは法学教育の売り手と買い手の基本的な論拠をまとめており、これを支持する証拠もある。
　2002年の国勢調査局により大々的に取り上げられた調査研究が確認し

たのは、教育が「高額給料」を生み出し、それはそれぞれの学識レベルに応じて増加するが、その最大は専門職学位だ、ということである[3]。2011年のピューの追跡調査はこの調査結果の正しさを再確認した。専門職学位（医学学位と法律学位をひとまとめにして）を得た卒業生は学士だけの人より生涯に120万ドル多く稼ぐ、と推計したのである[4]。法律学位の価値を計算するとき、ピューはロースクールにいる間の3年間分の逸失利益9万6000ドル（社会科学系の卒業者の平均的年間収入は3万2000ドル）とロースクールの経費7万5000ドルを控除した。この報告書は残念ながら法律家の収入の両極化（訳者注：第9章参照）を考慮に入れていないし、また、著者自身、120万ドルという数字が医師の高い所得によって上方に歪められていることを認めている。それでも彼らは、法律学位による生涯賃金の増加は、学位取得に要する費用（出費と逸失利益）を「はるかに上回る」と結論するのであった[5]。

　ジョージタウン大学の教育・職場研究センターによる最近の調査研究でも同様の結論（数字の違いはあるにせよ）に至り、「あなたがたとえどんなにうまくやったとしても、学歴の高さこそが決める……通常の大学院や専門職大学院に行った学士（全学士の33％）は、よりよき将来展望を有している」としている[6]。この調査研究は法律家と判事の平均生涯収入を403万2000ドルと見積もっている。それは学士号の小学校教師（220万2000ドル）、会計士（242万2000ドル）、管理職（309万4000ドル）よりずっと高い。他の専門職学位保持者と比較すると、法律家は歯科医（403万2000ドル）と同様であり、薬剤師（442万ドル）や医師（617万2000ドル）より少ない[7]。

　ロースクールへ行けば非常にうまく元が取れるように見える。しかし、この報告書はこの楽観的な展望にいくつかの注意書きを加える。授業料は学校によって大きく異なり、高額な私立大学授業料は得られる収入に食い込むことを認めているのだ[8]。そして、ロースクールのための出費（授業料と生活費）として使われた7万5000ドルという推計値は、すべての私立ロースクール及び何十もの公立校の実際に比較して少なすぎるので、上記の展望は相当大きく変えられてしまう。私立ロースクールの奨学金を受

けていない学生は少なくともその2倍を、そして多くのロースクールでは実に20万ドルを支払うことになろう。これらのロースクールでのコストは、ロースクールに通って得られなかった収入分を含めると、より正確には30万ドル近いであろう。

報告書はさらに、計算された平均生涯賃金はすべての人の生涯賃金を代表しているものではないという。二つの報告書ともに、フルタイムで40年間働くことを前提にして平均生涯収入を計算している。しかし、彼らも認めているように、男性のわずか半数がこれだけの長さを働き、女性はもっと少ないのである。人々は、病気、一時的な失業、早期退職等々でもっと短い年数しか働かない[9]。専門職女性の予想される収入は、給与基準の差や女性は職を離れる期間が男性より長いため（通常は育児のため）、男性より25％少ない[10]。

以上のことから、法律研究科長バーマンによるロースクール入学価値の簡単な計算は50年稼働による収入を前提とする点で楽観的に過ぎる、ということがわかる[11]。殊に女性ロースクール生は、はるかに短い職歴を前提にした方が無難であろう。法律家の経歴を追跡調査した調査研究は、女性は男性に比較して就職できなかったり、パートタイム職にしか就けないという可能性がずっと高いことを示している[12]。

法律学位への経済的見返りについて考える者は、さらに、解雇される可能性、そもそも法律家としての仕事に就けない可能性を考慮しなければならない。そしてこの可能性は現実のものとなりうるのだ。前述した通り、過去10年の卒業生の約3分の1は卒業9か月以内に法律家としての仕事に就けなかった。労働統計局は2018年までに毎年2万5000人分の法律職の空き（新たな職と退職者填補分）があると予測するが、他方で最近のロースクールは年間約4万5000人の新卒業生を輩出しているのである[13]。歯科医や医師との収入見込みの比較は、そのまま受け取るわけにはいかない。医師等になるための教育を修了したほとんど全員の学生が、その道の職業に就くことができ、それに見合った収入を得ることができるのに対し、ロースクール生は、卒業生の過剰供給のため、そもそも法律家になることを前提となしえないのである。言い換えれば、前に見たように、医学学位

第11章　ロースクールのコストパフォーマンス……171

は医師としての収入に読み替えられるが、法律学位は過去の率によれば3分の2しか法律家としての収入を得る可能性がないのである（トップ校はほとんど100％、低位校は50％未満）。

両報告書が強調する次の警告は法律学位の見返りを計算しようとする際に特に重要な意味を持つ。すなわち「教育水準を考慮したさい、収入には多様性がある。低いレベルの教育水準の人の中で最高の収入を得る人は、より高いレベルの教育を達成した人たちの平均的稼ぎ手より多くの収入を得るということを意味する」のだ[14]。例えば相当収入の良い管理職は低い収入の法律家より稼ぎが良い。ピューは、学士である労働者の（生涯における）年収の平均は7万1912ドルであると計算した[15]。政治学の学士（ロースクール生の多くはこれを専攻した）を持つ在職中の労働者の給与の中位は7万7300ドルである[16]。労働統計局によれば、このような数字はすべての賃金ベースの勤務弁護士の中の下から25％目に近い。

後知恵ではあるが、法律家収入として下から75％目の法律家は、ロースクールに使ったお金を貯金して、ビジネス、エンジニア、社会科学、科学またはコンピューターの学士号で働く人と同額を稼げたであろう。この種の学士号保持者は、学士号を持つ労働者全体（文科系学部の学士号では収入は平均より少し低く、教育学士は他の学士よりずっと少ない）の平均かそれ以上の収入がある[17]。ロースクール生は頭が良く志を持った一団であるから、他の学士号保持者の平均収入程度は得られたであろうと推定することは理にかなっている。

しかし後知恵はもう遅い。ロースクール志望者による、ロースクールへの入学は経済的にやってみるだけの価値があるかの分析は（法律家になることによる経済的なものとは異なる利益は脇に置いて）、入学を決心する前になされなければならない[18]。この事前分析は、ある特定のロースクールを卒業する際に得られるかもしれない経済的に望ましい観測を差し引いてなされなければならない。多くは不確実性に覆われているのだから。

法律学位はペイするかの確率計算

ロースクール志望者は、次の二つの要素を考えることによって、法律

家収入の下から75％目に入る可能性のおおよその計算をすることができる。それは企業法務事務所採用パターンと給与の二峰性モデルだ。前に示されたように、上位20位前後のロースクール以外は、卒業者のわずか上位10％しかNLJ250には就職できない。もっと低位の学校では上位5％だ。残りの卒業生のほとんどは、初任給4万ドルから6万5000ドルの間の法律事務所に就職するか、そもそも法律家職に就かないかだ。最も給与の低い法律事務所（一人事務所を除いて）は2ないし10人の弁護士のいるところだ。この範囲にいる法律家の収入は穏やかに上昇する――約10年でピークに達し、その後は現状維持――、しかし、この位置の法律家は下から75％目の法律家階層の収入で終わるであろう[19]。

　この予想は、長年に渡って法律家の収入の調査をしてきた二つの調査結果と一致する。シカゴの法律家に対する広範な調査の結果、卒業生の最初の仕事が生涯のキャリアを決定的とする要因となることが分かった。企業法務の職を得た者は法人組織の依頼者を持つ、より収入の多い職歴を維持する傾向にあり、他方、最初にそのような地位を得ることができなかった者は、個人を依頼者とし、より少ない収入しか得られないか、より低い給与の政府内の職に就く傾向にある[20]。司法界は、相互の移動がほとんどない二つの領域に分裂している。企業法務法律事務所領域の弁護士は大部分が有名校の出身で経済的にも豊かである。小事務所か地方政府領域の弁護士は低位格付けの地方ロースクール卒業であり、これらの弁護士の中位の収入はこの20年で実質的に減ってきている[21]。この調査は1990年代半ばに終了しているが、そこで分かった厳しい分裂は今もそのままである。

　アメリカ法曹協会が後援する現在進行中の調査「法務博士課程の後で」は、2000年卒業の数千人のキャリアを追跡している。調査開始7年後である2008年、つまり法律家としてしっかりとした収入を得られるようになる年の簡単な描写がある（これは不況が法律市場に打撃を与える直前に完成された）。この調査で、トップ10のロースクール卒業者の平均収入は16万2000ドル（他のグループのそれよりはるかに高い）、トップ11位から50位のそれは10万7000ドルから10万8000ドル、格付け51位から100位は、Cランクの学校（大まかにいうと次の50校）と同様に9万2000ドル、

Dランクの卒業生は8万3000ドルということが分かった[22]（心に留めておくべきは、これらの数字は調査に応じた者の回答によっているのであり、したがって、卒業生全体の姿を描いているものではないということだ）。

トップ10校にとっては、卒業生全員が12万ドル以上の収入を得ているのであり、どんな低い点数で卒業したかは問題ではない。しかし、トップ10以外のロースクールでは、成績は重要である。トップの成績の学生は最も多く稼ぎ、成績低位の学生は6万ドルから7万ドルの範囲の収入となっている。

「法務博士課程の後で」の調査結果は次の一般的認識を裏打ちしている。すなわち、トップ校卒業生はうまくやっており、「それほどの名声のない学校の卒業生で、ロースクールの成績が大変優秀だった者も最も魅力的な条件で採用された」[23]、「中位またはより低いランクのロースクール卒業生は、もっと小さい法律事務所、州やその他の地方政府、事業部門で働き、給与はいくらか低い傾向にある」[24]。州や地方政府の法律家の7年経過後の収入の中央値は6万ドルから7万ドルの範囲であり、1人事務所のそれは8万ドル、2人から10人の法律事務所のそれは9万ドルであった。

これらは結構良い数字のように見える、借金のことを考えない間は。10万ドルの債務を負う者にとって、卒後7年の法律家の上記平均収入のどれもが（トップ10のロースクール卒業生を除いて）IBRの資格ありとなるものである[25]。このことは、現状の借金レベルであれば、法律家は職業生活期間全般に渡ってローン返済に苦しむであろうことを意味する。公益・収入基準返済プログラムによれば、政府の、または公益業務活動の法律家のみが悩まずに済むことになる（債務免除の要件である10年の勤務に達する限りではあるが）。

借金はまた、典型的な低所得弁護士がそうであるように、法律事務所の小さな看板を掲げて開業する勇敢な（または絶望的な）ロースクール卒業生には既に厳しい道をさらに厳しくする。卒業したての新人弁護士に自分の事件を託してお金を払ってくれるという依頼者を見つけることは至難の業だ。もっと目の前にある障害は仕事場の確保だ。オフィスを共同使用することによってコストを抑えられる。しかし、それでも何がしかの賃料を

払わねばならない。これが日常の生活費に加わる。こういう立場の卒業生にとって、月々のローン返済小切手を送ることは実際問題不可能であろう。これらIBRプログラムに入った者は独り立ちするまでは返済をしないで済むかわずかばかりの返済で済む。でもそれまでに数年を要する。

　法学教育者が、学位は長期に渡れば報われるのだから、ロースクール卒業したての初任給に関心を集中することは誤りだと主張するとするなら、それは借金の具体的影響を把握していないからである。初任給は、そこから直ぐにローン返済をしなければならないのだから非常に重要なのである。一旦10年返済ができずにIBRプログラムに入ると、大きく借金が膨らみ、そこから抜け出すことは容易でなくなる。もし最初についた職業が月々のローン返済に十分なものでないとすると、その借金は就労期間に渡って重荷となり、家の購入、子供の養育、老後のための貯蓄など、生活のすべての面で否定的影響を持つことになる。当初の予定通りに借金を返済できないということは、最終的に支払われる債務額にこのような物を付け加えることによって、ロースクールのコストを増やし、学位の価値を削ってしまうのだ。

　「法務博士課程の後で」の調査は、よく知られたもう一つの現象を確認した。法律家の職場移動のレベルは高く、60％以上の法律家が7年以内に少なくとも一回は仕事を変える[26]。数年後には、卒業生の相当多数が支払いの良い職場を去る。その調査は、「巨大事務所は多くの新卒業生にとって当面の間とどまっている場所で、彼らは自分のキャリアを築けば、民間部門の内外の舞台に散らばっていく」ということを明らかにした[27]。企業法務部門を去っていく法律家はしばしば収入減を経験する。長期の経済的利益を計算するとき、法律家の収入は時の経過とともに増加するとの前提は誤りである。

　学位に対する期待可能な経済的見返りを算出しようとするロースクール志望者、特に法学教育の資金捻出のために10万ドル以上を借りる者に関し、次のように言われることがある。「NLJ250の職を得る可能性はどうか？　これは粗野な還元主義者の、法律学位の非経済的価値を無視する考え方だ。それはまた、法律家であることにより、あるいは法律学位を有意

義に利用できる、多くのやりがいのある環境を無視するものである」。とりわけ、進歩的な法学教授は、ロースクール志望者が心配すべきことは企業法務に職を得ることができるかだという示唆に苦虫を噛み潰す。

しかし、このような不安は、高額な授業料が作り上げたものだ。10万ドル以上の借金の時代では、人々は危険を覚悟しなければ経済的な現実を無視できない。卒業後公益業務職に一貫して就いていた者だけが、NLJ250コースを避けることができる。彼らが運よくこのような職務に就けば、その借金は10年後には免除されるからである。公益業務職獲得競争の激しさはNLJ250のそれに近づきつつある。このような仕事の本質的魅力を脇に置いても、企業法務に就けなかった者にとっては借金の重圧から抜け出すには最善の方法だからである。

ロースクール志望者の選択妨害

ロースクール志望者は、どっちのロースクールに入学するか、そしてどこの場所の学校に入学するか、堅実な決定をするに当たって、三つの点で妨害される。第1に、長期的視野から法律学位が報われるものかを考えるに際し必要とされる情報が入手できず、多くの不安定要素が問題を闇に包んでいる。経済的見返りの計算方法は色々あるが、どれも簡単ではなくまた正しいわけでもない。法学教育者は制限された知識しか持っておらず、ロースクール志望者の知識はもっと少ない。

第2は、理性的決断に対するよく知られた致命傷、楽観主義的偏見の影響だ[28]。学生は彼らの学校の10人中たった1人（あるいは20人に1人）しか最高給の仕事に就けないということを知っているかもしれないが、自分だけは確率がもっと高いと考える学生もいるのだ。ロースクール生は成績も良く、努力して高成績を得ることに慣れてきた。彼らは、過去の成功に導いたこの頼りになる方法は、誰もが同じように頭が良く努力家だと認識せずに――だがそれも教室の席に座り周りを見渡すまでのことだが――、これまで通りに役に立つと考えるのである。ここに至って初めて、これまでの成功していた確率は下落する――気づいたときには遅いのだ。

第3は、大部分のロースクールが、卒業生の就職結果について誤解を招く、

あるいは、不完全な情報を提示することだ。もし、自分があるロースクールで取ろうとしている経済的リスクの本当の大きさを知れば、楽観主義的偏見で目が曇った学生でも引き返すかもしれない。愚かにも楽観主義であることと完全な不合理は違う。そして後者は、ロースクール生にはほとんどいない。

第 12 章

学生への警告

　ロースクールが公表する水増しした就職率と給与額は人為的に需要を喚起する。2011 年の US ニュース格付けで、5 校が就職率 100％とされた。上位 100 校中、2 校を除く全校が就職率が 90％以上とされた（後れを取った 2 校もそれぞれ 89.2％、89.6％だった）。C ランクと D ランクの大多数の学校も 90％の範囲の就職率を掲げた。多くのロースクールは素晴らしい給与の数字を掲げ、それは時に魅力的な 10 万ドルの線を超えるものだった。2012 年の格付けで示された就職率は低下したが、相当多くのロースクールがそれでも 80％から 90％の範囲の就職率を掲げている。ロースクールはそのウェブサイトに同様の魅力的給与額を掲載している。

　これは精巧に作られた幻想である。ほとんどのロースクールは嘘を言っているわけではない。そんなことをする必要がなかった。誤ったイメージが、巧妙に構成された分類と、魅力的なバラ色の絵を描くのにうってつけの部分的な情報を通して作られた。例えば、「民間部門・法律事務所給与中央値（フルタイム）：14 万ドル」を見たとき、わずか学年の 25％だけがこのような職に就き、職に就いたわずか半分の者だけが給与額を報告したに過ぎないということを認識する人はあまりいないだろう。ロースクール志望者にとってこれらの数字を見抜くには並はずれた技術と猜疑心が求められよう。法学教育者は、ロースクール志望者が確かな評価をするに必要なその情報の提供を差し控えておきながら、ロースクールは費用をかけるだけの価値があると主張する。

当てにならない公表給与額

　南テキサス・カレッジ校は、2012年のUSニュース格付けで、正規雇用の民間部門での給与の分布状況を次のように示した：7万5000ドル（下から25％目）、9万2500ドル（中央値）、16万ドル（75％目）。これはすごい数字に見える。しかし、民間部門で採用された者のわずか5％しか給与情報を提供しなかった。この意味するところは、この給与の額は376名の卒業生の中で多分10人前後の卒業生を反映しているに過ぎないということである。抜け目のないロースクール志望者なら、これらの給与の数字は極端に典型から外れていると識別できるかもしれない。しかし、それは彼女が全データにアクセスするためにUSニュースに購読料を支払ったときのみである（報告率は雑誌には掲載されていない）。疑いを持たない読者は、この学校を卒業したての者が相当の多額を手にしたと思わされてしまうだろう。

　南テキサス校は最もひどい例だ。しかし、誤解を招く数字は溢れかえっている。殊に低い格付けの学校（それに限られないが）においてだ。ロースクールは給与額を報告した卒業生から得た数字で掲示する。もし、有意な率の卒業生が幾らを稼ぐかをそのロースクールに言わなければ、宣伝されている数字は学年全体の真の給与額像を歪めたものになる。高給取の卒業生のほとんどは喜んでその給与額を報告し、他方で、低い給与額の卒業生は報告したがらない傾向にある。南テキサス校でそうであったように、報告率が5％であるとすると、その学校で発表された給与額は95％の卒業生のそれを反映していなかったということを意味する。この失われた数字を付け加えれば完全に違った給与額（疑いもなく低い方で）となるだろう。報告率が低ければ低いほど、信頼性は落ち、学校に掲示される給与の数字はより大きく膨らまされよう。以下は、最近のUSニュース格付け上に非常に低い報告率に基づいた給与額を宣伝したロースクールのリストの一部である。民間部門で正規雇用の仕事に就いた者を母数とする比率が示されている。

サウス・テキサス校	5%
フロリダ・A&M（農業及び機械）校	9%
セント・メアリー校	9%
ミシシッピ校	10%
オハイオ・ノーザン校	13%
ロジャー・ウイリアムズ校	13%
フロリダ・インターナショナル校	14%
タルサ校	14%
トーマス・ジェファーソン校	17%
ゴンザガ校	19%
アトランタ・ジョン・マーシャル校	20%
トウロ校	21%
デトロイト・マーシー校	24%
カリフォルニア・ウェスタン校	25%
シアトル校	25%
ステットソン校	25%
フロリダ・コースタル校	28%
ニューヨーク校	28%
サザン・イリノイ校	28%
クリーブランド・マーシャル校	29%
ハムリン校	29%
ロヨラ・シカゴ校	29%
サウスウェスタン校	30%
ワイドナー校	30%
ドレイク校	32%
バルティモア校	32%
マイアミ校	32%
ジョン・マーシャル校	33%
ペース校	33%
キャピタル校	34%

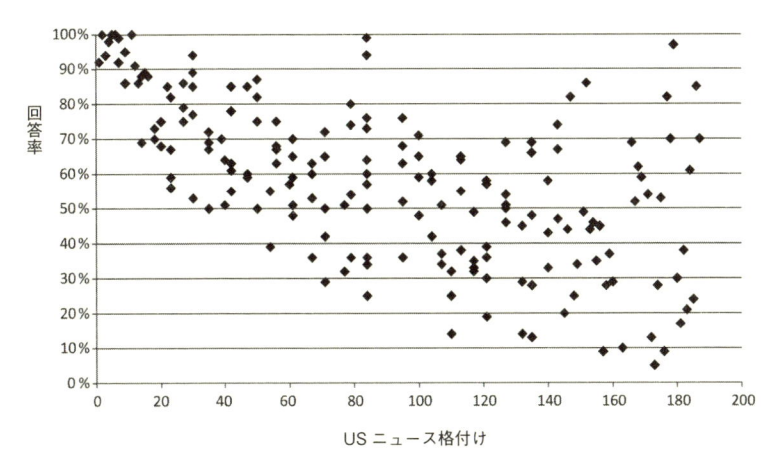

図 12.1　民間部門フルタイム職の給与額回答率

「2009 年卒業生 US ニュース就職要約データ」、ロースクール透明性 http://www.lawschooltransparency.com/2011/04/class-of-2009-u-s-news-data/. より。

| ホフストラ校 | 34％ |
| ミズーリ校 | 34％ |

　このリストはさらに続く。70 校近くが、民間部門で正規雇用の仕事に就いた者の半数以下の人数の給与の数字を載せている。
　ロースクールは給与についての低い報告率を、ロースクールのせいにするのは不公正だと文句を言う。学生がこの情報を提供しなかったのは自分たちの落ち度によるものではない、と言うのだ。しかし、それは実際に進行していることへの説得的な説明とはなっていない。疑問視される根拠が図 12.1（ロースクールの格付けに対応する就職回答率）に示された結果に存在している。強い下向き傾向が明らかだ。トップ校の回答率は一様に高く、低位格付け校は低い回答率となっている（これから述べる例外はあるが）。どうしてこのようなパターンとなるのか。低位格付け校の学生の法律家としての就職者が少ないために就職率が下向きになることは当然だ（図 9.2 参照）。しかし、図 12.1 は有職卒業生だけについての数字だ。ロースクールの調査（電話、E メール、手紙）に対して、卒業生は「はい、民

間部門で採用されました」と答えるが、「幾らの収入ですか？」との質問には答えないのだ。格付けが下に行けばいくほど、より大きな割合で給与を明らかにしないのだ。なぜだろう？

　二つの疑う余地のない説明がある。低位のロースクールの学生の多くが自分の給与額を語ることに恥ずかしさや怒りを感じるのだ。それが一つだ。もう一つは、回答率の低いロースクールはこの情報を得ようとの努力をしないということだ。小規模法律事務所は最低の賃金を（高級投資顧問会社は別として）、大手法律事務所は最高の賃金を、というように、民間法律事務所の規模によって給与額が異なってくることはよく知られている[1]。ロースクールの就職課担当者が法律事務所の性格や規模を知れば、彼らは卒業生の給与を十分に推測できる。もし、ロースクールが小規模法律事務所に勤務する弁護士や一人事務所を開業する弁護士に対する調査のフォローアップをしなければ、ロースクールの掲げる給与額は実際より高いものとなろう（そして、回答率は低くなろう）。

　低位格付けロースクールの卒業生の給与額は低く（そのために卒業生は報告したがらない）、そのような情報を得ることはその学校の給与の様相を悪くしてしまうので（そのために学校は情報を取りたがらない）、そのような学校の回答率は低くなりがちだ。これが右肩下がりの説明なのだ。

　低い回答率の責任の一部をロースクールに帰してよいことを示す証拠は、統計上の異常値だ。いくつかの低位格付けロースクールの回答率が、ある程度高いのだ。テキサス・サザン校は97％、チャーロット校は86％、ヴァーン校は85％となっている。これらの学校のこのような実績は、努力さえすれば、相当低い給与額でも多数の報告を得られるということを示す。このことを別の方向から見てみよう。USニュースの格付けが84位と同位の学校間の実績差を比べてみるのだ。ルイジアナ州校は99％、アーカンサス校は94％と高い回答率であるのに、シアトル校は25％、ホフストラ校は34％、サンタ・クララ校は50％と低い。そのような大きな違いの唯一の説明は、後者の学校の無能さは別として、ロースクールが卒業生の給与額情報を得ようとする努力を誠実に実行しないということだ。

　ロースクール志望者は、最終的にどれだけ稼げそうかということに関す

る手ごたえを、多大な時間とお金を投資する前に得ようとするが、その彼らに歪んだ印象を与えてしまうことになるから、上記のようなことはやはり問題である。サンタ・クララ校は民間部門の正規雇用卒業生の給与額について驚くべき数字を列挙する。下から25％目は11万ドル、中央値は16万ドル、75％目も16万ドルというものだ。これらの数字が大きいのは、その卒業生がうまくやっているからではなく、回答率が低いからなのだ。2009年の同校は、（掲載された就職率が85％であるにも関わらず）、わずか42％が法律家職を得たにすぎず、そのうち45％がパートタイムだったというのであるから、同校の実績は実際には低かったように見える。このように見ていくと、上記の給与額は259人の卒業生中の多くても50人の給与額を反映したものだとの推測が働く。

　問題はロースクール志望者が正確な数字を把握できそうもないというだけでなく、提供された情報からは、学年全体の本当の就職率と給与額が再現できないということだ。低い回答率のロースクールは、詳細な情報を多く提供する素振りをしてボールを隠しているのだ。ロースクールはほぼこれを行っている。シアトル校とホフストラ校は低回答率に基づいて志願者を惹きつける高額給与を語っている。ロヨヤ・シカゴ校は、下から25％目10万8376ドル、中央値11万2000ドル、75％目15万2981ドルと、本当に状況が良いように見える。しかし、民間部門の正規雇用卒業生のわずか29％のみが給与情報を提供しているにすぎない。これらの数字は不注意者に対するワナの餌なのだ。

　ニューヨーク校は、その法務研究科長がインタビューに答えて、ベールに隠れた本当の数字を明らかにし、数字のごまかしの実態を知らしめてくれたので、有用な例となる。同校はUSニュースによだれが垂れそうな数字を載せた。下から25％目が6万ドル、中央値16万ドル、75％目も16万ドルというのだ。低位格付け校卒業生のこのような信じ難い高額給与は28％という低い回答率に支えられるのである。これらの数字について質問された法務研究科長リチャード・マタサーは、この数字は正確だと言いながらも、いまだ完全ではないとも認めた。もっと詳しいデータが同校のウェブサイトで掲載されている。マタサーは、「これらの情報や学生及び応募

者との会話で、私どもは、大部分の卒業生が給与が3万5000ドルから7万5000ドルの間の中小事務所に就職しているということを明確に言っています」と主張した[2]。マサターが「大部分の」卒業生が得ているという、このような痛々しい給与額は、宣伝されている眩暈がするような高額給与とは劇的に異なっているのである。

マサターは3、4年前なら学生は16万ドルという数字に騙されたかもしれないが（それ自体、重要な自白というべきだが）、今はそんなことはない、「学生は愚かでもないし世間知らずでもない」、と主張する[3]。

今日の大部分のロースクール志望者は、ロースクールに関する鳴り物入りの悪いニュースの後だけに、宣伝される給与額は信用に値しないということを意識はしているであろうという点は（ロースクールの信用性の低下という悲しい叙述ではあるが）、確かに正しい。しかし、そのことがこの重大問題への回答にはならない。ニューヨーク校に入学することを考えている人は、数字が膨らまされていることを知り得ても、それがどの程度か、そして本当の数字はいくらかは知らない。同校のウェブサイトの就職統計ページに掲載される情報のどこにも、マサターが明らかにした数字がない。同校は、2009年の卒業生のわずか62％しか（卒後9か月までに）法律家としての仕事を得ておらず、その内の27％がパートタイムであることを、生徒に直接知らせることもしていない。このような惨憺たる就職状況にもかかわらず、ニューヨーク校は、前年の565人から急増して736人へと、2009年に大きな入学者増を果たしている。もし全ての正確な数字を明確に与えられていれば、どれだけの人が3年間に渡って15万ドルもの金（更に、生活費5万ドル）を払ったであろうか。入ってくる学生たちに、彼らが到着した後、この情報を伝えたのでは、もちろん遅すぎる。

ここでの焦点はおおよそは低位格付けロースクールに関してだが、より高い格付けのロースクールにも同様に問題があり、どちらの学生も投資に対する見返りについて、厳しい決断を下さなければならない。学校が報告できる絶対的最高額は、卒業生の三つの給与分布（下から25％目、中央値、同じく75％目）のいずれでも、16万ドルである。これはクラス全員が（少なくとも25％目にある学生は）最高給の職を得られることを意味してい

るため非常に魅力的だ(このことはトップの成績を得なければならない必要性を低くしている)。

　排他的な「トリプル16万ドルクラブ」というクラブがあり、13のメンバー校を擁する。しかし皆が同じというわけではない。ハーバード校、ニューヨーク大学ロースクールそしてシカゴ校の回答率は100%だ。99%のペンシルバニア校とコロンビア校の98%はやはり印象的な高さだ。バークレイ校は95%、スタンフォード校が94%、それに少し後れを取ってイェール校が92%、ノースウェスタン校が91%となっており、低い方向に下りてヴァージニア校とコーネル校の86%となる。

　ある2校の回答率がこのグループの中で他校に比較してはるかに低い。ジョージ・ワシントン校の75%、ジョージタウン校の69%がそれだ。もしこの2校の無回答の卒業生の多くが16万ドルを得ていないとすれば(それは大いにあり得ることだが)、両校はあこがれの的となるグループからはこぼれ落ち、下から25%目がより低いけれど回答率が高い学校群(デューク校、ミシガン校、テキサス校、フォーダム校)に似た様相となる。そう見てみれば、コーネル校、ヴァージニア校、そしてノースウェスタン校とイェール校でさえ、相当多くの無回答卒業生が16万ドル以下の収入であれば、また、学校の下から25%目が16万ドルという数字に達しなければ、同様にこぼれ落ちることになる。そして、ロースクール志望者はこれらの学校が宣伝する数字をどれだけ割り引けばよいのかを知る術がない。

　最後に、われわれは、全体的にロースクールの自己申告に基づいているこれらすべての数字が誇張である可能性を無視できない。2011年3月、フォーブスが、「ペイスケール」に、ロースクール98校の最近の卒業生の給与の中央値について、データベースを調べるよう要請した[4]。「ペイスケール」は、似たような状況にある他者と自分の収入を比較したいと考えている人々から得た多くの情報を持っているのだ。データベースは民間部門で働く最近5年間のロースクール卒業生8500人(その90%が法律家として稼働)の給与に関する情報を持っていた。民間部門の卒業生の給与の中央値が16万ドルであるロースクールはなかった。コロンビア校が中央値15万7000ドルで一位、続いてヴァージニア校が13万7000ドルで2位だった。

中央値は急激に下がり、イェール校が10万5000ドルで12位、ジョージ・ワシントン校は8万3000ドルで22位だった。卒業生は母校が宣伝した中央値より3万ドル、5万ドル、7万ドル、そしてそれ以上低い給与中央値を明らかにしたのである。給与中央値を13万ドルから16万ドルの間で宣伝したいくつものロースクールを含め、16校が、言い募っていた額の半分くらいの額の収入しかない卒業生を擁していたのである。隔たりが最も大きいのは、シートン・ホール校の、宣伝に係る14万5000ドルとペイスケール情報の6万4500ドルだった。

　厳密に言えば、これらの数字はそのままでは比較できない。宣伝された中央値は2009年のものであり、ペイスケールのデータ検証は2006年から2011年初期のロースクール卒業有職者のものについてだったからである（両方とも民間部門の正規雇用者を対象とする）。とはいっても、ロースクールはこの5年間、一貫して同様の数字を掲げる傾向にあったのであり、比較が的外れとなるものではない。

　多くのロースクールのこれほど大きな差異は何を意味するのであろうか。一つのあり得る説明は、過去数年間の法律家の解雇が、ロースクールがかつて雇用者として数えていた多くの高給取りを、吹き飛ばしてしまったということだ。他の説明は、多くの卒業生が6年以内に企業法務法律事務所を自主的に去って、給与のより少ない（労働時間も少ない）職に就いたということだ。この二つの説明は、一部を説明することにはなっても、多くのロースクールでのあまりに大きい給与額のギャップを十分に説明しきれてないように思われる。もう一つの考えられる説明は、ペイスケールのデータベースが、真の中央値を大規模に低く評価するような下方バイアスを持っていたということだ。何がそのようなバイアスをもたらすのかは明確ではない。だがそれは、ここで論じている問題に共通するようなものかもしれない。ペイスケールに登録する人々は比較すべき雇用情報を求めており、集団として、このサイトを利用しない人よりも報酬に対して多くの不満を持っている可能性があるのだ。

　しかし、もっとも確かな考えられる説明は、トップ校も含めて、卒業生の給与額を膨らませて来たということだ。13校がペイスケールの中央値

と近い数字（2〜3000ドルの上下差）を宣伝していた。データベースが機械的に中央値を少なく報告するようになっていたとすると、何らかの理由でこれらの学校は影響を受けなかったのだ。それらは以下に見るような全国各地の学校だ。サンフランシスコ校（USF）、ディポール校、ノースイースタン校、ユタ校、ペンシルバニア州立校、ニュー・メキシコ校、カンザス校、オクラホマ校、マルケット校、オレゴン校、ルイズビル校、ルイジアナ校（LSU）そしてバッファロー校。これらの学校が共通に持っている特色は（公立校の高い共通性は別として）、その宣伝した中央値が、5万ドルから7万5000ドルと、それほど高額ではなかったということである。

　大きな差異のある学校を見ていくと、二つの型が現れる。トップ15校はすべて中央値16万ドルを報告するし、格付けは下がるが大きな法律市場に位置する学校（サンタ・クララ校、ヘイスティングス校、ブルックリン校、フォーダム校、ニューヨーク校、ボストンユニヴァーシティ（BU）、ボストンカレッジ（BC）、ジョージ・ワシントン校、そしてキャソリック校）も同様に中央値16万ドルを報告する。このようなパターンは、報告された中央値が、最初の例で言えば民間部門の職に就く卒業生の給与の実際の中間点というよりも、真近の競争相手が何を主張するかによって決められることを示唆する。もしある学校群の一校が中央値16万ドルを主張していれば、他校は同額を報告する方法を見つける。こういったことを達成するのに、あからさまな捏造は必要ない。攻撃的な刺激で十分だ。

　ロースクールは就職に関する数字を擁護する。しかし、これを疑う者に笑われてしまうような多くの理由を提供する。人気の高い法律ブログ「法の超越［Above the Law］」は、ウェブサイト上の就職データを理由にカリフォルニア大学ロサンゼルス校ロースクールを、次のように冷笑した。「2010年の卒業生の97.9％が卒後9か月以内に中央値14万5000ドルの初任給の職に就いたと言い張っている……我々が教育者に感じることは、彼らの一人くらいは真実を語るだろうと思うこと自体、多くを望みすぎているのだということであり、それが当たり前になってしまった」[5]。ジョージ・メイソン校はウェブサイト上で、2010年の卒業生の99％が卒業後9か月以内に初任給中央値13万ドルで民間法律事務所に就職したと主張し

ている。就職市場の恐ろしいほどの悪条件に照らせば、これは信じがたいことである[6]。同校は、何人の卒業生が法律職に就職し、何人が正規採用なのかについて情報を提供しない。そして、ページの下の注意書きに、「就職した卒業生の52%が給与の情報を提供した」と書かれている。民間事務所勤務の何パーセントが自分の給与を報告しているかについての情報がなければ、報告された中央値を測る方法がない。しかし、それは疑いもなく全学年の内の小さな割合しか代表しない。多くのロースクールが、この本を執筆している2011年12月でも、不完全で誤解を招く数字を報告し続けている。それは、公衆がこのような慣行へ厳しい批判をすることに対する挑戦だ[7]。

　ロースクールの学生が教授から法律家倫理を教えられているのに、ロースクールが倫理的な精神に従って行動できないというのであるから、これはさらにいっそう憂慮すべき問題だ。「法律家行動規範アメリカ法曹協会モデル規則」7条1項は、「法律家は当該法律家またはその提供する法律事務に関し、虚偽もしくは誤解を招く情報を与えてはならない」と規定する[8]。ロースクールは真実を言っているにすぎないと主張するが、それでは不十分だ。真実ではあるが誤解を招く表現もこの規則で禁じられている。法律家の言葉が全体として実質的に誤解を招くものでないと考えられるようにするために必要な事実を告げない場合は、本当のことであっても誤解誘発的というべきだ[9]。多くのロースクールから出される情報はこの基準を満たしていない。ロースクールに残された最後の防御方法は、これらの規則は、法教育者によって提供されるサービスには適用されないとすることだ。この反論は、われわれに対する懲戒手続の場面では一般的だが、専門家としての名声の敗北に値する。

ロースクール生の債務と仕事の展望

　もっとも問題の大きい組み合わせは、ロースクールにおける卒業生の間の高率の債務負担、低い法律家としての就職率、それと卒業生の低賃金だ。宣伝される給与額は当てにならず、低くて多様な報告率のため比較対象たりえないので、最も大きい卒業生の平均債務額と、最も小さい卒業生就職

率（法律家としての就職）とを組み合わせてロースクールに焦点を当ててみたい。法律家としての就職率が低いということは、その学位の市場価値が弱いということの現れである。そして、法律家として就職できなかった卒業生は、一般的に、法律職に就職した者に比較して給与が低い。

私は2009年卒業生の三つのリストを照らし合わせてみた。平均債務額が最も高いロースクール70校（10万ドルから13万2000ドル）、法務博士号が必要な資格となる職に就職した割合が最低の70校（26％から62％）、そして、民間正規雇用者の給与報告率が最も低かった70校（5％から50％）である。この70校は恣意的に決めた数字だ。おおよそ3分の1のロースクールがそれぞれの分類に入ると思われる（すべての分類の数字の2010年分の入手ができないため、2009年卒業生のデータによった）。とはいえ、時間が経過しても、これらのグループにはある一貫性が見られるが、年度の違いと校数の限定の違いが、異なるリストと異なる順序を産むことになり、リストに載った学校とほとんど違いがないが、リストに載らなかった学校が、2、3あることは承知している。

最初のふたつの分類に入る学校があり（全部で27校）、平均債務額の高い順に記載した。第3の分類にも入る学校（27校中15校）には特に宣伝された給与額が代表的な例ではないことに注意を与えるため、学校名の後ろに星印を付けた。以下の通りである：トーマス・ジェファーソン校＊、ニューヨーク校＊、アメリカン校、ジョン・マーシャル校（シカゴ）＊、バーモント校＊、ロジャー・ウイリアムズ校＊、ゴールデン・ゲイト校＊、ステットソン校＊、ニュー・ハンプシャー校、チャールストン校＊、アトランタ・ジョン・マーシャル校＊、キャソリック校、サンフランシスコ校＊、ノバ・サウスイースタン校、フロリダ・コースタル校＊、リージェント校、サフォーク校、チャップマン校＊、ペンシルバニア州立校、バルパライソ校＊、バリー校、ニュー・イングランド校、ディポール校、デンバー校、サンタ・クララ校＊、オクラホマ校、＊オクラホマ・シティ校、ワイドナー校＊。

何を基準にリストに載せるかといえば、2009年卒業生の債務額と就職困難見込みの組み合わせである。これは低位格付け校に限られず、トップ100校にあるいくつかの学校も載っていることに注意されたい（アメリカ

ン校は通常は50位前後)。これらの学校に入学した人は貧しい成果に苦しむ運命にある、というわけではない。これらのどの学校の卒業生でも、成功したキャリアに達した者として飛躍することもあるだろう。むしろ、ここでのメッセージは、このようなロースクールに入学した学生は、現在の値付けレベルでは、ロースクールで負担することになる借金を何とかやりくりするに足る給与を得られる職に就く確率が低い、という厳しい現実に直面するということである。

ロースクール志望者のなすべき計算

　入学志望者が、ある特定のロースクールとの関係で事態を処理する一番の方法は、2、3の基本的仮定を立ててみることである。これを説明するために、2010年のニューヨーク大学ロースクール［NYU］（エリート校）の卒業生とニューヨークロースクール卒業生［NYLS］（非エリート校）を比較してみよう。いずれについても、再び名前をサラとする。NYU校のサラの給与は、報告率が高く信用に値する同校が宣伝する中央値を採用して、16万ドルとする。NYLS校のサラのそれは、多くの卒業生の初任給を3万5000ドルと7万5000ドルの間とする法務研究科長マタサーの言葉から、7万5000ドルとする（同校の宣伝に係る数字は代表的と言えず信頼に値しない）。両校の卒業生の平均債務額は12万ドルだったので、サラの借金も同様とする。

　オンライン給与計算機は市、州、連邦の税金、社会保障費、高齢者医療保険料を控除した正味手取り額を計算する[10]。これを使うと、NYU校のサラの手取り額は10万2300ドルとなり、NYLS校のサラの税引き後収入は5万2100ドルとなる。標準的10年返済プランによれば、返済額は月1400ドル、年1万6800ドルである。このローン返済分を手取り給与額から差し引くと、NYU校のサラには8万5500ドル、NYLS校のサラには3万5300ドルが残る。

　賃料が次に大きな出費である。ニューヨークは賃料が高いことで有名であり、マンハッタンの1Kのワンルームマンションの一室の月額賃料は2400ドルである[11]。しかし、彼女らはもっと倹約できる生活を望み、

1LDKのワンベッドルーム3000ドルのマンハッタンではなく、ブルックリン通りかクイーンズ通りの心地良いワンベッドルームのアパートを月2000ドル、年2万4000ドルで借りたとしよう[12]。賃料を控除すると、NYU校のサラの可処分所得は6万1500ドル、NYLS校のサラのそれは1万1300ドルとなる。

　これを12で割ると月額可処分所得が計算され、NYU校のサラは5100ドルであり、経済的には問題なくやっていける。彼女がもっと処理しやすい借金額になるまで返済するに十分な期間、企業法務事務所に居続ければ、NYU校の法律学位取得は十分に元を取ることになる。

　NYLS校のサラの可処分所得は月額950ドルである。それは、「自由に出来る」金額としては十分に見えるかもしれない。しかし、食料費、交通費、被服費、クリーニング代、電熱光費、携帯料金、ケーブルテレビ代、等々を考慮に入れなければならない。これらを払った後、NYLS校のサラには残りはほとんどなく、予期しない支払や減収に対応する余裕はない。

　それでも彼女はそんなに文句ばかりを言っていられない。というのは、クラスメートで法律職を得ていない人がいるし、法律職を得ても収入がもっと少ない人がいることを彼女は知っているからだ。5万ドルの給与のNYLS校卒業生は税引き後所得は3万6500ドルとなろう。平均債務額の標準返済額と賃料の合計は4万800ドルとなり、その収入を超える。もし彼が、治安の問題を度外視して、安い地域で賃料1500ドルのアパートを見つければ、賃料とローン返済を控除し、すべての出費を引くと月額142ドルが残される。結局、彼はIBRプランを申し込まねばならないだろう。

　こういう計算をするために、ロースクール志望者はローン返済計算機、正味収入計算機、そして、居住予定の場所にかかわらず、賃料情報が必要となる。こういう道具や情報はオンラインで入手できる。彼らはまた、卒業するのに負う債務の確かな見積もりをしなければならない。それを全部手にしても、この計算を試みる誰もが、怪しげな、あるいは、誤解を招く情報を提供する学校（今も多くの学校がしているのだが）に妨害されよう。

　卒業生の所属事務所の規模に注目すれば、給与額決定はできる。低位格付け校では、法律職を得た卒業生の相当多くが2人から10人の法律家の

いる事務所に就職する。ニューヨークでのこの規模の事務所での給与中央値は5万ドルだ。もっと大きく最大50人の規模では6万2000ドルとなる[13]。そもそも法律職に就けない35％を除けば、このあたりがNYLS校レベルのロースクールを考えているロースクール志望者にとって予想される現実的な給与額であろう。以上の計算から、12万ドルの借金の者はやっていけず、4万ドルの借金なら大丈夫、ということになろう。

ロースクール志望者が考慮すべきこと

　ロースクールは経済的安定を得るには確かな道とは言えない。それだけは明らかだ。それでも我々は法律家を必要とし、法律職のキャリアは人によっては経済的に報いがあり個人的には満足できるものだ。2、3の重要な問題を心にとめておけば、ロースクールに飛び込むことの見返りはありうる。

　まず、相当高い割合の卒業生が法律職の正規雇用に就けないロースクールに入学することは特に危険である。ここでいう法律職とは法務博士号を要件とする類のものだ。もし、あるロースクールの卒業生の2人に1人しか（あるいはもっと少なく）法律職に就けないとすると、それはそのロースクールには行くなという警告だ。もし30％が法律職を得られないなら、そのロースクールの卒業者は仕事を見つけるのに苦労する。正規法律職就職率が低いということは、そのようなロースクール卒業生は就職が困難だというだけでなく、就職できてもその給与は良くて4万ドルから6万5000ドルの範囲になってしまうだろうということを意味する。

　次に、債務額を低く抑えることは必須だ。5万ドルの借金は、ロースクール卒業後何が起きようと、ある程度何とかなる。この程度の額なら、相当厄介ではあるが、職業選択の自由を持ちうるし、生活の他の場面に大きな影響を持つこともない。対照的に、10万ドルの借金となると、それは企業法務に就職せよとの強い経済的圧力となる。トップ10校以外では、こういう職に就ける割合は50％未満であり、格付け低位になればなるほど、その数字は急激に下がる。トップ100校近辺を切ると、企業法務に就ける率は実質ゼロである。企業法務の求人数が不足している中で、こういう

額の債務を負っている者は全国平均以上の給与を得なければならないが、多くの者にとって達成は難しい。15万ドルの借金なら、上位5校以外の卒業生の誰にとっても愚かということになる。こういう指標となる額を超えてしまった卒業生でも経済的に何とかやっていける者も多くいるだろう（特に働く配偶者がある者にとっては）。しかし、それ以上に多くの人がもがき苦しむことになる。そして各人がどのグループに属することになるかは事前には誰にも分からない。

　授業料2万ドル未満の州の中核校に入学することは、その州で仕事をするつもりなら、健全な選択だ。これらの学校は地方の法律市場で高い就職率を持っており、他方で、比較的安い授業料は借金額も低くするからだ。

　債務額を低く抑えるもう一つの方法は奨学金だ。ロースクールは授業料割引をして学生獲得を競いあい、入学希望者が少なくなるとその割引額が増える。学生は、ウェブサイト「ロースクール・ナンバーズ」で、求める学校の割引額（LSATとGPA成績に基づく）の状況を知ることができる[14]。教室を満杯にすることに苦しんでいる学校は、希望する者全員に奨学金を提供するかもしれない。従って、入学者数目標かLSATとGPA成績目標に達しそうもない学校は、そのシーズンの後になってより多額の奨学金を進んで提供することになるかもしれないので、ロースクール志望者にとってあまり早く決断してしまうことは得策ではないかもしれない。奨学金を維持する条件について周到な注意が払わなければならない。もし、初年の終わりに所定のGPA基準に満たないことを理由に奨学金受給資格を失う学生が相当多数いるのであれば、ロースクール志望者は割引を失う現実的危険があること、従ってコスト（それとともに借金）が増えるということに気付かねばならない。

　もし、ロースクール志望者が大きな法律市場で企業法務の職を得たいのであれば、ロースクールの格付けは重大な意味を持つ。それが目的ならトップ校に入ることが必須だ。トップ校と企業法務以外では、格付けはその重要性を弱める。たとえば、格付け80位のロースクールよりも格付け50位のロースクールに入学するのなら、より大きな額を払うことは意味があると自動的に考える必要はない。格付けの差がいつも実質的にずっと良い

就職口の可能性を広げるとは限らない。最も物を言うのは、ロースクール志望者がどこで働きたいか、そして、ロースクールがその地で良き地位を築いているかだ。

　何人かの学生にとっては、1年後に、あるいはたとえ1学期後にでも、退学することが分別ある態度かもしれない。退学は失敗者の烙印を押す。何千ドルも使い、8か月も必死に勉強した後に立ち去ることは簡単ではない。しかし、高額な借金と小さな就職可能性という二つの消極的展望は、そのような選択が排除されないものであることを意味する。企業法務に就職することを希望してロースクールに入学した学生は誰でも初年の最後にはそれが可能か否かを知ることができよう。ある学生が1学年の最後にGPA基準を満たさずに相当多額の奨学金を受けられなくなったら、彼または彼女は法律学位を得るためのコストが非常に高くなったという事態を見ていることになる。格付け下位のロースクールで、1年後に成績下位にいる学生は、コネでも持っていない限り、卒業後に法律職を得る可能性は高くないことを知るであろう。こういう環境にある学生は再考すべきでる。4万ドルの借金を抱えて法律学位も取らずに立ち去るとしても、それは、もう2年かけて12万ドルの借金を抱え、その借金返済もできないような職を得て去るよりはましだ。

　このような士気をくじくような言葉、いつも法律家になりたいと考えていた人々の夢を壊すような言葉を書くことは、情けない。それでも、うまく行く可能性がどれだけ低くとも、ロースクールに入学しなければならないと考えている人もいる。彼らには、幸運を祈る、と言っておこう。

第 13 章

ロースクールへの警告

　いよいよ事態が明らかになってきた。学生が益々ロースクールに背を向け始めたことを示すいくつかの有力な兆候がある。ロースクールへの志願者数の減少は 2005 年から長年に渡っている。その始まりは 2011 年（諸事実が周知になってしまったひどい年）よりずっと前であり、法律市場が打撃を受けるより前だ。ロースクール志願者数の持続的低下は過去 30 年間で 10 年毎に見られた[1]。80 年代と 90 年代の志願者数はいずれも 5、6 年後に十分に回復した。しかし、今回は、授業料の高額化と逼迫した就職市場が組み合わさって、志願者数低下は長期化に向かいつつある[2]。

　「大不況」が襲った 2008 年には、ロースクールは志願者大幅増を経験するはずだった。伝統的にロースクールは、不況時に卒業したばかりの大学生と新たに解雇された人々が群れを成して飛び込んでくる避難所として機能してきたからだ。そのような事態は、2008 - 09 年度の LSAT［ロースクール適性試験］受験者数が前年より 9000 人多くなった時、そして、2009 - 10 年度のそれには更に 2 万人も多くの受験者があった時には、再び起きるかのように見えた。ここ数年で、LSAT 受験者数は最高であった。ロースクールは経済不況下にあってまたも豊かな時代を謳歌するのかのように見えた[3]。

　しかし、そうはならなかった。ロースクール需要はずっと弱含みだった。目を見張らせるような LSAT 受験者数の上昇は大して多くない志願者の増加で終わった。最初の年は 3200 人のロースクール応募者の増加があったが、

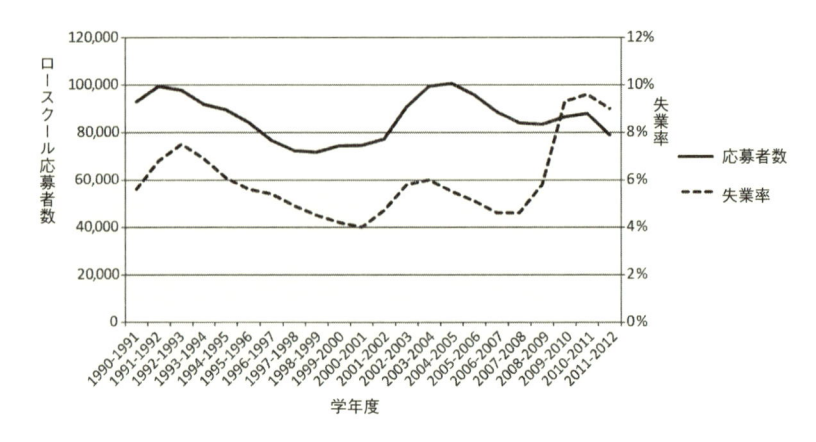

図 13.1：法科大学院志願者数と失業率

ロースクール入学協議会とアメリカ法曹協会の『アメリカ法曹協会認証のロースクールへの公式ガイド』(ペンシルバニア州ニュータウン) ABA-LSAC 刊行、2011 年、および労働統計局の「現在の人口調査からの労働人口統計」http://www.bls.gov/cps/prev_yrs.htm. より。

翌年はわずか 1300 人の増加だった。

　これは最近の歴史的パターンと相反する。図 13.1 は、過去 20 年間、ロースクール入学者数が、一般的な失業者率の増加に伴って増えてきたことを示す。ただし、今回までではあるが。2008－09 年度に一般的な失業者率が急増したとき、ロースクールは、これまでの高失業率期間と違って、大きな志願者数増加は見られなかった。

　不況の最悪時に、応募者がわずかに増えた後、高い失業者率にも拘らず、応募者数は再び急激な減少に転じた。20 年間の失業率増加とロースクール応募者数の増加が同時に生じるという関係は、何らかの理由で途切れた。上昇時には両者の分離があったが、下降時では同時発生は再度生じた。失業率が低下したときロースクール応募者数も減少したのである。このことは、経済が改善すると、ロースクール応募者は更に減少することを示唆する。

　不況がもたらす応募者増が、より長期の低迷の中の一時的な現象であることを印象的に示す指標がもう一つある。それはグーグル傾向線だ。グーグル傾向線とは人々が言葉やフレーズや主題を検索する頻度を記録したものだ。ロースクールに関心のある人の多くは「LSAT」を検索する。LSAT

を探すグーグル傾向線は過去 8 年間で次第に減少している。ロースクール応募者のピークは 2004 年の 10 万 600 人だった。それ以降、2009 年と 2010 年まで、毎年減り続けたことを示している。グーグル傾向線は、各年の応募者数減少が同じ時期の LSAT 検索数の着実な減少と符合していた。しかし、最近 2 年間の応募者増はグーグル検索チャートにはほとんど反映されていない。むしろ、グーグル検索数は、下降線を辿っている。

突き詰めて考えると、ロースクールに関して重要なことは、LSAT 受験数がいくつかではなく、何人がロースクールに志願するか、すなわち、学籍を求める数はどれだけかということだ。前回の応募者数がピークであった 2004 年には、LSAT 受験数は 14 万 7600 人であり、正味応募者数は 10 万 600 人であった。2009 – 10 年度では、受験数 17 万 1500 人に対し、実際に応募したのはわずか 8 万 9700 人であった。この両者を比較すると、2004 年の LSAT 受験数は 2 万人少なかったが、ロースクール応募者は 1 万 3000 人近く多かったことになる。2009 – 10 年度のデータは、受験数に対する応募者数の割合が劇的に下がったことを示している。

その説明の一つは、今日、より多くの人が LSAT を複数回受けているということだ。以前は、ある学生について報告すべき LSAT の点数はその得点の平均点だったが、2007 年の規則の変更によって、ロースクールはある学生の最高点のみを計算に入れればよくなった。2 回目の受験での低い点数によって平均値を下げる危険をなくしたため、この規則変更は人々をしてもう 1 回試験を受けてみようという気にさせた（結果として、より多くの人が繰り返し受験してくれれば、LSAT は収入が増加することになろう）。この規則変更前は、ある年の受験者中、約 20％ が受験を繰り返したが、最近では約 30％ が複数回受験となっている[4]。

以上の次第であるから、需要を正確に測定するためには、受験者数と応募者数に焦点を当てなければならない。そこにロースクールにとってもう一つの不吉な兆候が横たわっていた。1994 – 95 年度から 2004 – 05 年度にかけて、LSAT 受験者の 75％ ないし 80％ がロースクールに応募した[5]。この高率は、受験準備と受験自体のために時間と金の相当大きな投資がなされるのであるから、理解できる。しかし、受験者中の 78％ が応募し

た2003-04年度以後、どの年度においても受験者に対する応募者割合は減り続けた。最近の2009-10年度と2010-11年度は、受験者のわずか63％だけがロースクールに応募するのみだった[6]。これは、入手できる記録の中で最も低い率で、10年前の80％よりずっと低い。

ロースクールにとってまずいことに、この傾向は、法律市場の不況前、また、最近のロースクールをめぐる多くの悪業の報道の前に、始まったということだ。なぜLSAT受験に努力した人が以前よりも多くロースクールに背を向けるようになったのか、そしてたとえロースクールが90％台の就職率と10万ドル台の収入を宣伝してもそのようなことが始まったのかの確かな理由は知る由もない。一番もっともらしく思える説明は、2000年代半ばまでに私立ロースクールの平均が3万ドルにまで達した授業料の高騰が、少なくとも5、6年間の志望者を減らしたのだということだ。志望者数の減退に気が付かないか無関心のまま、ロースクールは授業料を上げ続けたのだ[7]。

このような応募者の持続する減少が示していることは、ロースクールがLSATを極端に重視することへの当然な対応として、学生が応募の可否を決定するに際し得点を重視しているということである。LSATの得点は、入学候補者が入学可能なロースクールの格付けを決定する。さらには、成績基準奨学金の提供はLSATの得点（GPA［学業平均点］とともに）の結果であるから、見込まれるロースクールのコストはテストの結果次第となる。近年の受験者数に対する応募者数の割合低下は、相当多くの人が、自分が入学可能な範囲のロースクールと自分の得点により得られる授業料割引が応募するに値しないと決定している、ということを暗示しているのだ。

受験者数に対する応募者数の割合低下が止むであろうと考えられる理由は見当たらない。ロースクールを検討している人に対する2011年の世論調査により、73％の回答者がトップに挙げる問題は、学生ローンを返済できる職を見つけることができるかどうかであることが分かった[8]。

ロースクールにとっての悪いニュースはそれで終わらない。より多くの人がはっきりとLSATを絶対に受けないと決めている。2010年10月以

来、7回連続で、登録されたLSAT受験者が前年より相当多く減り続けている（LSATは年4回実施される）[9]。2011年の6月と10月の試験は記録上最高の低下率を示した（マイナス18.7％とマイナス16.9％）。これに歩調を合わせて、ロースクール応募者数も2011年には11％減少した。そして、2012年の早期の指標はさらに2桁の減少を示している。

相当多くのロースクールが2010年に高い割合で応募者を合格させたために、応募者数の新たな減少は、直接的な影響をもたらそう。その年、20のロースクールが応募した学生の45％から49％を合格とし、22校が50％から59％を、7校が60％以上を合格させた（クーリー校が83.3％で最も高かった）[10]。合計すると、国内の4分の1近くのロースクールが半分以上を合格させた。これは最近の応募者減少の前である。

状況がどれほど早く悪化していくかを見るため、中西部の格付け低位のロースクールを例とするシナリオを考えてみよう。2010年に、応募者1500人から約1000人を合格とし、200人が入学したとする。合格率は3分の2、入学率はその5分の1だ。同校は費用をカバーできる収入を得るために200人程度（奨学金の授業料減免で計算して）の学生を必要とし、合格者数に対する入学率が一定と仮定しよう。また、2010年に、同校は他の多くの学校と同じように、応募者数10％の減少に苦しみ、同じ数の学生を入学させるためには応募者の4分の3を合格させねばならない、とも仮定する。その2、3年後、応募者数が2010年の3分の2に減少すれば、200人という入学者数の目標を達成するには、応募者全員を合格させなければならない。責任あるロースクールならばこんなことはできない。応募者数に対する合格者数の割合が高くなれば、入学してくる学生の質は落ちる。学生の質の低下を防ぐ唯一の方法は学生数の規模を縮小することである。そうすると、収入の減少を意味し、出費を減らさなければならなくなる。

十分なデータが集まったわけではないが、このような経済的締め付けを示すいくつかの兆候が見られる。「ロースクール入学委員会」による調査によれば、回答したロースクール143校のうち45％が、2011年の入学者数は目標数に達しなかったと答えたとのことである[11]。多くのロースクールが、自主的か教室の椅子を埋めきれなかったからかはともかく、規模を

縮小したと発表した[12]。

イリノイ校の運命は（それは改ざん問題が表面化する前に起きた）、おそらく、これからの苦難の先例的指標である。2011年の同校入学者は、待機リストから入学を認められた学生も含めて、全員が奨学金を受けた[13]。それは事実上、授業料減額を意味する。それに加えて、入学者数も前年より20％減った。それにもかかわらず入学者のLSAT中央値が4ポイントも下がった（167点から163点）。驚くべき破綻である。LSAT中央値を上げようとする同校の何年にも渡る努力はたった一撃で吹き消されてしまったのである。トップ25位のイリノイ校が、目標とする入学者数と成績を達成するのに苦しんでいるのだから、他の低位校も同様にもがいていることであろう。

ロースクールは二つの強固な低下に掴みとられた。LSAT受験者がより少なくなり、受験者中のさらに少ない人数が応募してくるというものである。これが続けば、ロースクールは、殊に格付け最低の方にあるロースクールは、能力ある学生で教室を埋めきれないということになるであろう。そのようなロースクールは、そのために、入学者全員への奨学金提供により、授業料減額（はっきり言うわけではないが）をせざるを得なくなるかもしれない。

ロースクールは第1学年を望ましい学生で満たすことに苦労するだけでなく、その年の終わりには、最初に入学させたその学生を何とか残留させようと、厳しい試練に直面するであろう。第8章で詳述した転学現象は収入を減らし、優秀な学生を相当大きな割合で減らしている。格付け低位校は、自校が望ましい目標校となっていないために、簡単には失った分を埋め合わすことができない。学生数の減少割合が正味10％となると、そのロースクールは意にそわなくとも規模を縮小することになろう。これは例に出した中西部のロースクールで起きた。2010年の入学者数は200人だったが、1年後には180人に減ってしまった。退学者1人につき、たとえそれが割引授業料の場合でも、2年分の収入減を意味する。

ロースクールの目の前で進行するもう一つの減少とは、1学期後または1年後に成績不良のため退学していく学生のことである。ロースクールの

経済的リスクが非常に大きいので、ドロップアウトすることに付きまとう汚名よりも、将来の重い借金と良い収入をもたらす職に就ける可能性の低さが優ってしまうこともあるのである。もしこのようなことが実証されると、減少率はさらに高まることになる。

法教育の需要は高額授業料にも影響されないとの前提で、ロースクールは過去20年間、授業料を上げ続けた。その信念は大いに報われた。しかし、上記に概略した諸相が、5、6年前頃に需要を冷やしてしまう分岐点を超えてしまったことを示唆している。

ベテランの法学教育者はそれでも動揺しない。トーマス・ジェファーソンロースクールの法務研究科長ルディ・ハスルは、「10年毎に、景気の底が訪れ、悲観論者は入学者の減少とロースクールの廃業を予言する。それでも、われわれは回復する」と言った[14]。近時の歴史は彼の冷静な見方が正しいことを支持する。実際に、あることにはあったが、廃業するロースクールはほとんどない。どれほど悪いニュースがあっても、ロースクールに入学しようと熱望する多くの人がやって来て学校の経営を保ってきているように見える。

しかし、ロースクールの経営と質は危機に瀕している。他の条件は等しいとして、応募者数の減少に対し、三つの標準的なアプローチがある。(1) 質を維持するため奨学金を増やし（収入減）、他方で入学者数を一定に維持する、(2) 質を維持するため入学者数を減らす（収入減）、(3) 入学者数と奨学金を一定に保ち、結果として質は落ちるが収入を維持する、というものである。これらの選択肢は、収入と質の間に相反関係があることを前提とする。最初の二つの選択肢は質を維持するために収入を犠牲にし、三番目は収入を維持するために質を犠牲にするものだ。応募者数が減少しているロースクールが質の維持を決心すれば、最初の二つ、授業料の減額と入学者数の減少を組み合わせることによって、経済的打撃は倍加しよう。

応募者減少の危機がロースクールを襲うとき、想定された相反関係は機能せず、収入と質が両方とも落ちる。それが2011年にイリノイ校に起きた。同校は入学者全員に奨学金を提供し、当初の奨学金予算を20万ドルも超えた。入学者数は228人から184人に減った。それでもLSAT中央値が4

点も下がった[15]。結果として、相当の収入減となり、学生の質も落ちた。

　もしこのような惨憺たる組み合わせが数年間続くのであれば、そのロースクールは間もなく身動きが取れなくなるであろう。学生全体の能力が以前より著しく低下し、収入は逼迫する。この運命に苦しむロースクールヒエラルキーの下位の学校は、生き残るために、本来ロースクールに来るべきでない学生を入学させるようになろう。そうしてもいいのであれば、これが、ロースクールがドアを開いておくための方法だ。この兆候は既に表れつつある。2011年のトーマス・ジェファーソン校卒業生のわずか33.4％しかカリフォルニア州の司法試験に合格しなかった（2008年の76.2％からの落下である）[16]。何ともショッキングな低率である。

第 14 章

前進への道

　2009 年と 2010 年に、250 の大手法律事務所からおよそ 9500 名の弁護士が解雇された[1]。「ナショナル・ロー・ジャーナル」によれば、33 年の調査史の中で最大とのことだ[2]。解雇された弁護士の多くは若い勤務弁護士だった。法律事務所は新人弁護士の採用日を遅らせ、多くの法律事務所では新人採用数を半分以上減らした[3]。大手法律事務所の急激な規模縮小は就職市場全体に反響した。これまでなら最高給の企業法務職に就いていたであろう卒業生が地方の法律事務所、政府の法律職、その他可能性のある法律職なら何でもと職を求めた。これまでになかったほど多くの卒業生が臨時職やパートタイムの法律職に就いた[4]。3 分の 1 以上のロースクール卒業生が卒後 9 か月以内にそもそも法律職に就けなかった。その後 3 年経過しても、改善の兆しは見られない。「アメリカ弁護士」がした主要な 200 の法律事務所の調査によれば、「回答者の 87％が 2011 年の採用数は（既に人員削減している）2010 年のそれと同じかもっと少ないとしている」とのことだった[5]。

　2009 年に、そして 2010 年にも、入学者数を増やし、これにより、飽和状態の求職者待機部屋に今後 3 年間に渡り更に多くの卒業生を送り込むことを約束することが、この底なし状態の就職状況に対するロースクールの反応だった。

　ロースクール擁護者は、過去 2 年間の激しい批判を、卒業生の苦労にはロースクールがとがめられるべきではないことを分からない不幸な卒業

生が酷評したものと特徴付けている。彼らの思考方法は、事態は以前は上手く行っていた、そして、景気が回復すればまた良くなる、というものだ。彼らの望みは、景気がよくなれば、現在の苦しみは沈殿し、ロースクールは以前のように前進し続ける、というものである。彼らはこのことを示す証拠として、ロースクールの入学者数は、増えているとはいえ、人口増に追いついていないために、人口当たりの法律家数は現実に減っているということを挙げる[6]。ロースクールは、この嵐を乗り越えられると言い、過激な変化は必要ない、と言うのだ。

法律市場における構造的変化

　法律学者は、現在の状況は法律業務の市場での長期に渡る構造的変化を含むのか、それとも、それは単に循環的事象であって、その後はそれ以前と同様の状態に戻るのか、という議論をしている。後者であればロースクールは過剰に反応すべきでないと言う者もいる。類型化し、当初の発展と、その後の傾向を指摘するこのような論争の決定的な当否は判断できない。ただ、今後の世代でどちらの議論の方がよりましだったかを知ることができるのみだ。

　現状を構造的変遷だとみる、この分野の一流の学者であるウィリアム・ヘンダーソン教授は（レイチェル・ザホロスキーと共同で）、法律事務所の採用数は2004年に高台に達したということを明らかにして、「2004年3月以降、2008年3月までの間、すなわちウォール・ストリートの崩壊が法律事務所における未曾有の解雇を招いた時より数か月前の間に、国内法律事務所での働き口が2万近くそぎ落とされた」と述べた[7]。国内総生産と同様にその成長率を計算すると、法律分野は2000年代半ばから景気後退している[8]。好景気時代と思われる期間にこのようなことが起こったということは、企業法務分野内での再編成が起きていることを示唆している。もう一人の構造変化論者ラリー・リブスタインは、「大手法律事務所の死」という記事の中で、「大手法律事務所ビジネスモデルは、聡明な依頼者の要求とより大きな競争のもとで解体されている」と言った[9]。リチャード・サスキンは、『法律家の終焉』という著書の中で法律実務の解

体の可能性を考察して、もっと大胆に、法律職の領域を縮小させ、そして力のバランスを依頼者側に傾けている多様な技術的変化やその他の変化を分類した[10]。『消えゆく法律家』の中で、トーマス・モーガンは、法律市場の変動によって作り出される法律家への圧力と、その法律業務への否定的影響を年代順に記している[11]。

　これらの学者の言っていることには含蓄があるが、当面の目的にとって、来たる5年ないし10年の間に、法律家の就職市場がどのようなものになるのかに注意を払うことの方が重要である。大手法律事務所のパートナー雇用に関する調査からは、法律業界の景気が回復しても近年の変化は続きそうだということが分かる[12]。かなりの割合の依頼者が、新人勤務弁護士の高い料金設定に応じないし、その傾向は収まりそうもない[13]。その結果、法律事務所の採用する新人勤務弁護士は少なくなり、法律事務所は基本的な仕事はパラリーガルか請負弁護士に今まで以上に大きく依存している。請負弁護士は業務毎の契約で働き——直接に法律事務所との間で、あるいは、一時的な代理店を通して——、書類精査につき時間当たり25ないし30ドルを「しばしば、（低コストのつくりの）粗末な地下の部屋や倉庫のような所で」受け取る。請負弁護士の仕事には60ないし70ドルの請求がなされ、それは、新人勤務弁護士の時間当たり200ないし300ドルに比べて相当低い[14]。最近は、低位のロースクール卒業生だけでなく、名前の通ったロースクール卒業生も請負仕事をするようになっている（就職市場はそこまで悪化している）。そして、請負弁護士はいつも仕事があるのであれば年間5万ドルの稼ぎになる。調査対象の約半数の法律事務所が請負弁護士を利用することを認め、今後も人事の一環として利用し続けることを見込んでいる[15]。依頼者はその仕事に対する安い価格設定を喜び、法律事務所経営者は人事の柔軟性と安価な経費に満足する。もう一つの経費削減策として、2、3の法律事務所は、アウトソーシングの社内勤務型を編み出した。それは安い場所に衛星事務所を置き、これまでの勤務弁護士と同じ仕事をその半額でこなす「キャリア勤務弁護士」を雇うというものである[16]。請負弁護士とキャリア勤務弁護士は、法律事務所にとっては経費の面で効率的であり、このような方法で絞り出した余剰金は経営者の取

り分を大きくし、顧客の満足度は維持できるので、法律市場が改善しても生き残るであろう。新人勤務弁護士の必要性を少なくする他の経費削減は、電子的書類作成技術の持続的発展と海外からの法律事務供給によってもたらされる[17]。

　大手法律事務所の総合管理者は、これらの変化の永続性を指摘して、次のように言った。「不況が好転し始めれば、極めて高いコスト意識はいくらか和らぐであろうが、この不況は法律サービスの買い手に、不況以前より安い価格で同質のサービスを受けられることを認識するのに十分な時間を与えた。もっと良質、迅速、安価という考えは立ち去るまい」[18]。別のトップ企業法務法律事務所の採用担当経営者も同様のことを次のように言った。「法律実務の効率性は、過去5年間で、劇的に変化した。我々は若手勤務弁護士軍を持たなくてもよくなった。それは依頼者にも誰にでも好都合だ」[19]。ある記事の中で企業法務市場における新基準について詳述する二人の法学教授は、企業分野に仕事が戻って来ても、「法律事務所は不況前の求人・採用パターンには戻らないだろう」と言った[20]。

　企業法務の就職事情は2011年の終わりに向けて少しは持ち直した。しかし、それは新人に対してではなく、経験のある勤務弁護士にとってであった。ある調査によると、法律事務所は確かな顧客筋と業務展開技術を持つ専門家を引き抜くことを求めているという[21]。その調査はさらに、訴訟と電子証拠開示に通じた経験のある弁護士補助員に対する大きな需要の存在を明らかにした[22]。これは、これまでは新人勤務弁護士がしていた仕事は他に移転されつつあることを示すもう一つの指標である。この間に新しく作り出された法律家向け求人数は、供給に追いついていない。法律事務所は新人勤務弁護士を十分な数では勧誘しておらず、多くの勤務弁護士向け夏季プログラムは減らされるか保留にされている[23]。

　法律サービス提供方法の変化は法律市場の安価な領域をも圧迫している。「リーガルズーム」はオンラインで様式や説明書を提供しており、それによって人々は、弁護士の請求額よりずっと安く、自分自身で離婚の準備をし、遺言書を書き、ビジネスの法人化をし、パテントや商標の登録をし、その他多くのことをすることができる。低収入の人々は、その属するコミュニ

ティで、安価で必要書類の記入と提出を手伝ってくれる「入管援助」サービスとか「離婚援助」サービスを見つけることができる。組織された法曹界による法律サービスの独占は、これまでは、無資格者の法律業務実施を厳しく取り締まることによって維持されてきたが、隅の方から崩れつつある。

　法律家の供給過剰は存在しないという議論のために、人口当たりの法律家数は減っているということにこだわる法学教授は、これまでの法律家数の人口比が既に高すぎた可能性、あるいは、非法律家やコンピューターがこれまで法律家がしてきた仕事を奪い始めているために、法律関係の仕事量が減っているとする可能性、従って、法律家供給過剰があり得るということを理解できないでいる[24]。

　皮肉なことに、合衆国には、相当大きな割合の大衆——中・下層階級——が、法律上の援助を受けられないでいるその時に、ロースクール卒業生の過剰供給がある。それは危機的割合に達している。政府出資の低所得者向け法律援助供給プログラムである「法律サービス公社」による最近の調査によれば、100万件近くの事件（援助を必要とする事件の2件中1件）が資金不足のため法律扶助を拒否されたのである[25]。法律問題を抱えた低所得者の5人に1人も弁護士の支援を受けられない[26]。このような法律問題には離婚、未成年者親権、賃借不動産からの退去・明け渡し、差押え、職場問題、保険請求紛争、その他多くのものを含む。国内どの州でも民事事件において弁護士抜きで進めている人の数が驚異的に増えていることが報告されている。ニュー・ハンプシャーでは、地方裁判所事件の85％、上位裁判所［superior court］事件の48％が本人訴訟であり、ドメスティックバイオレンス事件の97％が一方の当事者は弁護士なしである。ユタ州では、家族法事件の被告の81％、カリフォルニア州の明渡事件の90％が弁護士なしである。マサチューセッツ州では少なくとも10万件の民事事件が本人訴訟であり、ワシントンDCでは認知事件の被告の98％、住宅関係訴訟の被告の97％に弁護士はついていない[27]。アメリカ社会は低価格料金法律サービスを大量に提供する公的基盤を持っておらず、最近のロースクール卒業生はこの種の仕事では個人開業を維持するための収入を

得られない。従って、法律家の援助を受けられない相当多くの法律需要と、仕事を見つけることができないたくさんの法律家が同居することになる。

基本的問題

　現状が法律サービス提供に関する構造的変化なのか循環的な動きなのかはともかく、現に相当大きな法律家の過剰供給がある。ロースクールは大不況前から卒業生数と有効求人数の体系的矛盾を作り上げてきた。2000年代半ばの輝かしい就職好況期でさえ、多くの卒業生が法律職に就けていなかった。法律業界で誰も予想していないような経済発展でもなければ、仕事量を超える卒業生輩出は続くであろう。この供給過剰が続く限り、法律市場の低層の収入は低いままで維持されよう。

　これに懐疑的な人は、もし大不況前に供給過剰があったとするなら、どうしてほとんどの人がこれについて語ることがなかったのかと問うであろう。これには二つの答えがある。企業法務市場を大不況が直撃する前は、法律職に就けなかった卒業生は、ほとんど全部がより低い層の法律職を目指す中位または下位のロースクール出身だった、率直に言えば、エリート中心の法律学界と法律実務界では、だれもこれらの人々やそれらのタイプの仕事を気にかけない。これらの人々はロースクールを去ってからは消えていき、法学教育者は彼らの運命を忘却する。問題がエリート卒業生と企業法務市場に及んだ時に初めてこの現象に注意が向けられたのである。

　二つ目の答えは、たとえ10年前に借金を負うことがあっても、法律職を得られなかった卒業生も経済的には生き延びられたということだ。しかし、それはもはや真実ではない。多くの者にとって債務額が10万ドルを超える状況では、法律職に就けなかった者だけではなく法律職に就いた者も破綻者となるのだ。平均的借金を抱えたロースクール卒業生は平均的収入ではやっていけない。だから我々はこの問題についていろいろ危惧の声を耳にするのだ。ロースクール卒業生の経済状態は、10年前と違う様相で破綻しているのである。

　ロースクールは経済的犠牲者の源流となっている。

　いかなる改善策が考えられるであろうか。

分化した法教育システム

　1世紀前に、学究を重視するロースクールとともに、安価な費用で良い法律家を養成することに焦点を当てたロースクールの存在も認めさせたいとの考えから、分化した法教育システムについて論じた司法界の人々の賢明さは、その後の出来事によって確認されている。不幸にも、彼らは、自分たちの基準を皆に押し付けたエリート法学教育者との戦いに敗れた。研究重視のロースクールが模範型となり、それはアメリカロースクール協会とアメリカ法曹協会の基準を通して押し付けられ強化された。今日の認証されたロースクールは、法律家というより、法律学者に教えられる3年のカリキュラムを有する。しかし、それは他方で、卒業生は法律実務に就くに足る適切な教育をされていないという法曹界の絶え間ない批判に晒されている。

　ロースクールだけで実務の養成ができるという考えは最初から間違っている。法律実務を学ぶ最善の方法は実際に実務に就くことである。法律家は仕事を与えられ、それをこなすためにもがき、周りの人を見て、そして誤りを冒すことによって学ぶ。素晴らしい教育は卒業生がより早く上達するのに役立つのではあるが、教室での勉強、技術指導、そしてシミュレーションを合わせても、実地に成り代わることはできない。厳しい試練の後で、有能な卒業生は比較的迅速に腕を磨くのである。多量の法律業務は日常的にある。新しい仕事はそれが来る毎に学びの対象となる。

　ロースクールはしっかりと法律家教育をしていないという、1世紀の長きに渡る法曹界からの批判は、ロースクール自身が有する欠点の真の姿を見逃している。学生は究極的には実務でのみ学び取ることができるのだから、ロースクールでは不十分だという運命にあるのだ。実務には、多くの実務慣行や特殊知識が存在する。ある種の基本的技術は移転可能だが、それ以外は実務の中で学ぶしかない。

　ロースクール内での臨床プログラムの台頭は、研究本位という根源的な誤りを暗黙に認めたことである。だがそれも継ぎ当て以上の物にはなれない。ロースクールは大金を出して、学問施設の中に人工的な実務装置を作るが、実際の舞台装置は学外の法律実務の世界にあるのである。このよう

なやり方の経済的非能率は、ロースクールの任務に適合しない臨床プログラムの拡大の上限をもたらす。

100年前の法曹界の対応は本当に筋が通っていた。2年間の机上学習と1年の実務研修、その後に法曹界への入会。40年前のキャリントン報告書では、3年間の学部教育の後に2年間のロースクールでの教育を提案しており、理にかなっていた。そもそも法律学位は、多くの国で、学部で取得するものである。

本質的な変化は一気に達しうる。現在のアメリカ法曹協会仕様である最低1120時間の授業は、その3分の1を減らして、747時間とすることができる[28]。ロースクールは既に、大学での3年の勉強を終了していれば学士号を持たない学生でも入学させることを許されているし、応募者が法律の勉強をこなす能力があることを明らかに示すような、経験、頭脳、その他の適性を有していれば、この要件も不要とすることができる[29]。

更に、2、3の変化が分化への道を開くであろう。教授陣の利益のために書きこまれた標準的かつ公式の規則は削除されなければならない。ロースクールは終身在籍かつ正規雇用の教授に重心を置かねばならないとする規則、教授の研究を支援しなければならないとする規則、教授に職の安定を提供しなければならないとする規則だ[30]。法律図書館に関する規則一式はすべて削除されなければならない。これらの規則は不要に高価な多数の蔵書の維持と、そのための多数の職員の雇用を要求する。電子情報時代に棚に本を置く図書館は時代遅れだと言ってよいであろう。

これらの一握りの変化に成功すれば、ロースクールは、学生が法律家になるための訓練に焦点を絞ったカリキュラムを自由に立てることができるようになるであろう。法学教育市場における自分たち特有の使命と得意分野に適したプログラムを設計するようになるであろう。多くのロースクールは終身在職、職の安定、そして研究援助を提供し続けるであろうし、他はそうしないであろう。2年の学位取得校もあるし、臨床教育込みの3年の学位取得校もあろう。学問面に重心を置くロースクールもあれば、技術志向のロースクールもあるであろう。1年の学位（現在の法学修士）も、選択科目で更なる1年の専門教育を受けようとする者のために広く認めら

れよう。ロースクールは学生に2年制と3年制の選択肢を提供することもできよう。そして、それは、ロースクールに、重要な価値を付加することのできる3年目の教育を作り出すための動機づけとなろう。

　法学の分化は——それは現在アメリカ法曹協会に抑えられているのであるが——この市場全体で流行となろう。カリキュラムと価格でロースクールに匹敵するような職業専門学校や地域短大（多くは2年制）が出来てこよう。研究志向のロースクールも存在し続けよう。常勤または非常勤の弁護士によって教えられる実務志向型ロースクールもあろう。研究中心の学校は主に研究に従事する学者で構成されよう。他のロースクールは両方の型の教授により構成されよう。

　ロースクール志望学生は、自分たちが払える価格で自分たちが望む教育プログラムを選択できるようになる。ロースクール志望学生が地域で実務を担おうと希望すれば、企業法務希望者が受けるのと同じ教育を要求されたり、同じ金額を払わされたりする必要がない。これはアメリカロースクール協会の言う底辺競争ではない。どのロースクールも高級ホテルのリッツ・カールトンである必要はない。ホリデイ・イン型ロースクールは多くの者に、良い教育を、希望するタイプの法律実務に合った教育を提供しよう。分化は法律家となるための入手可能な手段を作り出す。それでも高い質の法教育を確保するための基準は存続し、法律家になろうとする者は司法試験を通らなければならない。

　このことは、このような方法が危険を伴わないということを意味しない。3年から2年に必修カリキュラムを減らすことは、既に供給過剰となっている市場にさらに多量の法律家を送り込むという不安がある。より短期で安価な養成ではそのような結果を招く。理想は、そのことによって、弁護士に依頼しようと思っても依頼できない人たちに、より手頃な値段で依頼できる弁護士を供給することになるということであるが、そうなる保証はないのだ。

　1年の短縮は他の提案と切り離すことができる[31]。ロースクールの分化は他の削除提案が実行されても現実のものとなる。

　もし規則に何の変更もなされないなら、手ごろな価格で有能な法律家を

鍛えるという使命を公然と支持するロースクールは、3年目を完全に実務経験の年にすることによってその達成が可能である。ロースクールは、既に「エクスターンシップ」プログラムで実施しているように、学生を既に存在する実務の舞台（法律事務所、政府の法律事務所、裁判所等）に大量に送ることができる。これは校内臨床授業より経済効率が高い。このようなプログラムの責任者は学者ではなく、外に出された学生の監督を任務とする事務所所属の弁護士兼指導教官でよい。

もっと野心的なプログラムとしては、ロースクールが、政府出資の機関と協力して、中産階級と貧困層の人々に低価格で法律サービスを提供する活動に参加するというものがある。現在存在する「ハイブリッド」プログラムの下では、臨床教授が実務の現場で事務所を持ち、現場で学生と働く。もしスタッフが不足する事務所が、地方のロースクールの3年生のフルタイムの補助を提供されれば、法律サービスを受けられない人々に法律サービスを提供し、他方で学生は有意義な訓練を受けることになる。低価格法律サービスの民間資金・民間運営版も、ロースクールと協力して、入管、税、労働、その他3年生が実務技術を磨ける多くの分野で可能である[32]。

校外のどの実務経験現場でも、学生は法律家として働き、事務所収入基準による賃金を受け取る（実施するためには規則改正が必要だが）。徒弟制度型の再来だ。医学校卒業生のための研修医制度の法律家版を考えてみよう。法律事務所においてロースクール教員と弁護士は、監督と助言をするが、学生自身が多くの仕事をこなす。多くの3年生は既に法律事務所でパートタイムの仕事をしているが、この提案はその制度化された姿だ。ロースクールの責任は実務経験現場の確保と補助的教育の実施である。3年目の授業料はロースクールから提供される就職斡旋と監督業務に見合った額まで減額される。

このような改造は簡単にはできないだろう。先例尊重主義、惰性、経済的利害がこれを妨げ、特に法学教授とロースクールが共同して反対するだろう。このような提案はアメリカ法曹協会法教育部とアメリカロースクール協会に多くの人を送り出す法教育者にとっては、過激で常軌を逸しているように見えるであろう。

アメリカ法曹協会抜きの改善法

　アメリカ法曹協会を飛び越えて変革を早める方法がある。同協会認証のロースクール卒業を、州の司法試験受験資格の要件とすることを廃止するのだ。州最高裁は、認証が質の基準を保証するとの善意の信念でもってこの要件を課している。しかしながら、前の章で示したように、認証取得の努力は、質の維持を確保しながらも、法学教授とロースクールの利益と権限に寄与するために利用されてきた。「質」は、手ごろな価格の法教育という観点からよりも、学術志向のロースクールという観点で定義された。

　この見方は州最高裁判事にも通ずる。モンタナ州最高裁は2002年に、カリフォルニア州の非認証校卒業生のモンタナ州司法試験受験資格を否定した。2人の判事が、「アメリカ法曹協会基準が高質な法教育と関係するということを示す、いかなる実証的データも提出されていない。明らかなことは、この民間の産業協会が独占的にロースクール基準設定権を有しているために、法教育費を高額にし、その職業の新規参入者に専門家としての良心に沿った仕事や公益的仕事に就くことを思いとどまらせるような重い借金を負担させ、法教育分野の革新を阻害し、学生と分かち合える実務上の専門職経験をもった「働く教授」を差別し、定められた恣意的な入会基準に満たない非伝統的学生やマイノリティを差別するということだ」という反対意見を書き、ロースクールとアメリカ法曹協会に噛みついた[33]。最近のロースクールに関するいくつかの暴露の後では、おそらく、もっと多くの判事にとってこのような考え方は説得的になっているであろう。

　自前の認証基準を持っている少数の州では、法曹界に入るに当たってアメリカ法曹協会認証校卒業を要件としていない。もし過半数の州がこの要件を廃止すれば（各州最高裁による規則の変更）、あるいは、少なくとも、大きな法律市場を持つ州がそうすれば、低位格付け校の授業料は安くなるだろう。「アメリカ法曹協会認証」のスタンプは、卒業生がどの州の法曹界にでも入れるようにしている。このことが経済的価値を生み、ロースクールをしてこのスタンプのないロースクールよりも2万ドルも高い値札をつけさせることを可能にしている。カリフォルニア州には授業料3万ドル未満のアメリカ法曹協会認証校はないが、18校のカリフォルニア州認証校

は1万ドル前後である[34]（この相当大きな額の差は、そのすべてが認証を得るための費用増額によるわけではない）。アメリカ法曹協会認証という参入障壁がなければ、認証校は特別価格設定権を失う。その場合、最低レベルの質を保証するアメリカ法曹協会の認証ならば存続しうるだろう。ただし、現在のアメリカロースクール協会の認証がそうであるように、承認証明書のようなものとして。

こういう変更の大きな影響は低位格付け校が体感することになろう。どの州でも法曹に入れる特権を得るための年間3〜4万ドルの授業料は1.5〜2万ドルになるであろう。この減額は、ロースクールに入学した学生の、長期のハンディキャップの原因となった、収入と借金の不整合を調整することになろう。また、低位格付け認証校は授業料を思い切って下げなければ破綻してしまうだろう。

連邦ローン受給資格要件

もう一つの改革手法は、議会と教育省による連邦ローン受給資格要件を変更することだ。もし、教育局が、営利目的の職業大学に適用している連邦ローン資格要件と似たような要件をロースクールに適用すれば、相当の数のロースクールが危険区域に入ってしまう。この受給資格要件を定める規程は、「ある教育プログラムは、次の三つの基準の内少なくとも一つを満たせば、収益力のある雇用に導くものと考えられる。1：少なくとも35％の卒業生がローンを返済していること（債務残高を少なくとも1ドル減らすこと）。2：年間推定返済額が標準的な卒業生の可処分所得の30％を超えないこと。3：年間推定返済額が標準的な卒業生の総収入の12％を超えないこと」と定めている[35]。相当数のロースクールは第2と第3の基準をクリアーできないであろうと思われる。そのこと自体、ロースクールの経済性の何がしかを物語るものである。鍵となる基準は第1のものだ。通常は学校にとって越えられうる低い障壁だ。しかし、これをIBRに適用すると、様相が異なる。収入基準による返済が月額利息分を超えない場合は、形式的には債務不履行となっていないとしても、そのロースクール卒業生は債務残額を全く減らしていないことになるからである。

連邦ローン受給資格を失うことはそのロースクールにとって死刑を意味する。生き残るためには、危険領域にあるロースクールは授業料を下げるか、経済支援を拡大するか、債務免除プログラムを増強することになろう。IBRの適用を受けるための鍵は学生の債務額であることとなり、ロースクールは自衛本能からこれをじっと見張っていなければならなくなる。必要とあれば、ロースクールは卒業生に連邦ローン返済のための直接的援助をするであろう。こうして、ロースクールの運命は卒業生のそれと同じものとなるのである。

ロースクールごとの連邦ローン総額制限
　授業料高騰と債務の増大の総合的な原動力を変えるには、もっと根本的な変革が必要だ。以前は、連邦政府が民間金融業者から借りた学生の債務を保証していたが、今は、学生に直接、金員を貸し付けている。そして、貸し付けの時に、政府は借り手が返済できそうかについての評価検討をしていない。トーマス・ジェファーソン校やクーリー校の卒業生はハーバード大学ロースクールのそれと比較すれば圧倒的に返済不能となる確率が高いのに、貸し付けについては前者の学生も後者の学生と同待遇なのだ。民間業者がこんな経営をすればすぐに破綻するだろう。それでも学生ローンという文脈では、「アクセスの提供」として正当化されている。
　それは善意から出てはいるが、必ずしも援助しようと思っている人に対する利益とはならない。彼らの多くは、多額の借金を抱え、法律職に就けないか返済できるほどの給与をもらえないで終わってしまうからである。連邦ローンプログラムは学生のアクセスの保障という言葉で正当化されているが、学生をパイプとして利用するロースクール資金援助プログラムと言う方が適切なのだ。ロースクールは学生を媒介として連邦政府の資金を得ようと競っている。ロースクールはローンの申込書を処理し、承認し（実際には自分が資金を得るのだが）、支払いを受けるためにこれを政府に送る。その金は政府から直接にロースクールに入れられる。このやり方でリスクの全部が最初は学生に、その次には納税者に担われる。こうして、ロースクールは卒業生の給与を先取りするのである。

法学教育者は、このようにロースクール運営を性格付けることを、ロースクールが学生に提供するサービスを無視するもので侮辱的だと言う。しかし、この性格付けはロースクール、学生、それと連邦ローン資金の関係をうまく捉えている。クーリー校の2008年から2011年の卒業生は全部で3億ドル以上の債務を負った。そのほとんど全部は政府から直接支出されたか政府が保証したものかだった。取得額を増やすため、クーリー校は新たに分校（サテライト・キャンパス）を開校し入学者を増やした。この同じ時期のジョージタウン校卒業生の債務総額は2億7000万ドルを超えた。ニューヨークロースクール、アメリカン校、そしてハーバード校の卒業生の債務は2億ドル以上だった。ジョージ・ワシントン校、ニューヨーク大学校では2億ドル近く、サフォーク校、フォーダム校、ローヤル・メリーマウント校、コロンビア校では1億6000万ドルから1億8000万ドルだった。このような数字はわずか4年間分にすぎない。2010年の全ロースクール卒業生分だけで36億ドルを超えているのである。
　こうして、連邦政府の金庫から莫大な資金がロースクールの銀行口座に流れている。ロースクールは、これまで何の制限も受けずにしてきたように、授業料を上げ、学生数を増やすことによって、この金の流れを一方的に大きくする力、連邦政府に金を吐き出させる力を持っている。フロリダ・コースタル校は、経済的誘因に抜け目なく反応している営利校であるが、毎年入学者数を増やすことによって、これまでで最も多額の政府資金を引き出している。それは、2008年の2億8000万ドルに始まり、2009年に3億3000万ドル、2010年には4億5000万ドルに至っている。同年の同校の卒業生は400人だった。2、3か月後、同校はその倍の800人の学生を入学させた。そしてどの学生も政府の資金を運んできたのである。学生が苦労を重ねた後の3年後、その学年の学生全部の借金額は、6億ドルを超えることになりそうである。
　確かに、法律職への道へアクセスする機会を提供することは必要不可欠だ。もし金持ちしかロースクールに入れないとするなら、司法が衰退することになる。しかし、ロースクールが要求するどんな額でも支払う学生が払える限界に到るまで、学生及び政府への支払い請求は増え続けるであろ

う。

　この事態に一般的に提起される対策は、学生が政府から借りられる額にインフレ率と連動する天井を設けることである。そうすれば授業料の上がり方がゆっくりとなろう。しかし、更なる収入を求めて、ロースクールはこれまでもしていたように、もっと多くの学生を取ることができる。そして、卒業生の就職困難性を増し、政府の出す資金の総額を増すことになってしまう。

　もっと良い解決法は、ロースクール毎の連邦ローン総額に、たとえば各校と各年に600万ドルというように、天井を設けることである。それでも相当大きな公的資金だ。もっと小さくも大きくもできよう。その天井設定は大きなロースクールにとっては有力な、そして即効性のある抑制力となる。天井以上か天井に近いロースクールは、授業料とともに入学者数を制御しなければならなくなる。理論的には、小さなロースクールは授業料にも入学者数にも抑制力が働かないが、実際には抑制せざるを得ないだろう。学生数を増やせば学生の質を下げる恐れがあり、そうすればそのロースクールの地位に傷がつくことになるからだ。天井設置は授業料増額も間接的に制限する。ハーバード校やコロンビア校は既に天井に近づいていてこれ以上授業料を上げられないし、下位の格付け校も、上げれば学生が入学を尻込みするようになるので、やはり増額はできない。名声のあるロースクールが市場価格を先導するシステムの下では、一旦トップ校が抑制されれば、全ロースクールを通じて授業料増額の勢いは、連鎖的に削がれる。イェール校は学生数が少ないので授業料を上げることはできても、ハーバード校やコロンビア校が天井まで行っていて上げられないので、それより格付け下位のロースクールは上げることはできない。

　この天井設置とともに、民間融資への連邦保証を廃止させなければならないし、そのような民間ローンは破産免責対象に含められなければならない。そうすれば貸し手にリスクが転化され、業者は返済不能となる可能性のある学生への貸し付けはしなくなる（少なくとも、法外な利率を課すこと抜きには）。

　天井設置で絞り込まれた収入の流れを増やそうとするロースクールの残

された選択肢は、学生に直接、金を貸すことである。これは、学生と運命を共にするもう一つの方法と言える。ランクの低いロースクールは、学生の返済不能が推測できるので、このような貸付をしない。

　天井設置の大きな弱点は、ロースクールは借金をする必要のない裕福な学生を多く入学させるために彼らを優遇することになるということだ。これは確かに問題だ。しかし、高額授業料と過剰入学の問題に潔癖な解決などない。ロースクールが本気で法律家への道へのアクセスを確保してあげようと考えるなら、経済的援助のもっと大きな割合を、必要性基準の奨学金に振り向ければよいのだ。こういうことを全部考慮に入れれば、厳しい上限を設置することは、授業料と入学者数を制御し、同時にアクセス提供にも影響がない、もっとも実行可能性のある方法だ。

市場に強制される変革

　上記のどの改革が実行に移されなくても変化は生ずる。ロースクールの経済モデルは持続不能だからだ。増加率がこのままでいけば、トップ校の授業料は2020年には7万ドルとなり、中・下位私立校は5万ドルまで行くであろう。前者はあり得ても後者は考えられない。たとえいくつかの市場歪曲要因が相互に働きあって、役目を終えたシステムを下支えすることはあっても、経済的合理性それ自体がついには力を発揮することになるからである。

　最も強力な改造メカニズムは志願者の減少である。2004年は入学者数よりも志願者の方が5万2000人多かった。2011年は、その差が3万人となった。2012年に同じ割合で志願者数が減ると、ロースクールが入学者数を抑えなければ、その差は約2万人となるだろう。この差が縮小すると、多くのロースクールが志願者からの採用率をもっと大きくせざるを得なくなる。そうすれば入学者の質は悪化する。結局、好むと好まざるとに拘わらず、ロースクールは規模縮小に追い込まれる。

　そうすれば格付けヒエラルキーの全体を通して、ロースクールは経済的困難を味わう。政府資金を求めての学生獲得競争は強まるであろう。それゆえ、多くのロースクールは、USニュースの格付け目的でLSAT［ロー

スクール適性試験]の得点が中央値より上の志願者に対する成績基準奨学金の枠を広げてきた。しかし、そのロースクールが学生の定員を満たすことが困難となると、収入増加の必要性から、成績下位の学生にも手をのばしたくなる。政府資金をもたらさない空席よりも、授業料の半分でも払ってくれる学生の方がましだからだ。もし、割引が学年全体に適用されれば、黙示的にではあるが、授業料の減額だ。ロースクールは、できれば、寄付、転入生、法学修士（特に外国人学生）に代替収入源を見出すようになる。

　もし志願者数減が続くようだと、すべてのロースクールは経費削減を求められる。教授陣向け予算が一番大きな出費項目だ。もっと安い非常勤教員や契約教授の授業が増え、それによって教授陣の拡大は抑えられ、あるいは縮小するかもしれない。正規教授はもっと多くの授業を担当することや（このことは大学レベルでは既に起きつつある）、授業以外の仕事を受け持つことも求められよう[36]。研究費に費やされる資金は少なくなる。ロースクールが甘やかされた時代は、痛みの時代に道を譲るのである。

未来への希望

　現在のモデルが困難な経済状態によって消し去られようとしているとき、力を合わせなければ、私が提唱した、あるいは予想した上記のような変革があっても、ロースクールが作り上げてきた経済的に歪んだ諸相は改善されないだろう。ロースクール授業料は高いまま、多くの卒業生は借金返済ができる職を見つけられないという状態が続くことになろう。

　ロースクールが自分自身で改革するという楽観論には根拠がない。新しく創立されたカリフォルニア大学アーバインロースクールを見てみよう。カリフォルニア州はもうロースクールを必要としていなかった。しかし、技術を磨いた道徳的な法律家を鍛え、学生に公共サービスの精神を埋め込むユニークな学校にするということを正当化の根拠として大々的に宣伝し、同校は世に打って出た[37]。最初から、同校は地域のビジネスマンから2000万ドルの寄付を得た。アーバイン校を引っ張っていってもらうためにリベラルな著名憲法学者であるアーリン・ケメリンスキー教授がデュークロースクールから招聘された。彼は、トップ25校から教授陣をリクルー

トした。寄付者たちの多額の援助を得て、創立時の入学生は3年間授業料なしとされ、LSATとGPA［学業平均点］中央値が相当高い学年となった。この質を維持するため、2年目の入学者は50％の、3年間の入学者は33％の授業料割引を受けた。明確にされた目標は、直ぐにトップ25位校になることだった（成功すればこれまでにない偉業である）。ケメリンスキーは、「私たちは特別なものを立ち上げようとしている。21世紀に向けた理想校である」と述べており[38]、また、「真っ新な状態であることによって大いなる好機がある」と言った[39]。

それは大いなる好機であった。しかし、実際に行われたことは、高い格付けの追求、有名学者とLSAT高得点学生獲得のための元手資金の費消、トップ校の標準装備の追求、重装備臨床設備の建設である。そして、同校が授業料を、州居住学生には4万4347ドルに、非居住者には5万4192ドルに上げると発表したとき、いかなる疑問も退けられた[40]。

同校に入学して授業料全額を収める学生は、生活費を加えれば、法律学位を取得するために20万ドルを払うことになろう。LSATとGPAの点を高くしておくために、成績下位の半分の学生が、成績上位の半分を資金援助することになる標準的な逆ロビン・フッド型奨学金制度を実施することになろう。最初の奨学金取得学生が卒業した後は、当然に平均債務額10万ドル以上の卒業生のロースクールということになろう。そして、他校の卒業生と同じように、卒業生が債務に見合った額の給与を得られる職に就くのに苦しむようになる。彼らは、公益的な仕事をしたいとは思っていても、経済的圧力から高給の得られる企業法務に職を求めざるを得ないであろう。公益業務職に就いて10年働けばローンが免責になるということは、借金から免れるには魅力的な方法ではあるが、学生はこの非常に競争率の高い職を得ることを当てにできない。企業法務職は2年目の秋に得られるが、公益業務職は典型的には3年目の2学期か卒業後に得ることになる。相当大きな借金を負っている学生にとって、企業法務職を取らずに、それより遅くに就職が決まる公益業務を得ようとすることは大きな賭けである。

経済面から見ればアーバイン校に目新しいものはない。豊富な資金とまっさらなキャンバスを与えられた、著名な進歩的法律学の教授達は、公

益業務に焦点を当てたロースクールを立ち上げて、結局は、学生に借金を負わせ企業法務分野に学生を導く機関を作り上げたのだった。この大きな浪費を伴った試みは、法律学者の思考方法に強く影響する、経済的にゆがめられたモデルから離れていくことが、いかに困難かを例証するものである。

どこを間違えたかと言えば、エリート校を設立しようとしたことにある。この目標がこの事業をダメにした。現在の状況下では、値ごろ感とエリートの地位は互いに排他的である。USニュースの格付け争いはロースクールの経済を歪める。アーバイン校は嬉々としてこの目標に飛び込み、高い格付けを得るために最大の努力をした。もし彼らの目標が、手ごろな値段で最高の質を持った法律家を育てる卓越したロースクール（このようなロースクールはカリフォルニア州にはない）を設立することにあったならば、異なる設計がなされていたであろう。

そうであればどんな姿であったろうか。最初に、ケメリンスキーは、次のような値ごろ感のある卓越性を売り込まねばならなかったろう。すなわち、構想を現実のものにするためには喜んで低い給料（それでも他学部の教授よりも高い）に甘んじる教授を獲得する、教授たちは優秀な学者であるとともに実務家経験もある、彼らは1学期に2つの授業を受け持つ（それでも論文作成には十分な時間が残される）、入学者数は200人を天井とする、3年次には優れた公益業務の舞台でのエクスターンシップを組み入れる、授業料は2万ドル以下に据え置く、成績基準奨学金制度は設けない、200万ドルの元手は必要性基準奨学金の基金（寄付金で補充を予定）とする、というものである。カリフォルニア大学の名前、合理的価格、有名教授、そして公益業務の使命を有していれば、優秀な学生が入学してきたであろう。卒業生は、そう望むのであれば企業法務職に就くことを控えることができる程度の債務額で卒業するであろう。これが21世紀の理想型ロースクールではなかったか。これを現実のものとするのに問題となる唯一のものは、安い給料で年間4つの授業を受け持ってくれるトップクラスの教授陣を十分に確保することである。私たちは、公益業務を主張し擁護するが、実際に自分たちでそれをするかは別の問題なのである。

低いコストで良質の教育を提供することを使命とすることを維持している州立ロースクールに希望が残されている。多くの州立ロースクール、その中でも特にバークレイ校、ミシガン校、ヴァージニア校、そしてカリフォルニア大学ロサンゼルス校は、研究志向の高額な私立校のモデルをまねて、高い格付けを得るために公的使命を投げ捨てた。テキサス校、イリノイ校、それにミネソタ校といった他のトップ州立校も急速にこの方向に動いている。テキサス校やイリノイ校の最近の失態が示すように、名声争いに参入し、豊かな資産と高い支払い能力のあるトップ私立校と同条件で競争しようとすれば、そのロースクールを大きく歪めてしまう。名声争いをするロースクールは、これまでと同じ相対的位置にあるのに、先走りすぎだ。学生は、その最終目標である就職の機会に関して改善もないのに、この競争に係る費用支払いのためにさらに多額の借金をさせられる。教授獲得競争を原因とする給与の高騰と、学内間の平等という理由からくる利益があるため、この競争で一番得をするのは教授たちだ。

　他方で、2万ドルよりずっと安い授業料を維持している優秀な州立ロースクールがたくさんある。ノース・カロライナ校、アラバマ校、ジョージア校、ジョージア・ステイト校、ウィスコンシン校、ユタ校、フロリダ校、フロリダ・ステイト校、テネシー校、テンプル校、ケンタッキー大学校、カンザス校、ニュー・メキシコ校、ルイジアナ・ステイト校、バッファロー校、ネブラスカ校、ハワイ校、ウェスト・ヴァージニア校、ルイズビル校、ミズーリ校、その他のいくつかはこの部類に入る。これらのロースクールはUSニュース合戦の歪曲圧力に抵抗してきた。そして、地方の法律市場でしっかりした存在感を示して州の中核校としての地位を確保している。これらのロースクールは、より高い格付けのロースクールからの高額給与の示される引き抜きで、優秀な学者を定期的に取られている。しかしそれでもその運営も地位も衰えない。

　これらのロースクールに州民減免授業料で入学することは経済的に合理性がある。もし私立校の授業料が上がり続ければ、合理的な授業料の公立校は、接戦を制して、私立校より多くの優れた学生を勝ち取るであろう。そしてそのことにより競争相手の私立校の弱体化と自校の強化がもたらさ

れよう。手ごろな価格の公立校の卒業生は、厄介な借金に悩まされることも少なく、自分の職業歴の中でもっと多くの自由と柔軟性を獲得し、そのことが自分の学位でもって大きな仕事をする機会をもたらすであろう。公立校の卒業生は、法律職に就かない場合でも、同じような窮状（ただし債務額は2倍）の私立校卒業生に比較して、法律分野外で立派なキャリアを築くより多くの機会を持つであろう。

　値ごろ感のある公立校は法律学分野における最後の理にかなった場所である。彼らの存在への最大の脅威は、予算削減命令から来るか、ロースクールの不行跡を原因とするロースクール叩きから来るかは別として、公的資金の後退である。

エピローグ（結びの言葉）
最後に

　本書は執筆するのに困難を伴う本だった。私には、法曹界に多くの友人、仲間がいる。殆どいたる所で、私は、私の考えた事柄が、私が賞賛する人々を不快にしたり、いらいらさせたりするであろうことを書き綴った。早い時期に、私自身を含めて誰一人をも擁護しないようにすれば、この本は執筆できるだろうという思いで書くことを決意した。私は、法律学界の中で我々が見出す状況につき、私が他の人と同様の責任があるということが、この本から明らかになることを望む。私も私の学生たちが負債を抱えながら支払ってくれている高額給与の恩恵を得ている。私が本書の中で、名前を挙げて学校や（私自身を含めて）個人を特定しているが、それは不正行為の責任を取ることを求めて呼びかけているのではなく、ただ、私たち皆が関与している事実を語っているだけなのだ。
　私が、この本を書かずにはいられない気持ちになったのは、法曹としてのキャリアに立ちはだかる経済的障害が、現代における最も重要な社会正義の問題の一つになっていると確信したからだ。社会のあらゆる層からの出身者が法律家になることは益々難しくなっている——そして、あまり裕福でない経済的背景の出身者にとって、エリートロースクールに入ることは特に困難となっている。私は、自分の財政力の範囲内で生きるように教えてくれた教師である両親に育てられたので、今の状況でのロースクールなら行くことはなかったかもしれない。負担するかもしれない負債の額は、あまりにも大きくなりすぎていたであろうから。30年前にロースクー

ルに入学した時は、授業料は5000ドルであり、私は自分の累積債務1万5000ドル（インフレ率調整で3万5000ドルにされた）のことは全く心配しなかった。私は、ローンの月額返済額は比較的低い給料でも簡単に払っていける程度だったから、経済的心配をせずに企業法務の仕事を断り、最初は国選弁護人として、そして、後に、発展途上国での法律家（極めてやりがいのある経験であった）として働くことができた。今日の卒業生はそうはいかない。

　ここでは、世代的側面が強調されなければならない。80年代までにロースクールに入った教授は、両世代の良いところを享受できる。授業料が割合安いときにロースクールに入学し、法学教授の給与が跳ね上がるように高くなった黄金期（学費を抑えた公立のロースクールは例外）を迎えたのだから。エリートロースクールの学費が4万ドルの線を超えた2000年代に卒業した若い同僚と比較して見よう。彼らは高い水準の教授賃金体系の利益を得ているが、彼らの資格買い付け価格は法外に高く、その結果としての負債も大変高額であるため（もっとずっと多く稼ぐ年配の同僚よりずっと多額）、財政的に厳しい状態にある。間もなく、収入基準返済プログラムを利用する法学教授を目にするようになるであろう（非営利校の教授は公益業務型プログラムの資格をもつ）。

　これは、あり得る話だ。なぜならば、法教育にかかる費用高騰が食い止められれば、法学教授は、給料が少なくなり、より多くの仕事をしなければならなくなるからだ。この場合、教授陣は縮小しなければならない。昇給は抑えなければならない。ロースクール卒業後20年以上の年配教授は、若い同僚がより多くを受け取ることができるようにするために、より少ない額を受け取るという不均等な方法で。多くの熟達した、勤勉な正教授にとって、これを呑むのは難しかろう。しかし、この地位にいる私たち教授は、自分たちが行っていることに比して低賃金だと言えない。長年に渡って、私は、多くの法学教授達が、「この職業は、世界で最良の仕事である」と述べていることを聞いている。その通りだ。

　法学教育の経済状態は、私がこの本で議論するのと同じくらいひどく歪んでいるということを、依然として納得できないままでいる法学教育者が

存在するであろう。私が提示する問題には多くの不確実な点と、情報の落差があるため、懐疑派には異議を唱える余地がある。最後の問題提起として、法教育者であるすべての読者に、次の簡単な「ロースクール価値テスト」を受けることをお願いしたい。

　ある日、高校以来の親友があなたのアドバイスを求めて電話してきたとしよう。彼女の末娘サラは法律家を志望している。あなたの学校は彼女が興味を持った中で一番のロースクールだ。彼女とその夫（教師と看護師）は、サラが借金なしで学部を卒業できるようにするため貯蓄を使い果たし、可能な限りの借金をした。もしサラがあなたのロースクールに入学すると、10万ドルの借金（もしあなたの学校が公立なら7万ドル）を抱えて卒業することになる。あなたの友人が、「どうか教えて。サラはあなたのロースクールに入学すべきなの？」と聞くとしたら、あなたはどう答えるだろうか。

　全国の多くのロースクールの教授たちは、身近な人には勧めない学位を、自分たちの学生に売りつけているのである。

原　注

本文中を含め、訳者による補足は [　] にて表示した。
現在利用できない URL には「※」を付した。

●注および本文に使われている略語一覧

AALS	Association of American Law Schools
ABA	American Bar Association
ALDA	American Law Deans Association
BLS	Bureau of Labor Statistics
CLEA	Clinical Legal Education Association
DCL	Doctor of Civil Law
DOJ	Department of Justice
GPA	Grade Point Average
IBR	Income Based Repayment
JD	Juris Doctor/Juris Doctorate
LLB	Bachelor of Laws
LLM	Master of Laws
LSAC	Law School Admission Council
LSAT	Law School Admission Test
ML	Master's Degree in Law
NALP	National Association for Law Placement
SALT	Society of American Law Teachers
US News	U.S. News and World Report

序章　ロースクールの危機（1997 年ころ）

1. William L. Prosser, "Lighthouse No Good," *Journal of Legal Education* 1 (1948): 257, quote at 259.
2. 次を参照。Jeffrey L. Harrison, "Post-Tenure Scholarship and Its Implications," *University of Florida Journal of Law and Public Policy* 17 (2006): 139; Michael I. Swygert and Nathaniel E. Gozansky, "Senior Law Faculty Publication Study: Comparisons of Law School Productivity," *Journal of Legal Education* 35 (1985): 373.
3. 次を参照のこと。Robert J. Tepper and Craig G. White, "Academic Early Retirement: Do Tenure Buyout Payments Warrant Unique Employment Tax Treatment?" *Oklahoma City University Law Review* 35 (2010): 169.

4. 法務研究科長に対する調査は、多様な場面で業績不十分な教授に対してどのように対応するつもりかを聴取するというものであった。最も一般的な回答は、制裁を課すということではなく、特別手当の供与を差し控えるというものであった。終身在職権の取消は稀であった。William G. Hollingsworth, "Controlling Post-Tenure Scholarship: A Brave New World Beckons?" *Journal of Legal Education* 41 (1991): 141.
5. American Bar Association, Section of Legal Education and Admissions to the Bar, *ABA Standards for Approval of Law Schools and Interpretations* (Chicago: ABA, 1996), interpretation 205-1.

第1部　自主統制への衝動

第1章　アメリカ司法省、アメリカ法曹協会を訴える

1. United States v. American Bar Association, Civil Action No.95-1211 (US Dist. Ct., June 27, 1995).
2. 次を参照。John S. Elson, "The Governmental Maintenance of the Privileges of Legal Academia : A Case Study in Classic Rent-Seeking and a Challenge to our Democratic Ideology," *St. John's Journal of Legal Commentary* 15 (2001): 269, quote at 271.
3. American Bar Association, Section of Legal Education and Admissions to the Bar, *Standards for Approval of Law Schools and Interpretations* (Chicago: ABA, 1996), standard 404.
4. Ibid., standard 405(b).
5. United States v. American Bar Association, Competitive Impact Statement.
6. Ibid., 2.
7. アメリカ法曹協会のロースクール認証［*ABA Standards for Approval of Law Schools*］の201条では教授対学生の比率について、701条では適切な設備について規定されている。
8. 1953年、法学教育部門長のホーマー・クロティは、認証評価制度について、「我々の前に現れたある法務研究科長が言うに、アメリカ法曹協会の法学教育部担当は、法務研究科長の自分より、自分の大学の学長に話しが出来る立場にある、担当は、私が学長に言えないことを言ってくれるし、そして私の法務研究科長職が安泰だ、と述べていた」と詳しく述べて、大っぴらに支持していた。(Homer D. Crotty, "Law School Salaries—a Threat to Legal Education," *Journal of Legal Education* 6 [1953]: 166, quote at 172).
9. Steven A. Holmes, "Justice Department Forces Chances in Law School Accreditation," *New York Times*, June 28, 1995.
10. "Law Professor Salaries Outpace Inflation," *National Jurist* (February 1999), 10.
11. "A Short History of the American Law Deans Association," http://www.americanlawdeans.org/images/A_Short_History_of_the_America.pdf.
12. United States v. American Bar Association, Competitive Impact Statement.
13. Debbie Goldberg, "ABA Settles Antitrust Case over Certifying Law Schools, *Washington Post*, June 28, 1995, A02.
14. 連邦控訴審は、アメリカ法曹協会に対してマサチューセッツロースクールが起こした独占禁止法違反の訴訟で、同ロースクールに不利な判決を下したので、ブッシュネルの主張が正しい

と証明されたことになる。マサチューセッツロースクール対アメリカ法曹協会裁判（107 F.3d 1026 (1997)）を参照のこと。しかしながら、連邦控訴審は、アメリカ法曹協会が反競争的慣行（不正な商行為）をやっていなかったと判断したわけではなかった。認証が拒否されることによって生じる有害な結果は、アメリカ法曹協会の認証評価を採用した州によってもたらされていると判断している。そういう州は、独占禁止法で保護されていないのである。こういった慣行が独占禁止法に確かに反していることについての議論の詳細は、次を参照のこと。George B. Shepherd and William G. Shephard, "Scholarly Restraints? ABA Accreditation and Legal Education," *Cardozo Law Review* 19 (1998): 2019.

15. ミラード・ルード［Millard Ruud］の論評は、Exhibit 12 of "United States' Response to Public Comments," in United States of America v. American Bar Association (※ http://www.justice.gov/atr/cases/f1000/1035.htm).

16. *Standards for Approval*, standard 405(a), interpretation 1. この規定の条項の芽生えのようなものは、法学教育部門長のホーマー・クロティの1953年の論文で示されており、そこで、クロティは、法学教員の低収入を嘆かわしいことと考えていた。クロティは、教員の給与が全米のロースクールの全国平均値と同等かそれ以上でなければ、認証評価のリストに加えるべきでないと勧告していた。(Crotty, "Law School Salaries," 171).

17. *Standards for Approval*, standard 405(a), interpretation 2.

18. Ken Myers, "Law Profs: Poor No More, Pay is Up," *National Law Journal*, October 18, 1993, 15.

19. ABA, "Law School Tuition, 1985–2009," ※ http://www.americanbar.org/content/dam/aba/migrated/legaled/statistics/charts/stats_5.authcheckdam.pdf.

20. Ibid.

21. 以下の引用は、United States v. American Bar Association, Civil Action No.85-1211, 60 FR 63766-01 (1995), "Notices." による。

22. エルソンは、次の中でこれらの主張を繰り返している。John S. Elson, "The Governmental Maintenance of the Privileges of Legal Academia: A Case Study in Classic Rent-Seeking and a Challenge to Our Democratic Ideology," *St. John's Journal of Legal Commentary* 15 (2001): 269.

23. 次を参照のこと。United States v. American Bar Association, 2006-1 Trade Cases P 75295.

24. この研究重視という統一モデルが引き起こす高コストについては、次を参照されたい。Marina Lao, "Discrediting Accreditation? Antitrust and Legal Education," *Washington University Law Quarterly* 79 (2001): 1035.

25. Roger C. Cramton, "Demystifying Legal Scholarship," *Georgetown Law Journal* 75(1986): 1, quote at 13n45.

26. Tom Stabile, "Are Your Professors Cheating You?" *National Jurist* (October 1999), 26.

27. 多くの認証されていないロースクールは、ずっと安い学費で弁護士を輩出している。ダニエル・モリッセイ［Daniel Morrissey］の "Saving Legal Education," *Journal of Legal Education* 56 (2006): 254, esp. 271-74. を参照されたい。認証されていないロースクールの司法試験合格率は、確かに低いが、認証評価されたロースクールの最下位層よりずっと低いわけではない。これは、ロースクールの質というより学生の資質によると言えるのである。

第2章　なぜロースクールは3年なのか

1. Big Think Editors, "Stanford Law's Larry Kramer on the Law School Revolution," August 2, 2010, http://bigthink.com/ideas/21630.
2. キャリントン報告書は、次のうちに添付資料Aとして転載されている。The Carrington Report, reprinted as app. A in Herbert L. Packer and Thomas Ehrlich, *New Directions in Legal Education* (New York: McGraw Hill, 1972), 139.
3. Ibid., 136–42.
4. Jerold Auerbach, "Enmity and Amity: Law Teachers and Practitioners, 1900–1922," in *Law in American History*, vol.5 of Perspectives in American History, ed. Donald Fleming and B. Bailyn (Cambridge, NY: Cambridge University Press, published for the Charles Warren Center for Studies in American History, Harvard University, 1971), 573.
5. Harry S. Richards, "Progress in Legal Education," in *Handbook of the Association of American Law Schools and Proceedings of the … Annual Meeting*, vol.15 (1915) 60, quote at 63.
6. 次を参照されたい。Alfred Z. Reed, *The Study of Legal Education* (New York: Carnegie Foundation, 1921), chap.16. これらの出来事についての説明は、専らリードの著書による。リードの著書は、法学教育の発展において最も信頼のおける研究である
7. 次を参照。Russell N. Sullivan, "The Professional Associations and Legal Education," *Journal of Legal Education* 4 (1952): 401.
8. J. Newton Fiero, "Minutes of Section on Legal Education," *Report of the Annual Meeting of the American Bar Association* 23 (1900): 421, esp. 449–50.
9. Christopher C. Langdell, quoted in G. Edward White, "The Impact of Legal Science on Tort Law, 1880–1910," *Columbia Law Review* 78 (1978): 213, quote at 220.
10. William A. Keener, "Methods of Legal Education," *Yale Law Journal* 1 (1892): 143, quote at 144.
11. Alfred Z. Reed, *Training for the Public Profession of the Law* (New York, 1921), 290.
12. Ibid., 291.
13. Reed, *Study of Legal Education*, 11.
14. On the negative reaction to Reed's report, see Auerbach, "Enmity and Amity," 588–92.
15. "Report of the Special Committee to the Section of Legal Education and Admissions to the Bar of the American Bar Association," *Annual Report of the ABA* 44 (1921): 679, at 687–88.
16. AALSとABAの法学教育部門の構成員の重複について、Edward T. Lee, "Proceedings of the Section of Legal Education and Admissions to the Bar," *Annual Report of the ABA* 44 (1921): 656, at 667. を参照のこと。
17. Ibid., 666.
18. Ibid., 668.
19. Charles F. Carusi, quoted in ibid.662–65.
20. "Report of the Special Committee to the Section of Legal Education," 684.
21. Laura I. Appleman and Dan Solove, "Debate Club: Abolish the Third Year of Law School?" *Legal Affairs*, September 19, 2005, at ※ http://www.legalaffairs.org/webexclusive/debate club_2yr0905.msp.

22. Daniel J. Morrissey, "Saving Legal Education," *Journal of Legal Education* 56 (2006): 254, quote at 269. モリッセイは、ロースクールの修了者で黒人とヒスパニックが借金が最も多いことを示している報告書を引用している。(Ronit Dinovitzer and Bryant G. Garth, *After the JD: First Results of a National Study of Legal Careers* [Overland Park, KS: NALP Foundation of Law Career Research and Education; Chicago: American Bar Foundation, 2004], 72.)

第3章　教員がアメリカ法曹協会認証基準の変更に戦いを挑む

1. "Faculty Resolutions Opposing the Elimination of Tenure and Security of Position," SALT, at ※ http://www.saltlaw.org/contents/view/3-2011_ABA.
2. The many resolutions and letters are posted at American Bar Association, "Standards Review," under the heading "Comments on the Comprehensive Review," http://www.americanbar.org/groups/legal_education/committees/standards_review.html.
3. American Bar Association Section of Legal Education and Admissions to the Bar Standards Review Committee, "Security of Position, Academic Freedom and Attract and Retain Faculty," interpretation 405-1 (emphasis added).
4. 次を参照。William Deresiewicz, "Faulty Towers: The Crisis in Higher Education," *Nation*, May 4, 2011.
5. Letter of Michael A. Olivas, AALS President to Hewlett H. Askew, Consultant on Legal Education, March 28, 2011, ※ http://www.aals.org/advocacy/Olivas.pdf; emphasis added.
6. Ibid., 4.
7. Ibid., 9.
8. ABA, "Security of Position, Academic Freedom and Attract and Retain Faculty," standard 405 (c); emphasis added.
9. Ibid., interpretation 405-6.
10. 背景については、次を参照されたい。Peter A. Joy and Robert R. Kuehn, "The Evolution of ABA Standards for Clinical Faculty," *Tennessee Law Review* 75 (2008): 183.
11. CLEA のロバート・クーン [Robert Kuehn] のポルデン [Polden] 法務研究科長への書簡 (2010 年 10 月 25 日)。※ http://www.american bar.org/content/dam/aba/migrated/2011_build/legal_education/committees/standards_review_documents/comment_security_of_position_clea_october_2010.authcheckdam.pdf.
12. Ibid., 7.
13. Karen Sloan, "ABA Panel Considering Boosting Job Protections for Nontraditional Faculty," *National Law Journal*, July 11, 2011, ※ http://www.law.com/jsp/nlj/PubArticleNLJ.jsp?id=1202500221368&ABA_panel_considering_boosting_job_protections_for_nontraditional_faculty&slreturn=1&hbxlogin=1.
14. 次を参照。Robert R. Kuehn and Peter A. Joy, "Lawyering in the Academy: The Intersection of Academic Freedom and Professional Responsibility," *Journal of Legal Education* 59 (2009): 97.
15. Michael A. Olivas, "2012 AALS Annual Meeting Theme: Academic Freedom and Academic Duty," https://memberaccess.aals.org/eweb//DynamicPage.aspx?webcode=2012Aamwhy&Reg_evt_key=d4a06b1f-994e-4ffe-b5ea-548f57898594&RegPath=EventRegFees.

16. Karen Sloan, "Membership Changes May Take Law School Accreditation Panel in New Direction," *National Law Journal*, October 19, 2011, http://www.law.com/jsp/nlj/PubArticleNLJ .jsp?id=1202519462357.
17. H. Resse Hansen, "Presidents' Messages: Letter to ABA Standards Review," June 1, 2010, ※ http://www.aals.org/services_newsletter_presAug10.php.

第2部　ロースクール教授について

第4章　講義の負担を減らすが、給料は上げる

1. Association of American Law Schools, *Proceedings of the Annual Meeting* (Washington, DC: AALS, 1910), 6 (statement made by Frank Irvine); また次も参照のこと。John C. Townes, "Organization and Operation of a Law School," *Proceedings of the Annual Meeting* (Washington, DC: AALS, 1910), 53–76, esp. 61.
2. Henry M. Bates et al., "Report of the Committee on the Status of the Law Teacher," *Handbook of the Association of American Law School and Proceedings* (Washington, DC: AALS, 1920), 166–77, esp. 173–75.
3. Herman Oliphant and the AALS Executive Committee, "Symposium on Legal Research in Law Schools, *Handbook of the Association of American Law School and Proceedings* (Washington, DC: AALS, 1923), 99–117, esp. 99, 117.
4. Paul W. Brosman et al., "Special Committee on Faculty and Students," *Handbook of the Association of American Law School and Proceedings* (Washington, DC: AALS, 1937), 347–50, esp. 347.
5. Herman Oliphant and Percy B. Bordwell, "Legal Research in Law Schools," *American Law School Review* 5 (1923): 293, 298.
6. John Kirkland Clark, "A Contrast: The Full-Time Approved Law School Compared with the Unapproved Evening School," *American Bar Association Journal* 20 (1934): 505, esp. 505 (150 out of 200-plus schools responded).
7. Benjamin Franklin Boyer, "The Smaller Law Schools: Factors Affecting Their Methods and Objectives," *Oregon Law Review* 20 (1941): 281 (99 out of 108 schools responded).
8. AALS, Special Committee on Law School Administration and University Relations, *Anatomy of Modern Legal Education* (St. Paul, MN: West, 1961), 310 (91 percent response rate).
9. Ibid.
10. Ibid., 302n3.
11. 次を参照。Boyer, "The Smaller Law Schools," 289.
12. 次を参照。Ralph W. Aigler, "AALS Presidential Address: Legal Education and the Association of American Law Schools," *Texas Law Review* 5 (1927): 111, esp. 114.
13. AALS, *Anatomy of Modern Legal Education*, 303.
14. Ibid., 357–60.
15. Ibid., 352.
16. American Bar Association, Section of Legal Education and Admissions to the Bar, *Standards for Approval of Law Schools and Interpretations* (Chicago: ABA, 1996), standards 404, 405.

17. Ibid., standard 405, interpretation (5).
18. Elliot E. Cheatham, "The Law Schools of Tennessee, 1949," *Tennessee Law Review* 21 (1949): 283, quote at 290.
19. Mary Kay Kane, "Some Thoughts on Scholarship for Beginning Teachers," *Journal Legal Education* 37 (1987): 14, quote at 16; emphasis added.
20. 例えば次を参照。Roscoe Pound, "Some Comments on Law Teachers and Law Teaching," *Journal of Legal Education* 3 (1951): 519.
21. Deborah Jones Merritt, "Research and Teaching on Law Faculties: An Empirical Exploration," *Chicago-Kent Law Review* (1998): 765, 803–4. アンケート調査は、この期間中に雇用されている全ての 832 名の法学教授に送付され、477 名から回答があった。
22. Ibid., 803–7.
23. Ibid., 807.
24. Gordon Smith, "Law Professor Teaching Loads," *The Conglomerate* (blog), April 12, 2005, http://www.theconglomerate.org/2005/04/law_professor_t.html.
25. Theodore P. Seto, "Understanding the *U.S. News* Law School Rankings," *Southern Methodist University Law Review* 60 (2007): 493, quote at 546.
26. 次を参照されたい。Bridget Crawford, "Optional Reduced Teaching Load for Increased Faculty Productivity: One School's Experiment," *The Faculty Lounge* (blog), January 20, 2011, http://www.thefacultylounge.org/2011/01/opting-in-to-a-reduced-teaching-load-for-increasedfaculty-productivity.html（このブログではペイスロースクールのプログラムについて記載してある。このブログのコメントに、同様の選択肢はウィスコンシン大学にもあるとある）
27. Seto, "Understanding the *U.S. News* Law School Rankings," 186.
28. Edward Rubin, "Should Law Schools Support Faculty Research?" *Journal of Contemporary Legal Issues* 17 (2008): 139, esp. 142.
29. William F. Massy and Robert Zemsky, "Faculty Discretionary Time: Departments and the 'Academic Ratchet,'" *Journal of Higher Education* 65 (1994): 1.
30. 次を参照。Gordon C. Winston, "The Decline in Undergraduate Teaching," *Change* 26 (1994): 8; Mary Frank Fox, "Research, Teaching, and Publication Productivity: Mutuality versus Competition in Academia," *Sociology of Education* 65 (1992): 293.
31. Winston, "The Decline in Undergraduate Teaching."
32. Derek Bok, "Reclaiming the Public Trust," Change 24 (1992): 12.
33. 次を参照。Massy and Zemsky, "Faculty Discretionary Time"; Winston, "The Decline in Undergraduate Teaching"
34. Chris Klein, "Feeding Frenzy for Prof Stars," *National Law Journal*, September 8, 1997, A1. ニューヨークロースクールのジョン・セクストン［John Sexton］法務研究科長は、この引抜き合戦のはずみをかけている人物として知られている。セクストンの強引な引抜き戦略とそれが他のロースクールに与えた影響についての論文は、次を参照されたい。Joshua L. Kwan, "Faculty Tempted by Perks at Other Schools," *Harvard Crimson*, June 4, 1998.
35. 次を参照。Benjamin Franklin Boyer, "The Smaller Law Schools: Factors Affecting Their Methods and Objectives," *Oregon Law Review* 20 (1941): 281; Homer D. Crotty, "Law School Salaries—a Threat to Legal Education," *Journal of Legal Education* 6 (1953): 166, esp. 170.

36. 次を参照。Clayton P. Gillette, "Law Faculty as Free Agents," *Journal of Contemporary Legal Issues* 17 (2008): 213.
37. これについての驚くべき統計学上の数値として、ロースクールの正教授の比率が他の大学院や学部よりずっと高いことである。ロースクールでは、正教授が56.5％であるのに対し、次に比率が高いのは43.8％の工学で、43.3％の農学がそれに続く。教授の比率の低いところでは、コミュニケーション・テクノロジーの20.4％、保健科学の19.3％。詳細は次を参照されたい。College and University Professional Association for Human Resources, *National Faculty Salary Survey by Discipline and Rank in Four-Year Colleges and Universities* (Washington, DC: College and University Professional Association for Human Resources, 2008), 16.
38. 次を参照。Merritt, "Research and Teaching on Law Faculties," 812–15.
39. Ibid., 809.
40. Ibid., 200.
41. 実際のところ、法学研究はほとんどせずに詩集を出版している教授が1人いる。あと10人くらいの教授は、積極的に執筆活動をしている小説家である。この中の2、3名は、バンバン書きまくっている。
42. College and University Professional Association for Human Resources, *Community College Faculty Salary Survey* (College and University Professional Association for Human Resources, 2008), 12. この調査では、この授業担当時間は何年もの間変わらないままである。
43. 1920年ですら、ロースクールの教授は他の学部や大学院の教授より給与が高かった。次を参照。Bates et al., "Report of the Committee on the Status of the Law Teacher," 174.
44. Crotty, "Law School Salaries," 166.
45. Ibid., 167.
46. AALS, *Anatomy of Modern Legal Education*, 256 (twenty-five schools did not answer this inquiry).
47. Ibid., 257.
48. Ibid., 308.
49. *Annual Report of the Consultant on Legal Education to the American Bar Association, 1990–1991*, 11.
50. 次を参照。 Bates et al., "Report of the Committee on the Status of the Law Teacher," 175.
51. Crotty, "Law School Salaries," 168.
52. 次を参照。William D. Ferguson, "Economics of Law Teaching," *Journal of Legal Education* 19 (1967): 439.
53. "It's Not over Yet: The Annual Report on the Economic Status of the Profession, AAUP," *Academe*, 96, no.2 (March–April 2011): 14, at http://www.aaup.org/AAUP/pubsres/academe/2011/MA/zreport/zreport.htm.
54. 次を参照。*National Faculty Salary Survey*, 14–15.
55. 教授の収入と裁判官や弁護士の収入との比較の図表については、次を参照されたい。Alvin L. Goldman, "More on the Economics of Law Teaching," *Journal of Legal Education* 19 (1966): 451.
56. 次を参照。Richard Redding, "Where Did You Go to Law School? Gatekeeping for the Professoriate and Its Implications for Legal Education," *Journal of Legal Education* 53 (2003):594. 実質的に大多数のロースクールの教授は、超一流のロースクールに通い、成績も優秀であった。

57. 次を参照。Gillette, "Law School Faculty as Free Agents," 217 (ロースクールの教授の収入の増加は、1980年代の初めから半ば頃に始まったと記している)
58. Ken Myers, "Law Profs Poor No More, Pay Is Up," *National Law Journal*, October 18, 1993, 15.
59. 次を参照。Jack Crittenden, "Why Is Tuition Up? Look at All the Profs," *National Jurist*, March 2010, 40.
60. US Supreme Court, *2008 Year-End Report on the Federal Judiciary* (Washington, DC: Supreme Court, 2009).
61. Form 990, New York Law School, Guidestar Nonprofit Reports, ※ http://www2.guidestar.org/.
62. "Public Employees in the Twin Cities and Minnesota: Law School," (for salary year 2007), StarTribune.com, http://ww3.startribune.com/dynamic/salaries/employees.php?dpt_code=Law&ent_code=UMTC.
63. ミリアム・ロゼン [Miriam Rozen] が投稿したラリー・セイジャーのロースクール教員にあてた辞任の書簡 (2011年12月8日) を参照されたい。http://www.law.com/jsp/tx/PubArticleTX.jsp?id=1202534984121&slreturn=1.
64. リーブ・ハミルトン [Reeve Hamilton] とモルガン・スミス [Morgan Smith] に再掲載されているラリー・セイジャーに関する情報の公開要求を参照されたい。"UT President Asks Law School Dean to Resign Immediately," *Texas Tribune*, December 8, 2011, http://www.texastribune.org/texas-education/universityof-texas-system/dean-ut-law-signs-letter-resignation/.
65. 次を参照されたい。Ralph K. M. Haurwitz, "Chancellor Orders Review of UT Law School Foundation Funds," American Statesman, December 9, 2011, http://www.statesman.com/news/local/chancellor-orders-review-of-ut-law-school-foundation-2023572.html.
66. 次を参照。Hamilton and Smith, "UT President Asks Law School Dean to Resign Immediately"; and Rozen, "Sager Out Earlier Than Expected as UT Law Dean."
67. 次を参照されたい。"Survey Information," *Salt Equalizer*, June 2010, ※ http://www.saltlaw.org/userfiles/SALT%20salary%20survey%202010%20-%20final.pdf. ここで提供されている数字は、実際にもらっている報酬より低い。理由は、ロースクールの教授は年間9か月間しか支払われない給料を夏期研究助成金をもらって埋め合わせているからである。
68. この数値は、次のものによる。Crittenden "Why Is Tuition Up?"
69. リストは、アメリカ法曹協会を相手どったマサチューセッツロースクールの訴訟で公開され、*National Jurist* ("Professor Salaries" ; article on file with author) のオンラインで掲載されている。2008年の調査で給与を支払った1994–95年度の給与の高い上位40校は、ラトガー・ニューワーク校、ラトガー・カムデン校、ミシガン、ハーバード、ミネソタ、トウロである。これらの数値が示唆するように、超一流校に加えて、ニューヨーク市近辺にあるロースクールの給与は高い傾向がある。1994–95年度の教授の平均給与の上位10校は、フォーダム、ハーバード、ニューヨーク、コロンビア、ホフスタである。
70. 次を参照。Josh Barbanel, "Recruiting with Real Estate," *New York Times*, January 20, 2008.
71. セイジャーに関する情報 (Hamilton and Smith に再掲載) の公開請求を参照されたい。
72. Pace Law School, 2010 Summer Research Grant Policy, at http://www.pace.edu/school-of-law/summer-research-stipend-and-assistant-policy.

73. セイジャーに関する情報（Hamilton and Smith の記事に再掲載）の公開請求を参照されたい。
74. Bureau of Labor Statistics, US Department of Labor, Occupational Outlook Handbook, 2010-11 Edition, Lawyers, http://www.bls.gov/oco/ocos053.htm.
75. "In Pictures: The Best Law Schools for Getting Rich," *Forbes*, http://www.forbes.com/2011/03/07/rich-law-school-grads-salaries-leadership-careers-education_slide.html.
76. ロースクール南西部連合会は、毎年の会合に家族に人気のある場所を設定することでよく知られている。2010 年の会合はフロリダ州パームビーチのブレーカーズ、2011 年は南カリフォルニア州のヒルトン・ヘッド・マリオット、2012 年はフロリダ州リッツ・カールトン・アメリア島、2013 年はフロリダのパームビーチのブレーカーズである。AALS の年次大会の開催地は、サンフランシスコ、ニューオリンズ、ワシントン DC を順番で回している。LSA［Law and Society Association］の 2012 年度年次大会の開催地はハワイである。
77. Theodore Seto, "The Law School Pricing Problem," *TaxProf* (blog, ed. Paul Caron), July 5, 2011, http://taxprof.typepad.com/taxprof_blog/2011/07/seto-the.html#more.
78. 次を参照されたい。Gillette, "Law School Faculty as Free Agents," supra 220.
79. 基準協会は、終身在職権のない教員の％の上限について制限を加えているわけではないが、視察の慣行が、終身在職権のない教員を多くにしては駄目と理解されている。
80. 次を参照。Letter of Michael A. Olivas, AALS President to Hewlett H. Askew, Consultant on Legal Education, March 28, 2011, http://www.aals.org/advocacy/Olivas.pdf.
81. Rubin, "Should Law Schools Support Faculty Research?" 141
82. Ibid., 141–45.
83. 次を参照されたい。Nancy B. Rapoport, "Eating Our Cake and Having it, Too: Why Real Change Is So Difficult in Law School," *Indiana Law Journal* 81 (2006): 359.

第 5 章　研究の追求のコストと結果

1. Herman Oliphant, "Legal Research in Law Schools," *American Law School Review* 5 (1923): 293, quote at 298.
2. Comments of Albert J. Harno, in "Meeting of the Association of American Law Schools—1937," *American Law School Review* 8 (1937): 1106, quote at 1110.
3. Thomas F. Bergin, "The Law Teacher: A Man Divided Against Himself," *Virginia Law Review* 54 (2008): 637, esp. 638–39.
4. Owen M. Fiss, "Correspondence on the Critical Legal Studies Movement" (Owen M. Fiss to Paul Carrington), *Journal of Legal Education* 35 (1985): 24, quote at 24.
5. H. Reese Hansen, "Presidents' Messages: Letter to ABA Standards Review," ※ http://www.aals.org/services_newsletter_presAug10.php/.
6. Alfred Z. Reed, *Training for the Public Profession of the Law* (New York, 1921); William M. Sullivan et al., *Educating Lawyers: Preparation for the Profession of Law* (New York: Wiley & Sons, 2007).
7. Reed, *Training for the Public Profession of the Law*, 257.
8. Robert MacCrate, ed., *Legal Education and Professional Development: An Educational Continuum* (Chicago: American Bar Association, Section of Legal Education and Admissions to the Bar, 1992), 4.

9. Adam Liptak, "Keep the Briefs Brief, Literary Justices Advise," *New York Times*, May 21, 2011.
10. 裁判官のロースクールの教員に関する一連の冷笑的な論文に、アダム・リップタックの論文がある。Adam Liptak "When Rending Decisions, Judges Are Finding Law Reviews Irrelevant," *New York Times*, March 19, 2007. Harry T. Edwards, "The Growing Disjunction between Legal Education and the Legal Profession," *Michigan Law Review* 91 (1992): 34.
11. MacCrate, ed., *Legal Education and Professional Development*, 4.
12. Tom Smith, "A Voice, Crying in the Wilderness, and Then Just Crying," *The Right Coast* (blog), July 13, 2005, http://therightcoast.blogspot.com/2005/07/voice-crying-in-wildernessand-then.html.
13. 次を参照されたい。David Hricik and Victoria Salzmann, "Why There Should be Fewer Articles Like This One: Law Professors Should Write More for Legal Decision-Makers and Less for Themselves," *Suffolk University Law Review* 38 (2004): 761.
14. Pierre Schlag, "Spam Jurisprudence, Air Law, and the Rank Anxiety of Nothing Happening (A Report on the State of the Art)," *Georgetown Law Journal* 97 (2009): 803, quote at 804.
15. 次を参照。Karen Sloan, "Legal Scholarship Carries a High Price Tag," *National Law Journal*, April 20, 2011, at ※ http://www.law.com/jsp/nlj/PubArticleNLJ.jsp?id=1202490888822&slreturn=1&hbxlogin=1.
16. シュラグに対するリチャード・ポズナー判事 [Richard Posner] は、より慎重な観点をとっている。法学研究の多くは実務的価値には限定的であることは賛成しているが、領域によっては有用で示唆に富む情報を生み出していることについて強く主張している。Richard A. Posner, "The State of Legal Scholarship Today: A Comment on Schlag," *Georgetown Law Journal* 97 (2009): 845.
17. 裁判官がローレビューに過剰に関心がないことについては、Erwin Chermerinsky, "Why Write?" *Michigan Law Review* 107 (2009): 881, quote at 884. を参照のこと。裁判所のローレビューの引用については、David L. Schwartz and Lee Petherbridge, "The Use of Legal Scholarship by the Federal Courts of Appeals: An Empirical Study," *Cornell Law Review* 96 (2011): 101. を参照のこと。この研究は二つの点で欠けていることに留意して頂きたい。現在の事件の大多数が報告されていない事件なのだが、これを除外していて、全ての事件数を扱っていない。
18. 次を参照。Chemerinsky, "Why Write?" 886–87.
19. この点における高い評価については、Edward Rubin, "Should Law Schools Support Faculty Research?" *Journal of Contemporary Legal Issues* 17 (2008): 139, esp. 150–53. を参照のこと。
20. 次を参照。Mark Bauerlien, "The Research Bust," *Chronicle of Higher Education*, December 4, 2011, http://chronicle.com/article/The-Research-Bust/129930/.
21. 過去10年間に上位10校に採用された教授の3分の1は、博士号を持っている。次を参照のこと。Brent E. Newton, "Preaching What They Don't Practice: Why Law Faculties' Preoccupation with Impractical Scholarship and Devaluation of Practical Competencies Obstruct Reform in the Legal Academy," *South Carolina Law Review* 62 (2010): 105, esp. 131.
22. Joni Hersch and W. Kip Viscusi, "Law and Economics as a Pillar of Legal Education," Vanderbilt Law and Economics Research Paper No.11-35, ※ http://papers.ssrn.com/s013/papers.cfm?abstract_id=1907760.
23. 次を参照。Paul L. Caron, ed., "Fellowships for Aspiring Law Professors (2011 Edition)," Tax Prof

(blog), February 16, 2011, http://taxprof.typepad.com/taxprof_blog/2011/02/fellowshipsfor-aspiring-law-professors-2010-11-edition.html.
24. Newton, "Preaching What They Don't Practice," 129–30.
25. Richard E. Redding, " 'Where Did You Go to Law School?' Gatekeeping for the Professoriate and Its Implications for Legal Education," *Journal of Legal Education* 53 (2003): 594, quote at 612.
26. 次を参照。Robert J. Borthwick and Jordan R. Schau, "Gatekeepers of the Profession: An Empirical Profile of the Nation's Law Professors," *University of Michigan Journal of Law Reform* 25 (1991): 191.
27. John G. Hervey, "There's Still Room for Improvement," *Journal of Legal Education* 9 (1956): 149, quotes at 152, 151.
28. 次を参照。Robert R. Kuehn and Peter A. Joy, "Lawyering in the Academy: The Intersection of Academic Freedom and Professional Responsibility," *Journal of Legal Education* 59 (2009): 97, esp. 98.
29. 手厳しい批判に Newton, "Preaching What They Don't Practice." がある。
30. Roy Stuckey, *Best Practices for Legal Education* (New York: Clinical Legal Education Association, 2007), 16.
31. Ibid., 26.
32. Erwin Chemerinsky, "Why Not Clinical Education?" *Clinical Law Review* 16 (2009): 35.
33. 次を参照。Susan P. Liemer, "The Quest for Scholarship: The Legal Writing Professor's Paradox," *Oregon Law Review* 80 (2001): 1007; Melissa H. Weresh, "Form and Substance: Standards for Promotion and Retention of Legal Writing Faculty on Clinical Tenure Track," *Golden Gate University Law Review* 37 (2007): 281.
34. 次を参照のこと。James Lindgren, "Fifty Ways to Promote Scholarship," *Journal of Legal Education* 49 (1999): 126.
35. Ibid., 134.
36. 次を参照のこと。Richard Buckingham, Diane D'Angelo, and Susan Vaughn, "Law School Rankings, Faculty Scholarship, and Associate Deans for Faculty Research," Suffolk University Law School Research Paper No.07-23, http://ssrn.com/abstract=965032.

第6章 教授が増え、予算も増える

1. Paras D. Bhayani, "Kagan Stresses Growth," *Harvard Crimson*, September 21, 2006, http://www.thecrimson.com/article/2006/9/21/kagan-stresses-growth-harvard-law-school/. Isaac Arnsdorf, "At Harvard Law, New Competition for Yale," *Yale Daily News*, September 30, 2008, http://www.yaledailynews.com/news/2008/sep/30/at-harvard-law-new-competition-for-Yale.
2. Dean Heidi Hurd, "Appendix 36: 2006 Strategic Plan, University of Illinois College of Law," in Jones Day and Duff & Phelps, "Investigative Report, University of Illinois College of Law Class Profile Reporting," app.1, available at http://www.uillinois.edu/our/news/2011/Law/App.1-75.pdf, 8–10.
3. Brian Karlovitz, "Cornell Law School Announces Major Expansion in Permanent Faculty," Cornell Daily Sun, September 5, 2008, http://cornellsun.com/node/31700.

4. Cornell University, "Law School Restructuring and Planning Final Report Submitted to Provost Kent Fuchs By the Law School Planning Task Force: Executive Summary," November 3, 2009, http://www.cornell.edu/reimagining/docs/law-summary-1109.pdf.
5. Michael Froomkin, "Yes, We're Hiring," *Discourse.net*, January 30, 2010, http://www.discourse.net/2009/01/yes_were_hiring.html.
6. Elie Mystal, "Tuition Is Going up at Notre Dame Law (but Not as High as Some Other Places," *Above the Law*, November 9, 2010, http://abovethelaw.com/2010/11/tuition-is-going-upat-notre-dame.
7. Association of American Law Schools, "2008–2009 AALS Statistical Report on Law Faculty," ※ http://www.aals.org/statistics/2009dlt/gender.html.
8. American Bar Association, "Student Faculty Ratio: Semester System Schools, 1978–2009," ※ http://www.americanbar.org/content/dam/aba/migrated/legaled/statistics/charts/stats_3.authcheckdam.pdf.
9. Cornell University, "Law School Restructuring," 2.
10. これらの数値は、次による。"Law Schools Report," *National Law Journal*, February 28, 2011, http://www.law.com/jsp/nlj/PubArticleNLJ.jsp?id=1202483173162&slreturn=1&hbxlogin=1.
11. 次を参照。Law School Admission Council and American Bar Association, *Official Guide to ABA-Approved Law Schools* ([Newtown, PA]: ABA-LSAC, 2012), 58, 59.
12. 法学修士が法務博士の後に取得するというのは、奇妙に見える。しかし、これには歴史的な慣行がある。法学の基本的な学位は、法学士（LLB）、だった。しかし、学士号が法科大学入学の条件となるについて、20世紀の流れの中で、変わってしまった。法学士（LLB）の後に来る法学修士（LLM）は、法学士が法務博士によって取って変わった後、同じ名前を現在も使っているままである。
13. これらの数値は、次から取った。the National Association of Law Placement, *NALP Directory of Law Schools* (Washington, DC: NALP, 2011).
14. Karen Sloan, " 'Cash Cow'or Valuable Credential," *National Law Journal*, September 20, 2010.
15. 1980年代の初めに秋学期の応募中に同様のことが起きた。便宜上、この20年間についてそれほど注目していない。David H. Vernon and Bruce I. Zimmer, "The Demand for Legal Education: 1984 and the Future," *Journal of Legal Education* 35 (1985): 261. を参照のこと。
16. 志願者と入学者のデータは、次による。American Bar Association and Law School Admission Council, *Official Guide to ABA Approved Law Schools* ([Newtown, PA]: ABA-LSAC, 2011), app. A, 870.
17. 次を参照のこと。David Segal, "Law School Economics: Ka Ching!" *New York Times*, July 16, 2011, http://www.nytimes.com/2011/07/17/business/law-school-economics-job-market-weakenstuition-rises.html?pagewanted=all.
18. これらの数値は、1998年度版 *Official Guide to ABA Approved Law Schools* ([Newtown, PA]: ABA-LSAC, 1997), 450; and 2012 Edition, Official Guide to ABA Approved Law Schools ([Newtown, PA]: ABA-LSAC, 2011), 866. で提供されている。このテキストの初めの頃に出した情報と一貫性を保障するために、AALSの正教授の数値に信頼をおいている。AALSの数値の方がアメリカ法曹協会の数値より高い。理由は不明である。
19. 次を参照のこと。Richard Schmalbeck, "The Durability of Law School Reputation," *Journal of Legal Education* 48 (1998): 568.

20. 2002 Edition, *Official Guide to ABA Approved Law Schools* ([Newtown, PA]: ABALSAC, 2001); 302; 2012 Edition, *Official Guide to ABA Approved Law Schools*, 344

第３部　US ニュースの格付け

第７章　ランク付けの威力と弊害

1. David Segal, "Is Law School a Losing Game?" *New York Times*, January 8, 2011.
2. 次を参照。U.S. News and World Report, *America's Best Graduate Schools* (Washington, DC: U.S. News and World Report, 2011), 28–29. データに時間差があるため、これらの数字は卒業後 9 か月のものを採用した。
3. 2012 年の格付けに際して、US ニュースは、このような操作を防止するために、これら二つのやり方を変更した。今では、就職率は、就職した数だけを全学年数で割るということになっている。Robert Morse and Sam Flanigan, "Law School Rankings Methodology," *US News and World Report*, March 14, 2011, http://www.usnews.com/education/best-graduate-schools/articles/2011/03/14/law-school-rankings-methodology-2012.
4. "Law School Rankings," *US News and World Report*, March 10, 1997. 1997 年前の格付けは、常にこのような形の分布を示していた。初期の頃は、20 数校が 70%以下の就職率を報告するのが普通だった。
5. 次を参照。"Law School Rankings," *US News and World Report*, April 11, 2005. 上位 136 校中、わずか 7 校だけが就職率を 90%以下と報告した。
6. 当時の法律市場の概要を知るには、次を参照。Center For Career Strategy, Northwestern Law, "Market Trends," http://www.law.northwestern.edu/career/markettrends/.
7. 2007 年の就職率については次を参照。NALP, *Jobs and JDs: Employment and Salaries of New Law Graduates, Class of 2009* (Washington, DC: NALP, 2011); "Class of 2010 Graduates Saddled with Falling Average Starting Salaries as Private Practice Jobs Erode," NALP press release, July 7, 2011, http://www.nalp.org/classof2010_salpressrel. For the 2007 percentage, また、次も参照。NALP, Jobs and JDs: Employment and Salaries of New Law Graduates, Class of 2007 (Washington, DC: NALP, 2008). 職の中身が不明な分を除いているので、実際の就職率はここで示す数字よりも小さい。
8. NALP, *Jobs and JDs: Employment and Salaries of New Law Graduates, Class of 2007* Washington, DC: NALP, 2009), 26.
9. "Class of 2010 Graduates Saddled."
10. NALP, *Jobs and JDs . . . Class of 2009*, 13.
11. "Class of 2010 Graduates Saddled."
12. 就職口は、法律市場の成長によって生み出される新規雇用口と、退職、死亡及び離職により生ずる置き換え分の組み合わせで決まる。労働統計局は、後者に関しては 2%という数字を採用する。多くの法律家が解雇された 2008 ～ 10 年には、就職口は増えるどころか 1 万 8886 人分の減少を見た。従って、この期間は置き換え分だけだったことになる。Joshua Wright, "Data Spotlight: New Lawyers Glutting the Market," Economic Modeling Specialists, Inc., http://www.economicmodeling.com/2011/06/22/new-lawyers-glutting-the-market-inall-but-3-states/. 現在進行している法律家供給過剰は、EMS 統計分析を使ったキャサリ

ン・ランペル［Catherine Rampell］の次の論考で浮き彫りにされている。"The Lawyer Surplus, State by State," *New York Times*, June 27, 2011. http://economix.blogs.nytimes.com/2011/06/27/the-lawyer-surplus-state-by-state/. 法律家供給過剰の詳細は次の論考でも見ることができる。Matt Leichter, "Law Graduate Overproduction," Law School Tuition Bubble, http://lawschooltuitionbubble.wordpress.com/originalresearch-updated/law-graduate-overproduction/.

13. ノースウェスタン校の法務研究科長デイビッド・ヴァン・ザント［David Van Zandt］は、このような慣行を擁護して、「学生に付加価値を与えているのだから、それは反倫理的とは言えないと思う」と述べた。(Alex Wellen, "The $8.87 Million Maneuver," *New York Times*, July 31, 2005). このような所感は、入学志望者に本当の就職状況を伝えないことの反道徳性に答えていない。

14. 次を参照。Letter of Dean John Gotanda, to Villanova Law School Alumni, reprinted at Elie Mystal, "Villanova Law 'Knowingly Reported' Inaccurate Information to the ABA," http://abovethelaw.com/2011/02/villanova-law-school-knowingly-reported-inaccurate-informationto-the-aba/. LSAT特典の食い違いについては、カレン・スローン［Karen Sloan］の次の論考を参照。"Law Schools' Credibility at Issue," National Law Journal, September 19, 2011, http://www.law.com/jsp/nlj/PubArticleNLJ.jsp?id=1202514708103&slreturn=1.

15. Letter of Senator Barbara Boxer to Stephen Zack, reprinted at "Boxer Calls on American Bar Association to Ensure Accurate and Transparent Data Reporting by Law Schools," press release, March 31, 2011, http://boxer.senate.gov/en/press/releases/033111b.cfm.

16. David Segal, "Law Students Lose the Grant Game as Schools Win," *New York Times*, April 30, 2011.

17. 単純化するために、ここでは、多数の奨学金非受給者が同様にGPAの足切ラインを超える成績を収めるであろうという事実を捨象している。もしこの数字が加味されれば、もっと多くの奨学金受給学生が必要な成績に達しないということになる。奨学金配分状況の非常に分かりやすい説明は、ジェロム・オーガン［Jerome Organ］の次の論考に見ることができる。"How Scholarship Programs Impact Students and the Culture of Law School," *Journal of Legal Education* 61 (2011): 173.

18. 前述のオーガンによれば、137校中、107校が競争促進的足切政策を採用し、27校が不採用だった。上位50校の多数は採用していなかった。彼はすべてのロースクールについての情報を得ることができたわけではないが、それでも他校も似たようなものであろう。

19. Sarah Randag, "Grads Sue New York Law School and Cooley Law, Saying They Inflated Job and Salary Stats," *ABA Journal*, August 10, 2011, http://www.abajournal.com/news/article/grads_sue_new_york_law_school_and_cooley_law_saying_they_inflated_job_and_s/.

20. 次を参照。Joe Palazzalo, "A Dozen Law Schools Hit with Lawsuits over Job Data," *Wall Street Journal*, February 2, 2012, http://blogs.wsj.com/law/2012/02/01/a-dozen-law-schools-hit-withlawsuits-over-jobs-data/.

21. Letter from Senator Charles E. Grassley to Stephen N. Zack, July 11, 2011, http://grassley.senate.gov/about/upload/2011-07-11-Grassley-to-ABA.pdf.

22. Karen Sloan, "University of Illinois Investigating Whether College of Law Fudged Figures," *National Law Journal*, September 12, 2011, http://www.law.com/jsp/nlj/PubArticleNLJ.jsp?id=1202514109913&University_of_Illinois_investigating_whether_College_of_Law_

fudged_figures&slreturn=1&hbxlogin=1.
23. "College of Law Profile Data Inquiry Identifies Discrepancies in Three Additional Years," University of Illinois, press release, September 28, 2011, http://www.uillinois.edu/our/news/2011/Sept28.Law.cfm.
24. Wellen, "The $8.78 Million Maneuver."
25. Sloan, "Law Schools' Credibility at Issue."
26. Ibid.
27. これに関する詳細は、次を参照。Brian Tamanaha, "Why Law Schools Need External Scrutiny," *Balknization* (blog), October 7, 2011, http://balkin.blogspot.com/2011/10/why-lawschools-need-external-scrutiny.html.
28. 次を参照。"Coburn, Boxer Call for Department of Education to Examine Questions of Law chool Transparency," US Senator Barbara Boxer, press release, October 14, 2011, http://boxer.senate.gov/en/press/releases/101411.cfm.
29. Karen Sloan, " ABA Gives Ground on Law Schools Graduate Jobs Reporting Data," *National Law Journal*, December 5, 2011, http://www.law.com/jsp/nlj/PubArticleNLJ.jsp?id=1202534457162&ABA_gives_ground_on_law_schools_graduate_jobs_data_reporting&slreturn=1.
30. ロースクールによる誤導的就職関連数値の問題はタイムの連載よりもずっと前によく知られていたことだが、ABAは何もしなかった。次を参照。Brian Z. Tamanaha, "Wake Up,Fellow Law Professors, to the Casualties of Our Enterprise," *Balknization* (blog), June 13, 2010,http://balkin.blogspot.com/2010/06/wake-up-fellow-law-professors-to.html.
31. John F. O'Brien, "With Much to Celebrate, Room to Improve in Legal Education," *National Law Journal*, November 1, 2011, http://legaltimes.typepad.com/lawschoolreview/2011/11/with-much-to-celebrate-room-to-improve-in-legal-education.html#comments. オブリエン［O'Brien］は、ABAの法学教育・法曹入会許可委員会議長の資格でこれらのコメントをした。
32. Karen Sloan, "Unruly 'Scam Bloggers' Are Changing Legal Education, A ResearcherSays," *National Law Journal*, June 29, 2011, http://www.law.com/jsp/nlj/PubArticleNLJ.jsp?id=1202498922216&Unruly_scam_bloggers_are_changing_legal_education_researcher_argues&slreturn=1&hbxlogin=1.
33. Fernando Rodriguez, *Third Tier Reality* (blog), http://thirdtierreality.blogspot.com/.
34. Paul Campos, *Inside the Law School Scam* (blog), http://insidethelawschoolscam .blogspot.com/.
35. Segal, "Is Law School a Losing Game?" 6–7.
36. 法学教授と学生200人以上のインタビューに基づく、素晴らしい調査結果として次の論考がある。Michael Sauder and Wendy Espeland, *Fear of Falling: The Effects of U.S. News and World Report Rankings on U.S. Law Schools*, LSAC Research Report Series, 2007 (Newtown, PA: Law School Admission Council, 2009) (available at http://www.lsac.org/LsacResources/Research/GR/GR-07-02.pdf).
37. US Government Accountability Office, *Higher Education: Issues Related to Law School Cost and Access* (Washington, DC: GAO, 2010).
38. Michael Sauder and Ryon Lancaster, "Do Rankings Matter? The Effects of *US News and World Report* Rankings on the Admissions Process of Law Schools," *Law and Society Review* 40

(2006): 105.
39. ニューヨーク校やワシントンDC校のような大きな法律市場に位置する低位校の就職関係における高実績は、雇用者への近接度に起因して、その相対的格付けを上回っている。次を参照。William D. Henderson and Andrew P. Morriss, "Student Quality as Measured by LSAT Scores: Migration Patterns in the U.S. News Rankings Era," *Indiana Law Journal* 81 (2006): 163, esp. 188–90.
40. 次を参照。"Law Schools Report: Our Annual Survey of the Law Schools That NLJ 250 Law Firms Relied on the Most to Fill Their First-Year Associate Classes," *National Law Journal*, February 28, 2011, http://www.law.com/jsp/nlj/PubArticleNLJ.jsp?id=1202483173162.
41. 次を参照。Brian Leiter, "Top Producers of New Law Teachers, 2003–2007," and "Where Current Faculty Went to Law School," both in *Brian Leiter's Law School Rankings* (blog), http://www.leiterrankings.com/jobs/2008job_teaching.shtml and http://www.leiterrankings.com/jobs/2009job_teaching.shtml, respectively.
42. Sauder and Lancaster, "Do Rankings Matter?" 127–28.
43. Ibid., 129.
44. 格付けの問題点を見事に分析しているものとして、次を参照。Brian Leiter, "The US News Law School Rankings: A Guide for the Perplexed," *Brian Leiter's Law School Rankings* (blog), May 2003, http://www.leiterrankings.com/usnews/guide.shtml.
45. Gary J. Greener, "Law School Ranking: A Look Behind the Numbers," *NALP Bulletin*, July 2005. 2012年の格付けでは、回答率はわずか14%であった。次を参照。Robert Morse and Sam Flanigan, "Law School Rankings Methodology," *US News and World Report,* March 14, 2011, http://www.usnews.com/education/best-graduate-schools/articles/2011/03/14/law-schoolrankings-methodology-2012.
46. この格落ちはエモリー校に関係しないとさえ言えるのかもしれない。むしろ、他校の格付け変化がエモリー校に影響した可能性もある。USニュースは、各校を0点から100点で相対評価するため、ある学校での格付け移動の影響が、位置付け上ある程度離れている学校へも波及することになる。このような影響は、次の論考において説明されている。Theodore P. Seto, "Understanding the U.S. New Law School Rankings," *Southern Methodist University Law Review* 60 (2007): 493, esp. 508–21.
47. これは、大まかに言って、20位台上位と20位台下位の差に相当する。
48. LSATが格付けの90%を説明するとの研究結果もある。次を参照。Stephen P. Klein and Laura Hamilton, "The Validity of the *U.S. News and World Report* Ranking of ABA Law Schools," February 18, 1998, http://www.aals.org/reports/validity.html.
49. 次を参照。Sauder and Lancaster, "Do Rankings Matter?" 116.
50. Brian Leiter, "More on the *US News* Rankings Echo Chamber," *Leiter Reports: A Philosophy Blog*, April 1, 2005, http://leiterreports.typepad.com/blog/2005/04/more_on_the_us_.html.
51. "LSAT Scores: Disturbing Discrepancies," *U.S. News & World Report*, March 20, 1995, 82.
52. Dale Whitman, "Doing the Right Thing," AALS Newsletter, April 2002.
53. Wellen, "The $8.78 Million Maneuver." レクシス・ネキシスやウェスト・ローはオンラインでの法律調査サービスをロースクールには非常に安い価格で提供するが、イリノイ校はこのようなサービスに878万ドルを支払ったと報告した。これは同項が実際に払った7万5000ドルないし10万ドルではなく、推定市場価格である。

54. Robert Morse and Sam Flanigan "What Happened with Brooklyn Law School?" Morse Code—Inside the College Rankings, May 18, 2009, http://www.usnews.com/education/bestgraduate-schools/articles/2011/03/14/law-school-rankings-methodology-2012.
55. 次を参照。Bob Morse and Sam Flanigan, "Law School Rankings Methodology," US News, http://www.usnews.com/education/best-graduate-schools/articles/2011/03/14/law-schoolrankings-methodology-2012. 私は、次の論考によって提供された分類によって各要素を分解した。Sauder and Espeland, *Fear of Falling*, 5.
56. Dean Heidi Hurd, " Appendix 36: 2006 Strategic Plan, University of Illinois College of Law," in Jones Day and Duff & Phelps, "Investigative Report, University of Illinois College of Law Class Profile Reporting," app. 1, available at http://www.uillinois.edu/our/news/2011/Law/App.1–75.pdf.
57. "Strategic Plan," 8–10.
58. Ibid., 12.
59. Ibid.
60. Ibid.
61. 次を参照。Jones Day and Duff & Phelps, "Investigative Report," 36.
62. 素点評価については、次を参照。Ibid., 34–39, and esp. App. 22; for strategies to surpass nearby competitors, ibid., 34–39.
63. Ibid., 38.
64. Ibid., 39.
65. Segal, "Is Law School a Losing Game?"

第 8 章　法律学界における有害な進展

1. 次を参照。William D. Henderson and Andrew P. Morriss, "Student Quality as Measured by LSAT Scores: Migration Patterns in the *U.S. News* Rankings Era," Indiana Law Journal 81 (2006).
2. 次を参照。Paul F. Kirgis, "Race, Rankings, and the Part-Time Free Pass," *Journal of Legal Education* 54 (2004): 395.
3. Amir Efrati, "Law School Rankings Reviewed to Deter 'Gaming,' " *Wall Street Journal*, August 26, 2008, http://online.wsj.com/article/SB121971712700771731.html?mod=googlenews_wsj.
4. 次を参照。Bill Henderson and Jeff Lipshaw, "The Empirics and Ethics of USNWR Gaming," Legal Profession Blog, August 26, 2008, http://lawprofessors.typepad.com/legal_profession/2008/08/posted-by-jeff.html.
5. 次を参照。 American Bar Association and Law School Admission Council, Official Guide to ABA-Approved Law Schools ([Newtown, PA]: ABA-LSAC, 2008). ブルックリン校の統計数字は 138-39 に、GW 校のそれは 306-7 にある。現在の統計数字は同書 2012 年版から取った。両校とも定時制入学者数を少なくし、定時制学生からの授業料収入は以前よりずっと少なくなっている（そのことは、奨学金も絞られていることを示唆する）。
6. LSAT の点数は、黒人が白人より平均 10 点低い。次を参照。 "News and Views: The Widening Racial Scoring Gap on Standardized Tests for Admission to Law School," *Journal of Blacks in Higher Education* (2006), http://www.jbhe.com/news_views/51_graduate_

admissions_test.html. また次も参照。 Michael Sauder and Wendy Espeland, "Rankings and Diversity," *Southern California Review of Law and Social Justice* 18 (2009): 587; Lenard M. Baynes, "The LSAT, US News and World Report, and Minority Admissions," symposium issue, *St. John's Law Review* 80 (2006): 1; John Nussbaumer, "Misuse of the Law School Admissions Test, Racial Discrimination, and the De Facto Quota System for Restricting African American Access to the Legal System," *St. John's Law Review* 80 (2006): 167.

7. ロースクール管理者は、入学許可がLSAT・GPAの成績を中心に画一化されていることを認めている。Michael Sauder and Wendy Espeland, *Fear of Falling*: The Effects of *U.S. News and World Report* Rankings on *U.S. Law Schools*, LSAC Research Report Series, 2007 (Newtown, PA: Law School Admission Council, 2009) (available at http://www.lsac.org/LsacResources/Research/GR/GR-07-02.pdf).

8. 次を参照。Jeffrey L. Rensberger, "Tragedy of the Student Commons: Law Student Transfers and Legal Education," *Journal of Legal Education* 60 (2011): 616, esp. 618.

9. 次を参照。Leslie A. Gordon, "Transfers Bolster Elite Schools," *ABA Journal*, December 1, 2008, http://www.abajournal.com/magazine/article/transfers_bolster_elite_schools/.

10. Rensberger, "Tragedy of the Student Commons," 625.

11. Ibid., at 634.

12. 最新の数字は次を参照。Memorandum to Senator Charles Grassley, Section of Legal Education and Admissions to the Bar, attachment 4, July 20, 2011, http://online.wsj.com/public/resources/documents/ABAmemo.pdf. 次も参照のこと。 "Internal Grants and Scholarships: Total Dollar Amount Awarded. 1991–2008," Section of Legal Education and Admissions to the Bar, http://www.americanbar.org/content/dam/aba/migrated/legaled/statistics/charts/stats_4.authcheckdam.pdf.

13. 次を参照。 David Segal, "Law Students Lose the Grant Game as Law Schools Win," *New York Times*, April 30, 2011.

14. ABA-LSAC, *Official Guide to ABA-Approved Law Schools* ([Newtown, PA]: ABA-LSAC, 2011), 133, 277.

15. ロー・スクール・ナンバーズは、2003年に創設され、「次回の入学選考に際し他の応募者の判断の材料となることを目的にした、ユーザーから集められた情報を一般にアクセス可能なようにしたデータベースである」。(http://www.lawschoolnumbers.com/).

16. Memorandum to Senator Charles Grassley, attachment 4.

17. *Annual Report of the Consultant on Legal Education to the American Bar Association*, 2000–2001, 18.

18. These numbers are from the ABA. 次を参照。Memorandum to Senator Charles Grassley, attachment 4.

19. 次を参照。Martha Daughtrey et al., *Report of the Special Committee on the U.S. News and World Report Rankings, Section on Legal Education and Admissions to the Bar* (Chicago: ABA, 2010), http://ms-jd.org/files/f.usnewsfinal-report.pdf.

20. Sauder and Espeland, *Fear of Falling*, 11–12.

21. 大学授業料割引調査によると、授業料が値上がりするに連れて、授業料割引のより大きな部分がSATのような成績評価で好成績を残した裕福な者に割り当てられ、結局、経済的に恵まれない層は、たとえ補助金が増えても、実際には経済的に、より一層苦しまねばならない、と

いうことであった。Jerry Sheehan Davis, *Unintended Consequences of Tuition Discounting*, New Agenda Series, vol. 5, no. 1 (Indianapolis: Lumina Foundation for Education, 2003).
22. Sauder and Espeland, *Fear of Falling*, 12.
23. Linda F. Wightman, "Beyond FYA: Analysis of the Utility of SAT Scores and UPGA for Predicting Academic Success in Law School," Law School Admission Council Report 99-05 (2000), http://www.lsac.org/LSACResources/Research/RR/RR-99-05.asp.
24. これらの LSAT の数字は次のロースクール格付けより取ったものである。US News and World Reports, *Best Graduate Schools,* 2012 ed. (Washington, DC: US News and World Reports, 2011).
25. 説明に関しては次を参照。Financial Aid Staff, *Stanford Law School Financial Aid Handbook*, 2011–12 (Stanford, CA: Stanford Law School, 2011), http://www.law.stanford.edu/program/tuition/jd/doc/2011/Handbook2011–12.pdf; *Yale Law School Financial Aid Policies, Programs, and Procedures, 2011–2012* (New Haven, CT: Yale Law School, 2011), http://www.law.yale.edu/documents/pdf/Financial_Aid/FinAidHandbook.pdf.
26. 1000ドル未満を四捨五入した。2000年の平均債務額については次を参照。"Whose Graduates Have the Most Debt?" *US News*, http://grad-schools.usnews.rankingsandreviews.com/best-graduate-schools/top-law-schools/grad-debt-rankings.
27. "List of Law Schools Attended by Supreme Court Justices," Wikipedia, http://en.wikipedia.org/wiki/List_of_law_schools_attended_by_United_States_Supreme_Court_Justices#Harvard_Law_School.
28. 次を参照。"Where Current Law Faculty Went to Law School," *Brian Leiter's Law School Rankings*, http://www.leiterrankings.com/jobs/2009job_teaching.shtml. According to Leiter, as of 2008, Harvard had 993 and Yale had 712 of their graduates in law professor positions, with Columbia the next closest school in number at 308.
29. Richard H. Sander, "Class in American Legal Education," *Denver University Law Review* 88 (2011): 631, esp. 637.
30. Ibid., 639.
31. 次を参照。"Whose Graduates Have the Most Debt?"
32. David Leonhardt, "How Elite Colleges Still Aren't Diverse," *New York Times*, March 29,2011, http://economix.blogs.nytimes.com/2011/03/29/how-elite-colleges-still-arent-diverse/.
33. 次を参照。Don Peck, "Can the Middle Class Be Saved?" *Atlantic Magazine*, September 2011, http://www.theatlantic.com/magazine/archive/2011/09/can-the-middle-class-be-saved/8600/.

第4部　壊れた経済モデル

第9章　授業料高騰と借金の増大

1. John B. Kramer, "Will Legal Education Remain Affordable, by Whom, and How?" Duke Law Journal 1987 (1987): 240, esp. 240.
2. *Annual Report of the Consultant on Legal Education to the American Bar Association, 1988–1989*, 4.
3. Kramer, "Will Legal Education Remain Affordable?" 240.
4. Ibid., 241.

5. 次を参照。Matt Leichter, "The Law School Debt Bubble," *Law School Tuition Bubble* (blog), October 17, 2011, http://lawschooltuitionbubble.wordpress.com/2011/10/17/the-law-schooldebt-bubble-53-billion-in-new-law-school-debt-by-2020/.
6. 例えば次を参照。Daniel J. Morrissey, "Saving Legal Education," *Journal Legal Education* 56 (2006): 254, esp. 262n34.
7. Ann Davis, "Graduate Debt Burden Grows of All Professionals, Law Grads Have Complied the Worst Loan Default Record," *National Law Journal*, May 22, 1995.
8. *National Jurist Editors*, "Lawopoly: Pass Go, Borrow Money, Pay Tuition," *National Jurist*, February 1999, 14.
9. 特に断らない限り授業料は次から取ったものである。the American Bar Association, "Law School Tuition, 1985–2009," http://www.americanbar.org/content/dam/aba/migrated/legaled/statistics/charts/stats_5.authcheckdam.pdf.
10. 最初の2つの数字はイェール大学調査研究所からのものである。"University Tuition Rates, 1976–1999," November 15, 2000, table L-1, http://oir.yale.edu/node/214/attachment.
11. 次を参照。Matt Leichter, "Private Law School Tuition Projections," *Law School Tuition Bubble* (blog), February 1, 2011, http://lawschooltuitionbubble.wordpress.com/original-researchupdated/tuition-projections/.
12. Kramer, "Will Legal Education Remain Affordable?" 262.
13. ナショナル・ジュリストによれば、1999年のロースクール卒業生の平均債務額は5万5000ドルだった。*National Jurists Editors*, "Lawopoly," 14. これが学部時代の借金を含むのかは明らかではない。
14. American Bar Association, " Average Amount Borrowed for Law School, 2001 - 2009," http://www.americanbar.org/content/dam/aba/migrated/legaled/statistics/charts/stats_20.authcheckdam.pdf.
15. American Student Assistance, "Student Loan Debt Statistics," Graduate Students, http://www.asa.org/policy/resources/stats/default.aspx#GraduateStudents.
16. 次を参照。 William D. Henderson and Rachel M. Zahorsky, "The Law School Bubble: How Long Will it Last if Law Grads Can't Pay Bills?" ABA Journal, January 1, 2012, http://www.abajournal.com/magazine/article/the_law_school_bubble_how_long_will_it_last_if_law_grads_cant_pay_bills/ この数字は、次の論考から得られた各ロースクールの総債務額に基づいて平均値を出したものである。" Whose Graduates Have the Most Debt?" US News Education: Grad Schools, http://grad-schools.usnews.rankingsandreviews.com/best-graduate-schools/top-law-schools/grad-debt-rankings.
17. 次の論考を参照。Project on Student Debt, " Average Student Debt for Class of 2010 Tops $25,000 in Tough Job Market," press release, http://projectonstudentdebt.org/files/pub/Student_Debt_and_the_Class_of_2010_NR.pdf. また次も参照のこと。 Peter Taylor et al., "Is College Worth It? College President, Public Assess Value, Quality and Mission of Higher Education," Pew Research Center: Social and Demographic Trends, May 16, 2011, 44, http://www.pewsocialtrends.org/2011/05/15/is-college-worth-it/.
18. 次を参照。 "Whose Graduates Have the Most Debt."
19. "The New JD: Just Debt, Job Disabled, Justifiably Depressed?" Connecticut Law Tribune, August 24, 2011, reprinted at http://www.law.com/jsp/tx/PubArticleTX.

jsp?id=1202512320980 また次を参照。*Law School Survey of Student Engagement: Law School Report*, 2009 (Bloomington, IN: Indiana University, Bloomington, Center for Postsecondary Research; Association of American Law Schools; Carnegie Foundation for the Advancement of Teaching, 2009); 29 percent expect to graduate with debt above $120,000.
20. Cecelia Cappuzi Simon, "R.O.I.," *New York Times*, July 22, 2011, http://www.nytimes.com/2011/07/24/education/edlife/edl-24roi-t.html?pagewanted=1&_r=1&src=rechp.
21. Sandy Baum and Saul Schwartz, *How Much Debt Is Too Much? Defining Benchmarks for Manageable Student Debt*, (New York: The College Board, 2006), 12, http://professionals.collegeboard.com/profdownload/pdf/06-0869.DebtPpr060420.pdf (emphasis added).
22. 次を参照。FinAid, http://www.finaid.org/.
23. NALP, "Class of 2010 Graduates Saddled with Falling Average Starting Salaries as Private Practice Jobs Erode," press release, July 7, 2011, http://www.nalp.org/classof2010_salpressrel.
24. 以下の数字は次による。"Law Schools Report: The *National Law Journal*'s Annual Survey of the Law Schools That NLJ 250 Law Firms Relied on the Most to Fill Their First-Year Associate Classes," *National Law Journal*, February 28, 2011, http://www.law.com/jsp/nlj/PubArticlePrinterFriendlyNLJ.jsp?id=1202483173162.
25. "The NALP Salary Curve Morphs with the Class of 2010," August 2011, http://www.nalp.org/salarycurve_classof2010.
26. これは、この給料を得る者はほとんど報告するということを前提とした概算である。10％の見積もりは、NALPのデータの最高給分類に入っている数字を元に計算された。次を参照。NALP, "Class of 2010 National Summary Report," http://www.nalp.org/uploads/NationalSummaryChartforSchools2010.pdf.
27. 次を参照。Bill Henderson, "The End of an Era: The Bi-Modal Distribution for the Class of 2008," *Legal Profession Blog*, June 29, 2009, http://lawprofessors.typepad.com/legal_profession/2009/06/the-end-of-an-era-the-bi-modal-distribution-for-the-class-of-2008.html.
28. 次を参照。Bernard A. Burk and David McGowan, "Big but Brittle: Economic Perspectives on the Future of the Law Firm in the New Economy," *Columbia Business Law Review* 1 (2011): 1, esp. 20–21.
29. "Lawyers," in *Occupational Outlook Handbook, 2010–2011* (Washington, DC: US Bureau of Labor Statistics, 2011), http://www.bls.gov/oco/ocos053.htm#earnings.
30. 次を参照。NALP, "Class of 2010 National Summary Report," http://www.nalp.org/uploads/NationalSummaryChartforSchools2010.pdf.
31. 次を参照。"Employment Market for Law School Graduates Wavers," *NALP Bulletin*, July 2010, http://www.nalp.org/july10trendsgradempl. 法律家として採用された者の割合は、JDを条件として採用された者の数を就職した卒業生数で除したものである。I thank Law School Transparency for the data.
32. この離職率は 2008‐18 年のものである。2000‐10 年のそれとは異なるが、計算方法により似たような数字を得ることができる。次を参照。"Replacement Needs, 2008–2018," *Employment Projections* (Washington, DC: US Bureau of Labor Statistics, 2010), table 1.10, http://www.bls.gov/emp/ep_table_110.htm; "Estimating Occupational Replacement Needs," Employment Projections (Washington, DC: US Bureau of Labor Statistics, 2011), http://

www.bls.gov/emp/ep_replacements.htm.
33. 同様の指摘をするさらに詳しい分析は、次を参照。Matt Leichter, "Dear Prospective Law Students, Do Not 'Reasonably Rely' On Cooley's 'Report One,' " AmLaw Daily, November 3, 2011, http://amlawdaily.typepad.com/amlawdaily/2011/11/dear-prospective-lawstudents-do-not-reasonably-rely-on-cooleys-report-one.html.
34. 何人の卒業生が法曹となるかの最新の総合的データは存在しない。1991年入学生を追跡調査した全国的包括的調査によれば、ABA認証のロースクール卒業生中93％が法曹となった。Linda F. Wightman, *National Longitudinal Bar Passage Study* (Newtown, PA: Law School Admission Council, 1998), 6, http://www.unc.edu/edp/pdf/NLBPS.pdf. この率は長年に渡り低下していないと考えられる。
35. 次を参照。Curtis M. Caton and Frank M. Coffin, *Lifting the Burden: Law Student Debt as a Barrier to Public Service* (Chicago: ABA, 2003), 38–39 (results of a survey shows reluctance of both students and advisers).
36. 次を参照。Higher Education Act of 1965, 20 U.S.C. § 1098. 連邦融資法と債務免除プログラムについての有益な記事としては、次を参照。Philip G. Schrag and Charles W. Pruett, "Coordinating Loan Repayment Assistance Programs with New Federal Legislation," *Journal of Legal Education* 60 (2011): 583.
37. 次を参照。Federal Student Aid, *Income Based Repayment* Questions and Answers (Washington, DC: US Department of Education, 2010), 3–4.
38. 多くの稼ぎ手に取って、総所得と修正後総所得は同じなので、ここでは総所得を修正後総所得として扱う。
39. これは、6万3000ドルから2万7465ドルを控除した結果の15％を12か月で割ったものである。
40. 前述したように、統合調整した上での利率7.25％を前提とした。この前提は、連邦融資の典型的な二つのタイプであるスタンフォードの6.8％とグラッドプラスの7.9％を統合調整した利率に依拠したものである。そして、10の単位を四捨五入した。
41. 2009年の調査では調査対象の3分の2の学生が6万ドル以上の借金を背負って卒業することが見込まれた。(*Law School Survey of Student Engagement*).
42. これはNALPによって修正された平均値である。小規模法律事務所の給与報告者数は大規模事務所に比較して少ないので、単純平均は実際よりも金額が大きくなる。そこで、NALPがこれを修正したのである。
43. もしボブが独身でも有資格者とされるであろう。貧困水準の150％は1万6335ドルであり、IBR基準の支払額は1046ドルとなるからである。
44. 次を参照。American Student Assistance, "Student Loan Debt Statistics," http://www.asa.org/policy/resources/stats/default.aspx (88.6％の学生がロースクールに通うために借金をする)。ヘンダーソンとザホロスキーは、2010年の卒業生の85％が借金をしていたと見積もった。Henderson and Zahorsky, "The Law School Bubble," また次も参照。Caton and Coffin, *Lifting the Burden*, 17, ここでは過去20年間に借金を抱える学生の率が着実に増加していることが示されている。
45. この試算は、NALPに掲載された高収入上位4グループの卒業生の合計を加算して得たものである。次を参照。NALP, "Class of 2010 National Summary Report," http://www.nalp.org/uploads/NationalSummaryChartforSchools2010.pdf.

46. Philip G. Schrag, "Federal Student Loan Repayment Assistance for Public Interest Lawyers and Other Employees of Governments and Nonprofit Organizations," Hofstra Law Review 36 (2007): 27, 41.
47. 次を参照。Philip G. Schrag, "The Federal Income-Contingent Repayment Option for Law Student Loans," *Hofstra Law Review* 29 (2001): 733, 830–31.
48. 仔細に見れば、IBR は歪んだ動機づけを与えかねない。最高返済額は債務総額にではなく収入額に結び付けられており、20 年後には債務残高は免除されるのだから、IBR を利用しようとする者はロースクール在学中にできるだけ借金（そして無駄遣い）しないようにしようとの抑制力が働かないことになるのである。次を参照。Matt Leichter, " A Hypothetical Class of 2014 Law Student's Journey into Debt," *Law School Tuition Bubble* (blog), September 5, 2011, http://lawschooltuitionbubble.wordpress.com/2011/09/05/a-hypothetical-class-of-2014-law-student%E2%80%99s-journey-into-debt/.
49. 次を参照。Heather Wells Jarvis, *Financing the Future: Responses to the Rising Debt of Law Students*, 2nd ed. (Washington, DC: Equal Justice Works 2006).
50. Higher Education Act of 1965, 20 U.S.C. § § 1078-3, 1087, 1098. An excellent analysis of the act is Schrag, "Federal Student Loan Repayment Assistance."
51. NALP, "Thomas Jefferson School of Law: Class of 2010 Summary Report," June 2011, http://www.tjsl.edu/sites/default/files/files/NALP-Employment-Report-Salary-Survey-Class-2010%282%29.pdf.
52. 次を参照。NALP, *Jobs and JDs . . . Class of* 2009, 81–84.
53. ABA は 19 の独立系ロースクールの債務不履行率を明らかにした。1 校を除いて、すべて 2.2% 以下であった。例外はアトランタス・ジョーン・マーシャル校で、2008 年は 7.1% であった。次を参照。Memorandum to Senator Charles Grassley, from Section of Legal Education and Admissions to the Bar, American Bar Association, attachment 5, July 20, 2011, reprinted at http://online.wsj.com/public/resources/documents/ABAmemo.pdf.
54. IBR の債務者及び政府にもたらす経済的影響の詳細な調査としては、次を参照。Matt Leichter, " A Hypothetical Class of 2014 Law Student's Journey into Debt," *Law School Tuition Bubble* (blog), September 5, 2011, http://lawschooltuitionbubble.wordpress.com/2011/09/05/a-hypothetical-class-of-2014-law-student%E2%80%99s-journey-into-debt/.
55. Matt Leichter, "2010 Law Grad Debt at $3.6 Billion," *Law School Tuition Bubble* (blog), October 11, 2011, http://lawschooltuitionbubble.wordpress.com/2011/10/11/2010-law-schoolgrad-debt-at-3-6-billion/#comment-1011. レイチャーは、各ロースクールの卒業生数に平均債務額と平均債務者数率を掛け合わせて計算した。
56. Aaron N. Taylor, "Why Law School Is Still Worth It," *National Jurist*, October 11, 2011, http://www.nationaljurist.com/content/why-law-school-still-worth-it.（テイラーはセント・ルイスロースクールの教授である）

第 10 章　授業料急上昇のわけ

1. この急上昇の影響に関する興味深い議論として、次を参照。Bill Henderson, "The End of an Era: The Bi-Modal Distribution for the Class of 2008," *Legal Profession Blog*, June 29, 2009, http://lawprofessors.typepad.com/legal_profession/2009/06/the-end-of-an-era-the-bimodal-

distribution-for-the-class-of-2008.html.
2. 給与上昇に関し、次を参照。Law School Admission Council and American Bar Association, *Official Guide to ABA-Approved Law Schools* ([Newtown, PA]: ABA-LSAC, 2012), 871.
3. ボルティモアロースクールの法務研究科長フィリップ・クロウシアスは、大学がロースクールの授業料収入の45％を取っていることを根拠として2011年の途中で退職した。大学長は、42％を取っているが、29％分はロースクール関連支出に使われていると言って反論した。Childs Walker, "University of Baltimore President Responds to Ousted Dean," *Baltimore Sun*, August 1, 2011, http://www.baltimoresun.com/news/maryland/bs-md-law-dean-response-20110801,0,1206152.story.
4. 次を参照。*Annual Report of the Consultant on Legal Education to the American Bar Association, 1990–1991*, 11 (emphasis added).
5. Daniel Indiviglio, "Chart of the Day: Studen*t Loans Have Grown by 511% since 1999,*" *Atlantic Monthly*, August 16, 2011, http://www.theatlantic.com/business/archive/2011/08/chart-of-the-day-student-loans-have-grown-511-since-1999/243821/. また次も参照のこと。Andrew Hacker and Claudia Dreyfuss, "The Debt Crisis at American Colleges," *Atlantic Monthly*, August 17, 2011, http://www.theatlantic.com/business/archive/2011/08/the-debt-crisis-at-american-colleges/243777/.
6. ジョージ・ワシントンロースクールの法務研究科長は高額授業料の説明に当たって同様の要因を挙げている。次を参照。Paul Berman, "Thinking about Law School Tuition," *Conversations with the Dean of the George Washington University Law School* (blog), August 30, 2011, http://20thandh.org/2011/08/30/thinking-about-law-school-tuition/.
7. Henry E. Riggs, "The Price of Perception," April 13, 2011, http://www.nytimes.com/2011/04/17/education/edlife/edl-17notebook-t.html?_r=1&scp=1&sq=Henry%20riggs&st=cse.
8. 次を参照。Riggs, "The Price of Perception."
9. Danny Jacobs, "Closius on Debt, the Future of Law Schools," *Daily Record*, November 21, 2010, http://thedailyrecord.com/ontherecord/category/maryland-lawyer/.

第11章　ロースクールのコストパフォーマンス

1. 現在ロースクールに応募し、あるいは応募しようと考えている学生に対する調査によると、37％が子供のころに法律家になろうと決め、32％が高校生の時に応募しようと決めたとされている。調査の要旨は次に示されている。Veritas Prep, "Inside the Mind of Law School Applicants," カレン・スローンがまとめたものに, "The Bloom Is Coming off the Rose for Prospective Law Students," *National Law Journal*, October 26, 2011, http://www.law.com/jsp/nlj/PubArticleNLJ.jsp?id=1202520270239&The_bloom_is_coming_off_the_rose_for_prospective_law_students&slreturn=1.
2. Paul Berman, "Thinking about Law School Tuition," *Conversations with the Dean of the George Washington University Law School* (blog), August 30, 2011, http://20thandh.org/2011/08/30/thinking-about-law-school-tuition/.
3. Jennifer Cheeseman Day and Eric C. Newburger, *The Big Payoff: Educational Attainment and Synthetic Estimates of Work-Life Earnings*, Current Population Reports (Washington, DC: US

Census Bureau, July 2002), http://www.census.gov/prod/2002pubs/p23-210.pdf .
4. Peter Taylor et al., "Is College Worth It? College President, Public Assess Value, Quality and Mission of Higher Education," Pew Research Center: Social and Demographic Trends, May 16, 2011, 91; available at http://www.pewsocialtrends.org/2011/05/15/is-college-worth-it/.
5. Ibid., 109.
6. Anthony P. Carnevale, Stephen J. Rose, and Ban Cheah, *The College Payoff: Education, Occupations, Lifetime Earnings* (Washington, DC: Georgetown University, Center on Education and the Workforce, 2010).
7. 次を参照。Ibid., 17, 19.
8. Taylor et al., "Is College Worth It?" 84.
9. Carnevale et al., *The College Payoff*, 22.
10. Ibid., 10.
11. 非現実的な長期職歴を使用する法務研究科長はバーマンに限られない。リチャード・マタサーもまた40年ないし50年の職歴を引用する。Richard Matasar also cited a forty- to fifty-year career. Richard A. Matasar, "Law School Costs, Educational Outcomes, and a Reformer's Agenda," *New York Law School* (blog), http://www.nyls.edu/news_and_events/matasars_response_to_nytimes.
12. Ronit Dinovitzer et al., *After the JD II: Second Results from a National Study of Legal Careers* (Chicago: American Bar Foundation; Dallas: NALP Foundation for Law Career Research and Education, 2009), 15.
13. 予想される求職数に関しては、次を参照。"Employment by Occupation, 2008-2018," *Employment Projections* (Washington, DC: US Bureau of Labor Statistics, 2010), table 1.2, http://www.bls.gov/emp/ep_table_102.pdf .
14. Carnevale et al., *The College Payoff*, 6.
15. Taylor et al., "Is College Worth It?" 98.
16. 次を参照。Herwig Schlunk, "Mamas Don't Let Your Babies Grow Up to Be . . . Lawyers," Vanderbilt Law and Economics Working Paper No. 09-29, October 30, 2009, 2, http://ssrn.com/abstract=1497044.
17. Taylor et al., "Is College Worth It?" 92, 94.
18. これが経済的観点からどのようになされるかの優れた例は、Schlunk, "Mamas Don't Let your Babies Grow Up to Be . . . Lawyers." 他の優れた例として、Jim Chen, " A Degree of Practical Wisdom: the Ratio of Educational Debt to Income as a Basic Measure of Law School Graduates' Economic Viability," *William Mitchell Law Review* 38 (forthcoming 2012), http://papers.ssrn.com/sol3/papers.cfm?abstract_id=1967266.
19. 10年で平均収入がピークに達することについては、次を参照。Carnevale et al., *The College Payoff*, 5.
20. John P. Heinz, Robert L. Nelson, Rebecca L. Sandefur, and Edward O. Laumann, *Urban Lawyers: The New Social Structure of the Bar* (Chicago: Chicago University Press, 2005).
21. Ibid., 291, 315-20.
22. 次を参照。Dinovitzer et al., *After the JD II*, 44.
23. Ibid., 42.
24. Ibid.

25. 10万ドルの借金があるとすると、IBR有資格者となるための収入は11万ドル以下である。
26. Dinovitzer et al., *After the JD II*, 54–60.
27. Ibid., 25.
28. 次を参照。Tali Sharot, *The Optimism Bias: A Tour of the Irrationally Positive Brain* (New York: Random House, 2011).

第12章　学生への警告

1. 次を参照。Ronit Dinovitzer et al., *After the JD II: Second Results from a National Study of Legal Careers* (Chicago: American Bar Foundation; Dallas: NALP Foundation for Law Career Research and Education, 2009), 43.
2. David Segal, "Law School Economics: Ka-Ching!" *New York Times*, July 16, 2011, http://www.nytimes.com/2011/07/17/business/law-school-economics-job-market-weakens-tuitionrises.html?_r=1&pagewanted=all.
3. Interview with Richard Matasar by Karen Sloan, " 'Poster Child' Shares Frustration about Pace of Law School Reform," *National Law Journal*, July 26, 2011, http://www.law.com/jsp/nlj/PubArticleNLJ.jsp?id=1202508336129&slreturn=1.
4. Kurt Badenhausen, "Law School Graduates Do Not Make $160,000," *Forbes*, March 23, 2011, http://www.forbes.com/sites/kurtbadenhausen/2011/03/23/law-school-graduates-donot-make-160000/.
5. Elie Mystal, "UCLA's Job Placement Numbers Strain Credulity, but Did You Read the Fine Print," *Above the Law* (blog), June 28, 2011, http://abovethelaw.com/2011/06/ucla-lawsjob-placement-numbers-strain-credulity-but-did-you-read-the-fine-print/#more-79245 (emphasisin original).
6. "Class of 2010 Employment Statistics," George Mason University School of Law, March 2011, http://www.law.gmu.edu/assets/files/career/employment_stats_class_of_2010_updated_march_2011.pdf.
7. 2人のロースクール生によって始められた非営利団体「ロースクール透明度」は、各ロースクールの公表する就職関連データを評価した数値をアップしているが、それによると、多くのロースクールは未だにロースクール志望学生に不適切な情報を提供し続けている。Kyle McEntee and Patrick J. Lynch, "Winter 2012 Transparency Index Report," January 2012, http://www.lawschooltransparency.com/documents/Winter2012/Winter_2012_Index_Report.pdf.
8. ABA, House of Delegates, Committee on Drafting, *Amendments to Proposed Model Rules of Professional Conduct with Synopsis* ([Chicago]: ABA, 1983), rule 7.1: "Communication concerning a Lawyer's Services."
9. Ibid., comment 2.
10. 市、州及び連邦の税、社会保障費、高齢者医療保険税を控除した正味手取り額を計算するには、次を参照。the online calculator at the website Paycheck City, http://www.paycheckcity.com/covaliant/netpayHRatesCalculator.asp.
11. Joseph Alexiou, "Hey, College Kiddies! Welcome to the Island of the $2,417 Studio," New York Observer, http://www.observer.com/2010/real-estate/hey-college-kiddies-welcomeisland-2417-studio.

12. 次を参照。"Average Rental Prices in New York City," *nakedapartments blog*, http://www.nakedapartments.com/blog/average-rental-prices-in-nyc/.
13. NALP, *Jobs and JDs: Employment and Salaries of New Law Graduates, Class of* 2009 (Washington, DC: NALP, 2010), 81, 83.
14. 特定のロースクールの割引額の概要は自分の LSAT と GPA 成績を用いて、ウェブサイト「Law School Numbers、http://www.lawschoolnumbers.com/.」で見ることができる。

第 13 章　ロースクールへの警告

1. 80 年代初期の応募者数減少時期に、その後の減少時もそうであったように、応募者数が相当大規模に減っても殆ど入学者数を減らさなかった。その結果、学生の質が落ちた。次を参照。David H. Vernon and Bruce I. Zimmer, "The Demand for Legal Education: 1984 and the Future," *Journal Legal Education* 35 (1985): 261.
2. グーグル傾向線は用語を検索する頻度を記録するものであるが、おそらくロースクール志望学生の関心を反映するものと思われる LSAT と LSAC 傾向線は 2004 年以来、着実に低下し続けている。次を参照。http://www.google.com/trends?q=lsat&ctab=0&geo=all&date=all&sort=0.
3. 以下の議論に現れる数字は、次の論考から取ったものである。"LSAC Volume Summary" (2002–11), http://www.lsac.org/LSACResources/Data/lsac-volume-summary.asp および "Legal Education Statistics from ABA-Approved Law Schools" (1984–2010), http://www.americanbar.org/groups/legal_education/resources/statistics.html. これら二つの情報源には多少の差異が見られる。LSAC が四捨五入し、ABA がしていないからである。I have also rounded numbers.
4. 次を参照。Laura A. Marcus, Andrea Thornton Sweeney, and Lynda M. Reese, *The Performance of Repeat Test Takers on the Law School Admissions Test: 2003–2004 through 2009–2010 Testing Years*, LSAT Technical Report 11-01 (Newton, PA: Law School Admission Council, 2011, http://www.lsac.org/lsacresources/Research/TR/TR-11-01.pdf).
5. 受験者数と応募者数の情報源は、次を参照。Law School Admission Council and American Bar Association, *Official Guide to ABA-Approved Law Schools* ([Newtown, PA]: ABA-LSAC, 2011); Law School Admission Council, LSAT Technical Report Series, 11-01 and 01-03, Jennifer R. Duffy, Susan P. Dalessandro, Lisa Anthony Stilwell, and Kimberly A. Swygert, "The Performance of Repeat Test Takers on the Law School Admission Test, 1994–95 through 2000–01 Testing Years," October 2001, http://www.lsac.org/lsacresources/Research/TR/TR-01-03.pdf.
6. 2010 – 11 年度の数字は推定である。最終的な数字が未だ入手できないからである。
7. Matt Leichter, "Private Law School Tuition Projections," *Law School Tuition Bubble* (blog), http://lawschooltuitionbubble.wordpress.com/original-research-updated/tuition-projections/.
8. ヴェリタス・プレップによってなされた調査の概要は、次を参照。Veritas Prep, "Inside the Mind of Law School Applicants," summarized at Karen Sloan, "The Bloom Is Coming off the Rose for Prospective Law Students," *National Law Journal*, October 26, 2011, http://www.law.com/jsp/nlj/PubArticleNLJ.jsp?id=1202520270239&The_bloom_is_coming_off_the_rose_

原 注 …… *255*

for_prospective_law_students&slreturn=1.
9. 次を参照。"LSATs Administered," LSAC Resources, http://www.lsac.org/lsacresources/Data/lsats-administered.asp.
10. 次を参照。U.S. News and World Report, *America's Best Graduate Schools* (Washington, DC: US News and World Report, 2011).
11. Katherine Mangan, "Law Schools on the Defensive over Job-Placement Data," *Chronicle of Higher Education*, October 21, 2011, A16, http://www.leclairryan.com/files/Uploads/Documents/Law%20Schools%20on%20the%20Defensive%200ver%20Job-Placement%20Data%20-%20Chronicle%20of%20Higher%20Education%20-%20R.%20Smith%20Quoted%20-%2010.16.11.pdf.
12. 3つの非エリート校が学生規模を減らしたことを発表している。その数は、アルバニー校とトウロ校が各10人、クレイトン大学ロースクールが15人である。次を参照。Joel Stashenko, "Two Deans Say They Will Trim Entering Classes," *New York Law Journal*, March 4, 2011; Leslie Reed, "Too Many Lawyers. Too Few Jobs," World Herald, June 20, 2011.
13. イリノイ校に関する情報は、次を参照。Jones Day, Duff & Phelps, "Investigative Report: University of Illinois College of Law Class Profile Reporting," November 7, 2011, 39, 4, http://www.uillinois.edu/our/news/2011/Law/Nov7.UofI.FinalReport.pdf.
14. Mangan, "Law Schools on the Defensive over Job-Placement Data."
15. Jones Day and Duff & Phelps, "Investigative Report," 77–80.
16. 次を参照。Paul Caron, "July 2011 California Bar Exam Results," *Tax Prof Blog*, http://taxprof.typepad.com/taxprof_blog/2012/01/july-2011.html.

第14章　前進への道

1. 次を参照。"Law Firms: A Less Gilded Future," *Economist*, May 5, 2011, http://www.economist.com/node/18651114.
2. Leigh Jones, "Vanishing Act, Year II," *National Law Journal*, November 8, 2010, http://www.law.com/jsp/nlj/PubArticleNLJ.jsp?id=1202474471365.
3. 次を参照。"Entry-Level Recruiting Volumes Plunge, Some Start Dates Deferred," NALP press release, March 2, 2010, http://www.nalp.org/2009perspectivesonfallrecruiting. 就職口の減少の概観については、次を参照。Bernard A. Burk and David McGowan, "Big but Brittle: Economic Perspectives on the Future of the Law Firm in the New Economy," *Columbia Business Law Review* 1 (2011): 1, esp. 27–36.
4. 次を参照。NALP, "Class of 2010 Graduate Faced Worst Job Market since Mid-1990s: Longstanding Employment Patterns Interrupted," http://www.nalp.org/uploads/Classof2010SelectedFindings.pdf.
5. 次を参照。Claire Zillman, "Law Firm Leaders Survey 2010: The New Normal," *American Lawyer*, December 1, 2010, http://www.law.com/jsp/tal/PubArticleTAL.jsp?id=1202475032294&slreturn=1.
6. Theodore Seto, "Is the Sky Really Falling in Legal Education?" *TaxProf Blog*, July 1, 2011, http://taxprof.typepad.com/taxprof_blog/2011/07/seto-.html.
7. William D. Henderson and Rachel M. Zahorsky, "Law Job Stagnation May Have Started

before the Recession—and It May Be a Sign of Lasting Change," *ABA Journal*, July 1, 2011, http://www.abajournal.com/magazine/article/paradigm_shift/. また、次を参照。Leigh Jones, "So Long, Farewell," *National Law Journal*, November 9, 2009. このことは、最先端での増加も企業法務分野での全体的落ち込みによって相殺されたことを示唆する。

8. 次を参照。Matt Leichter, " A Profession in Decline: BEA [Bureau of Economic Analysis] Legal Sector Data (1977–)," *Law School Tuition Bubble* (blog), http://lawschooltuitionbubble.wordpress.com/original-research-updated/a-profession-in-decline/.
9. Larry Ribstein, "The Death of Big Law," *Wisconsin Law Review* 2010 (2010): 749.
10. Richard Susskind, *The End of Lawyers? Rethinking the Nature of Legal Services* (Oxford: Oxford University Press, 2009).
11. Thomas D. Morgan, The Vanishing American Lawyer (New York: Oxford University Press 2010). モーガンの著書は、法律職に関する変化を取り上げている素晴らしい研究であり、本書で取り扱ういくつかのテーマについても言及されている。もっとも、本書の焦点は法律学教育の経済的側面に特化しているのに対し、モーガンの著書はもっと広い分野を取り上げているのではあるが。
12. 次を参照。Zillman, "Law Firm Leaders Survey 2010"; Thomas S. Clay and Eric A. Seeger, "Law Firms in Transition: An Altman Weil Flash Survey" (2010).
13. Ashby Jones and Joseph Palazzolo, "What's a First-Year Lawyer Worth? Not Much, Say a Growing Number of Corporate Clients Who Refuse to Pay," *Wall Street Journal*, October 17, 2011, B1.
14. Vanessa O'Connell, "Lawyers Settle for Temp Jobs: As Clients Seek to Cut Costs, the Field of 'Contract' Attorneys Expands," *Wall Street Journal*, June 15, 2011, B1.
15. Clay and Seeger, "Law Firms in Transition," 2.
16. Catherine Rampell, " At Well-Paying Law Firms, Some Legal Help Comes More Cheaply," *New York Times*, May 24, 2011.
17. これらの変化や他の形態の発展は、次の論考に詳細に書かれている。Henderson and Zahorksy, "Law Job Stagnation."
18. Statement of Gregory Jordan, Global Managing Partner of Reed Smith, quoted in Henderson and Zahorksy, "Law Job Stagnation."
19. Jennifer Smith, "Law Firms Keep Squeezing Associations," *Wall Street Journal*, January 30, 2012, (quoting Bill Dantzler, hiring partner at White & Case LLP), http://online.wsj.com/article/SB10001424052970203363504577186913589594038.html.
20. このような変化は生き続けるであろうことを説明し、その変化についての卓越した分析をするものとして、次を参照。Burk and McGowan, "Big but Brittle," quote from94.
21. *2010 Salary Guide: Your Resource for Compensation in the Legal Field* (Robert Half Legal, 2011), 4, http://www.roberthalflegal.com/salarycenters.
22. Ibid., 5.
23. Ibid., 4.
24. 関連要因の簡明な説明として、次を参照。William Henderson, " Are We Asking the Wrong Questions about Lawyer Regulation," *Truth on the Market* (blog), September 19, 2011, http://truthonthemarket.com/2011/09/19/william-henderson-on-are-we-asking-thewrong-questions-about-lawyer-regulation/.

25. *Documenting the Justice Gap in America: The Current Unmet Civil Legal Needs of Low-Income Americans* (Washington, DC: Legal Services Corporation, September 2009), 9.
26. Ibid., 18.
27. Ibid., 25–26.
28. 現在の最低授業時間数は次で見ることができる。American Bar Association, Section of Legal Education and Admissions to the Bar, *Standards for Approval of Law Schools and Interpretations* (Chicago: ABA, 1996), standard 304.
29. Ibid., standard 502 (a)(b).
30. ロースクールの終身在職・常勤教授の重用に関する規程は、同書の基準 402、403 で見ることができる。教授の研究援助及び職の安定確保についての規則は同書の基準 403、404、405 に記載がある。
31. 前述した提案に更に一つ加えるべき変化は、同書の基準 305（e）で義務化されている 900 時間の教室内授業時間をそぎ落として 750‐800 時間にすることである。
32. ロースクールに常駐して行われる、そのような民間低価格法律サービス版が次で提案されている。Bradley Borden and Robert Rhee, "The Law School Firm," *South Carolina Law Review* 63 (2011): 1. ペースロースクールは、最近の卒業生が、実務の基本に関する訓練を受けながら法律家の指導監督の下で事案を処理するという、インハウス法律事務所の創設を発表した（これがないと、その卒業生は無職者となる）。次を参照。Tierney Plumb, "Pace Law School Enters the In-House Law School Market, *National Jurist*, November 18, 201, http://www.nationaljurist.com/content/pace-law-school-enters-house-law-school-market. このような方法は、3 年生に対しても有効に機能するであろう。
33. First Professional Degree In re Culver, N.W.2ed (Mont. 2002), quoted in Fred P. Parker, "Litigation Update," *Bar Examiner*, May 2002.
34. "California's State Accredited and Unaccredited Law Schools and the Baby Bar," Top-Law-Schools.Com, http://www.top-law-schools.com/californias-law-school-baby-bar.html.
35. 次を参照。U.S. Department of Education, "Obama Administration Announces New Steps to Protect Students from Ineffective Career College Programs," press release, June 2, 2011. http://www.ed.gov/news/press-releases/gainful-employment-regulations.
36. Robin Wilson, "Back in the Classroom: Colleges are Calling Off the Deals That Allowed Many Professors Time out from Teaching," *Chronicle of Higher Education*, October 21, 2011, 1.
37. 次を参照のこと。Erwin Chermerinsky, "Visions of Change," *Dean's Notes Archive* (blog) (University of California Irvine School of Law), http://www.law.uci.edu/visions_of_06.html.
38. Ibid.
39. Erwin Chemerinsky, "Keynote Speech: Reimagining Law Schools?" *Iowa Law Review* 96 (2011): 1461, quote at 1462.
40. University Registrar, University of California Irvine, "School of Law Fees 2011–12," http://reg.uci.edu/fees/2011–2012/law.html.

訳者あとがき

樋口和彦

　本書は、ワシントン大学ロースクールのブライアン・タマナハ教授によるロースクール批判を内容とする。このままではロースクールに将来はないとしていくつかの改革案を提起している。では、アメリカのロースクールの現状にはどのような問題があるというのであろうか。それは以下の通りである。

- ロースクール卒業生は膨大な借金を抱える。
- 法律家需要より多くのロースクール卒業生を輩出し続けるので就職困難となる。
- 景気動向とは関係なく法曹志望者は減り続けている。
- 多くの若き弁護士は借金返済のため企業法務を目指す。
- 金持ちでないと法曹を目指せない傾向がある。

　こうして、弁護士は余っているのに、当事者訴訟が多くなるなど、需給ギャップが存在する。
　これらの問題点は注目に値する。日本の法科大学院でも全く同様の現象が生じているからだ。多くの法科大学院卒業生が借金を抱えており、三百数十万円から多い人で1000万円超の額に達するという。
　日本では毎年多くの弁護士が輩出されるようになったが、恵まれた者しか就職できない。これまでの弁護士は、法曹資格（弁護士、検察官、裁判

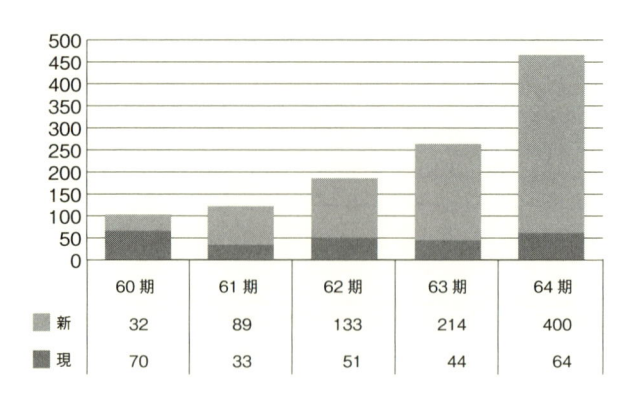

	60期	61期	62期	63期	64期
新	32	89	133	214	400
現	70	33	51	44	64

グラフ1　一括登録時点での未登録者数の推移
（日弁連調べ）

官になるための資格）を得ても直ぐに独り立ちするのではなく、既存の法律事務所に就職して先輩弁護士から学び、経験を積んで一人前の弁護士となっていった。ところが、就職口数と新人弁護士数の間に目を覆うばかりのアンバランスが生じた。就職できない者はどうするか。既存の弁護士事務所の「軒先」、つまりスペースを使わせてもらって独立して仕事をする弁護士が多く出た。これを「ノキ弁」という。最近はスペース使用料を取られる場合もあるようだ。あるいは、初めから独立して1人で開業する者も出た。これを「ソク（即）独」という。いずれにせよ、一生に一度しか法律問題に遭遇せず、弁護士の比較をしようもない一般市民にとっては危なっかしい事態であろう。「ノキ弁」、「ソク独」だけでは済まない。法曹の職に就かない人たちも年々、多く出るようになった（グラフ1参照）。

　大きな借金を作り、就職もままならないため、法曹志望者は減り続けている。日本で法科大学院を導入した最初の年である2003年の大学入試センターによる法科大学院適正試験志願者数は3万9350名であったところ、2010年のそれが8650人であった。大学の法学部志望者も減ってきている。母数が小さくなれば質の低下は必然であり、弁護士比較・選択の材料を持たない一般市民が割を食うことになろう。

　大学卒業後も就職しないで法科大学院に入学し、高い授業料を納めなけ

れば司法試験を受けさせてさえもらえないという制度の下、経済的に恵まれない家庭の子が法曹を目指さず、裕福な家庭出身者の法曹が増えてきている。また、法律家の子の法曹界への参入が目立って増えてきている。多数の2世弁護士の出現である。

これまで若い弁護士を含めて多くの弁護士は弁護士会の各種委員会に属して無償で社会正義と弱者救済のために活発に活動してきた。その他、多くのボランティア活動をしてきた。近年、そのような活動への参加割合が低下してきているようである。借金返済に勤しむためか、弱者への共感を持てない強者中心になったからか。このままでは、基本的人権の擁護と社会正義の実現（弁護士法1条1項）という弁護士の存在価値が危うい。弱者、少数者の権利擁護という司法の重大な役割が劣化する。

このような弁護士の急増は、弁護士を増やせば、市民はもっと多く弁護士の法律サービスを利用できるようになるとの前提に立っていた。しかし、いまだに本人訴訟（当事者の一方または双方に弁護士が付かない訴訟）は7割を超えている。実は、急増政策実施前の調査によると、市民の弁護士へのアクセス障害は存在しないか、極めて小さいものだった。もし、弁護士への依頼が少ないというなら、法律扶助等の司法インフラの整備こそ求められていたというべきなのである。無謀な弁護士数の増加は、既にみたような弊害をもたらす。良質・安価な商品が市場で生き残るという自由競争が機能しない法律業務市場に弁護士をつぎ込めば、悪貨は良貨を駆逐する（グレシャムの法則）という事態も生じかねない。生活費が足りずサラ金から借りた債務に苦しむ人々を大々的な宣伝で誘引し、過払い返還請求可能な部分（弁護士にとって比較的楽な業務で、しかも実入りが良い）だけをつまみ食いして、他の面倒な部分（債務整理・破産）を放置したり受任を拒否したり、不当に高額な弁護士費用を取り立てたりする弁護士が出現している。他方で、長年に渡りサラ金被害に取り組み、過払請求が認められる基礎となったいくつかの最高裁判決を勝ち取って来た弁護士たちの多くは相変わらず貧乏で、少なくとも経済的余裕を持てない状況である。

このように、アメリカの事情と日本のそれは非常に似ている。しかし、

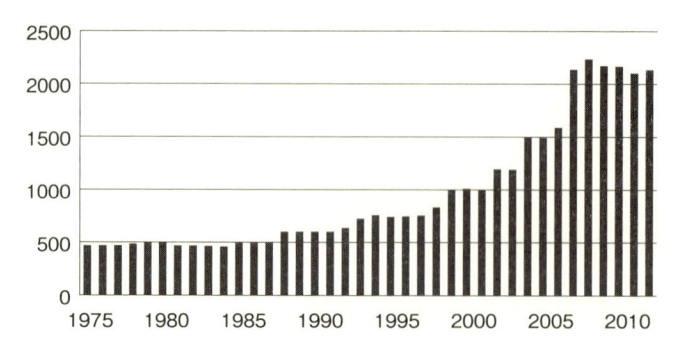

グラフ2　司法試験合格者の推移
（法務省公表資料による）

これは偶然ではない。日本の法科大学院制度はアメリカのそれをモデルにしたのだから当然なのである。どうして、日本はアメリカの制度を真似たのか。それは合理的であったのだろうか。

　2001年6月、「司法改革審議会」は最終意見書を発表した。意見書自身によって、「政治改革、行政改革、地方分権推進、規制緩和等の経済構造改革」等の「一連の諸改革の『最後のかなめ』として位置付けられる」とされるものである。その中で、法科大学院の設置を謳ったのである。なぜ法科大学院なのか。二つある。一つは、これまでの司法試験一発合格ではまともな法律家を養成できない、法科大学院を中核とする「プロセス」としての法曹養成制度を整備し、そこでは法律家志望者に様々な問題に対して広い関心を持たせ、人間や社会の在り方に関する思索や実際的な見聞、体験を基礎として、法曹としての責任感や倫理観を涵養し、もって、かけがえのない人生を生きる人々の喜びや悲しみに対して深く共感しうる豊かな人間性の涵養、向上を図る、というのである。

　二つ目は、日本では弁護士が不足している、だから2010年までに司法試験合格者数を3000名にしよう（1991年までは長い間合格者500名時代が続き、その後徐々に増加し、2001年時点では約1000名となっていた。グラフ2参照）、そうすると司法研修所（司法試験合格者が実務に就くま

でここで2年間の教育を受けた）の収容能力を大きく超える、司法研修所に代わる養成施設が必要だ、それなら全国に法科大学院を作りここに法曹養成を任せればいい、というわけである。

しかし、本当にこれまでの法曹養成は一発勝負を基本としていたのであろうか。現実には、小学校から大学まで含めると少なくとも16年の教育を受けた。法律の勉強だけでも、大学で少なくとも2年、卒業3年後に司法試験に合格した者は更に3年、司法研修所で2年、合計7年の勉強をした。十分長いプロセスを経たと言えるであろう。

また、法科大学院の教育というプロセスを踏めば、「法曹としての責任感や倫理観」を備え、「かけがえのない人生を生きる人々の喜びや悲しみに対して深く共感しうる豊かな人間性」を有するに至るのであろうか。これまで少なくとも16年間の教育を受け、最年少でも23歳の大人が、2ないし3年の教育でダメ人間から人格者に生まれ変わるとでも言うのであろうか。それまでの教育がよほど悪いか、法科大学院がマインドコントロールのようなことをするのかでないと説明できない。国の機関である文部科学省の監督の下でのマインドコントロールであれば、一発勝負の方がよほど望ましい。一発試験であってみれば、貧乏人でも受験でき、現に社会の広い層から法曹が輩出されてきた。法科大学院の教育がそれほど素晴らしいのであれば、司法試験受験資格という餌を付けなくても法曹志望者は群れをなして入学することであろう。現実には、法科大学院卒業を受験資格要件から外せば法科大学院が崩壊する、だから、受験資格要件は維持すべきだ、そういう議論が真顔で語られているのである。

次に、司法試験年間合格者3000名とする根拠は何であろうか。人口比で弁護士の数をフランス並みにするには5万人にする必要がある、というのが答えであった。しかし、司法書士等、フランスで法律家とされている職種の人々を加えれば実は日本の方が多いのである（グラフ3参照）。また、仮に弁護士を5万人にする必要があったとしても、年間3000名を増やせば（実際には、ここから裁判官や検察官になる者を控除するので少なくとも2800人が弁護士となる）、最終的には法律家は12万人を超えることになってしまう。つまり、5万人という数字も3000人という数字もデタラ

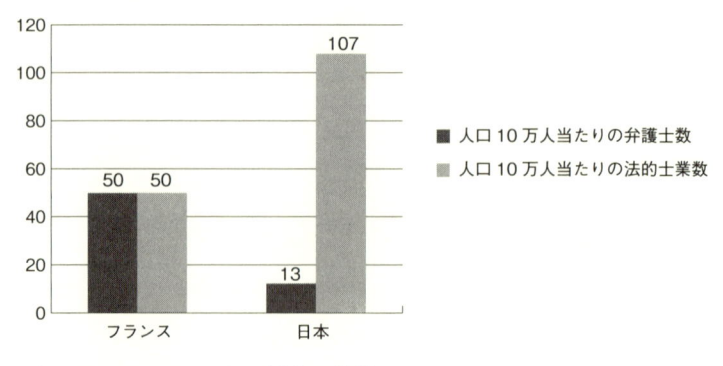

グラフ3　フランスとの対人口比較
（1997年最高裁判所HP）

メだったのである。

　さらに、本当にプロセスによる法曹養成と年間合格者3000名が必要だとしても、だからどうして法科大学院かが全く分からない。立教大学法学部教授・角紀代恵は、「外部に開かれた形では何の議論もなく、いきなりロースクール構想が飛び出してきた」（成文堂『ロースクールを考える』2002年刊）と言う。はっきりしているのは、アメリカのロースクールに範を取ったということだ。

　しかし、アメリカと日本では前提が大きく異なる。第1に、アメリカには大学の学部に法学部がない。第2に、日本は成文法の国だがアメリカは判例法の国だ。法学部でしっかり勉強すれば、更に屋上屋を重ねるがごとき法科大学院での勉強の必要性が分からない。成文法の勉強方法と判例法の勉強方法は大きく異なってしかるべきだ。判例法の国だからこそ、アメリカでは「ケース・スタディ（事例研究）」と「ソクラテス・メソッド（教授と学生の発問・討論形式の授業）」が主流となる。成文法の国だからこそ、日本では学者の書いた教科書を使いながらの講義形式が中心となる。それなのに、日本の法科大学院はアメリカ流授業を真似ようというのだ。

　そもそも、アメリカのロースクールが3年制となったのは、裕福な白人階級の保身のためであった（本書2章）。その結果、法曹の主流は中流より裕福な白人で占められている。日本が法科大学院制度を導入した真の狙

いはこの辺にあるのではないかと疑いたくもなるのである。

　私は、司法改革審議会最終意見書が発表された直後に、ある雑誌に次のように書いた。

　　年間300万円とも400万円とも言われる学費を負担しながら3年間勉強しなければ司法試験を受験できず、合格後の修習はこれを無給化するとすれば、貧乏人は法曹資格を得ることができなくなる。私は数年間の会社員生活の後、退職して塾を開いて生計を立て、司法試験勉強をしたのであるが、新制度になればこのようなことは不可能であろう。人事課ににらまれながら労組青年婦人部で活動した私でも「一発試験」だからこそ司法試験に合格したが、文部科学省の統制を受けながら「プロセス」を重視するとする法科大学院を、権力に対する批判的視点を維持しながら卒業することは至難を極めよう。

　今もこの見解を改める必要性を見ない。

　現在（2013年3月7日時点）、内閣に法曹養成検討会議が設置され、法曹養成制度が検討されている。少しでも良い法曹養成制度を目指すなら、誤った理由に基づき、さしたる根拠もなく導入した法科大学院制度の是非を問うべきである。少なくとも、法科大学院卒業を司法試験受験資格とするような人為的な参入障壁は取り払われるべきである。ところが、法曹養成検討会議でそのような意見を述べるメンバーは極めて少なく、議論の主流は、法科大学院の存続を前提として、いかに法曹志望者数の減少を食い止めるか、「プロセスとしての法曹養成」がいかに大切であり守らなければならないか、となっている。中には、法科大学院の統廃合と司法試験合格者数の更なる増員による司法試験合格率の上昇が必要だとの意見も出されている。これらは、法曹志望者減少の原因を理解しようとしないところから来ている。同会議の佐々木毅座長は、「法曹志願者の減少というのは、いろんな複合的な要因があって起こっている恐らく現象だろうと思うので、単純にこれだという一つだけ何か決め打ちできるようなものではないと、

私自身も素人考えながらそういう認識を持っているんですけれども」(第3回議事録) とのんびりしたことを言っている。どうしても根本的原因に触れたくないようだ。しかし、金銭的・時間的コストの著しい増大、借金の増加と返済の困難性、法曹としての職の不安定と技量向上への不安、弁護士のやりがい実現の見通しのなさ、これらを冷静に見れば学生が足を向けなくなるのは見易い道理であろう。問題は、それでも、意味不明な「プロセスとしての法曹養成」を守るか、法律家市場を人材を引き付ける魅力あるものにし、しかもアクセスの窓口を広げるか、である。

このようなとき、法科大学院のモデルとされたアメリカのロースクールの実態と現状がどのようなものであるかを紹介することには大きな意義があると信ずる。

ところで、私は、インディアナ大学ロースクールに留学し、LLM (第6章の「拡大の経済的終末」、第14章の「市場に強制される変革」参照) を取得している。留学中に十分とは言えないもののアメリカのロースクールの実態の様々な面を見てきた。授業料減免の恩典を受けたが、それでもクレジットカードでの支払い限度額を超えていたので、限度額の枠を広げたり、念のため日本から銀行振り込み送金してもらったりして対処したこともあった。

本書共同翻訳者大河原教授は、ウィスコンシン大学マディソン校で言語学の修士号を取得しているので、アメリカの教育事情にも明るい。また、現在 (2013年3月時点) は、高崎経済大学の大学院の研究科長を務めて、大学の管理業務に関わっているため、大学の組織的なことにも通じているし、何よりも、大学人の研究重視と教育軽視という、世界共通の大学業界の実態をよく理解している。また、同教授は、日弁連裁判員制度実施本部法廷用語日常語化プロジェクト外部学識委員、わかりやすい司法プロジェクトの座長、『裁判おもしろことば学』や『市民から見た裁判員制度』の執筆等、裁判員にわかりやすい法律用語や市民にわかりやすい裁判のありかたの研究で、司法及び司法改革に関わり、今回の司法改革に強い関心を持ってきた。特に、司法改革の3つの柱 (国民の期待に応える司法制度、

司法制度を支える法曹の在り方、国民的基盤の確立）の内、国民的基盤の確立の裁判員制度の導入に関しては、市民感覚の反映に一定の効果があると評価しており、この点においては私とは見解を異にする。しかし、二人とも法曹養成・法科大学院が失敗であったという点については意見が一致する。この点に関する同教授の要点は、これまでは優秀であればだれでも法律家になれたが、法科大学院卒業を司法試験受験資格としたことで裕福な家庭出身でなければ法曹の道に進むことが困難になったこと、そのことにより、刑事被告人を理解する弁護士、社会正義に関心のある弁護士の減少が心配されること、法科大学院維持のため司法試験合格者数を増やし弁護士の供給が需要を上回ったこと、それにより新人弁護士の就職が困難になっており、就職の心配がないのは弁護士の子であり、その意味で法科大学院は司法を支える人的基盤というよりも法曹界の二世を支える機関と呼べること、法科大学院の統廃合につき司法試験合格率を一つの基準としてこれを推し進めるのであれば、これまでの序列の維持どころか強化になり、しかも法科大学院本来の法曹教育ではなく、司法試験受験のための教育機関となりかねないこと、ということである。

　このような問題関心を持って意見交換していた時、本書の出版を知った。そして、私たちは、日本の法科大学院のモデルになったアメリカのロースクールの実態を明らかにする本書を、是非多くの人に読んでもらいたいと考え、本書を邦訳することにした。関係者が法曹養成を考える参考としていただければ幸いである。多くの人々が、本書により、アメリカの法曹養成がどのように進行しているかを知り、これと大きな類似性を有するに至った養成方法で日本の法律家がどのように育てられ人々の前に立ち現れるのかについての関心をもつ契機となればと望むものである。これから大学の法学部に進学しようと思っている若者や法曹を目指そうとする人々が、一旦立ち止まって、自分の進路の展望を明らかにする手がかりとなればと思う。

　翻訳に当たり、妻美代子（群馬大学大学院英語教育修士）には、法科大学院名リストその他数か所の訳を担ってもらい、また、表現についての

チェックと批判等をしてもらった。比較的短期間に翻訳を完了できたのもこのような助力を得たからであり、ここに紹介することがフェアであろう。

著者ブライアン・タマナハ教授は翻訳を快諾してくれ、かつ、翻訳に当たって理解困難ないくつもの箇所について、質問するたびに即座に答えてくれた。感謝したい。

また、著者及び発行元であるシカゴ大学出版局に繋げてくれた松尾翼弁護士の助力と励ましがなければ、そして、花伝社を紹介してくれた鈴木秀幸弁護士の強い勧めがなければ、本書は日の目を見なかったであろう。あらためて感謝する。

最後に、法曹養成検討会議での議論が終わらないうちに出版しようとの強い意向を持って、温かく、というより厳しく原稿督促をしてくださった花伝社の平田勝社長、及び、迅速かつ的確な原稿チェックと表現の統一・工夫に尽力してくれた同社の水野宏信編集担当に謝意を表する。

著者

ブライアン・タマナハ（Brian Z. Tamanaha）
ワシントン大学ロースクール、ウィリアム・ガーディナー・ハモンド記念法学教授。オレゴン大学卒業、ボストン大学法務博士課程修了。ハーバード大学法学博士課程修了。法学博士（ハーバード大学）。
主な著作に、*A General Jurisprudence of Law and Society*, 2001、*Law as a Means to an End*, 2006、*Beyond the Formalist-Realist Divide*, 2009、*On the Rule of Law: History, Politics, Theory*, 2004（邦訳『「法の支配」をめぐって 歴史・政治・理論』現代人文社 2012）等。

訳者

樋口和彦（ひぐち・かずひこ）
東北大学法学部卒業、IUPUI インディアナポリス校ロースクール修士課程修了。弁護士。

大河原眞美（おおかわら・まみ）
高崎経済大学地域政策学部教授。地域政策学部長、地域政策研究科長を経て、2013年4月より図書館長。上智大学外国語学部英語学科卒業、ウィスコンシン大学マディソン校文学修士（英語言語学）。シドニー大学文学博士（法言語学）。著書に、『裁判からみたアメリカ社会』（明石書店 1998）、『市民から見た裁判員裁判』（明石書店 2008）、『裁判おもしろことば学』（大修館書店 2009）等。

アメリカ・ロースクールの凋落

2013年4月25日　初版第1刷発行

著者	ブライアン・タマナハ
訳者	樋口和彦　大河原眞美
発行者	平田　勝
発行	花伝社
発売	共栄書房

〒101-0065　東京都千代田区西神田2-5-11出版輸送ビル2F
電話　　　03-3263-3813
FAX　　　03-3239-8272
E-mail　　kadensha@muf.biglobe.ne.jp
URL　　　http://kadensha.net
振替　　　00140-6-59661
装幀　　　水橋真奈美（ヒロ工房）
印刷・製本―シナノ印刷株式会社

©2013 Brian Z. Tamanaha／樋口和彦・大河原眞美
ISBN978-4-7634-0662-0 C3036

司法改革の失敗
弁護士過剰の弊害と法科大学院の破綻

弁護士　鈴木秀幸・武本夕香子・鈴木博之・打田正俊・松浦 武　著

定価（本体 3200 円＋税）

弁護士大増員政策は、国民にどのような影響を及ぼすのか？
日弁連の熱狂と暴走 vs 会員の反対運動の全過程
事実を冷厳に見つめ、政策の転換を図るべきではないか？
新自由主義的国策の「大きな司法」から、国民のための「適切な規模の司法」へ
弁護士大増員政策に対する批判の決定版
法曹関係者、法律学者、学生、報道関係者必読の書